工学一体化企业新型学徒制培训教材
国家职业教育医药类规划教材

药店购销实务

YAODIAN GOUXIAO SHIWU

张晓军 卢超 主编
蒋玲霞 主审

化学工业出版社
·北京·

内容简介

本教材以培养学生综合能力为目标，主要从药品购销职业领域中提取了7个工作领域，包含18个典型工作任务和57个职业能力点。其中7个工作领域包括药店的选址与开办、药品的采购与验收、药品陈列与养护、药学顾客服务、用药咨询与指导、医药商品销售、药品营销，每个能力点围绕着核心概念、学习目标、基本知识、能力训练和课后作业这五个方面展开，其中能力训练包括操作条件、注意事项、操作过程、学习结果评价这四个部分内容。

本书适合医药类职业教育院校师生、药店工作人员阅读。

图书在版编目（CIP）数据

药店购销实务/张晓军，卢超主编. —北京：化学工业出版社，2023.2

ISBN 978-7-122-42631-4

Ⅰ. ①药… Ⅱ. ①张…②卢… Ⅲ. ①药品-专业商店-购销-基本知识 Ⅳ. ①F717.5

中国版本图书馆CIP数据核字（2022）第229056号

责任编辑：张 蕾
文字编辑：何 芳
责任校对：宋 玮
装帧设计：刘丽华

出版发行：化学工业出版社
（北京市东城区青年湖南街13号 邮政编码100011）
印 装：中煤（北京）印务有限公司
787mm×1092mm 1/16 印张16 字数413千字
2023年8月北京第1版第1次印刷

购书咨询：010-64518888
售后服务：010-64518899
网 址：http://www.cip.com.cn
凡购买本书，如有缺损质量问题，本社销售中心负责调换。

定 价：69.80元

编审人员名单

主　编　张晓军　卢　超

副主编　宋新焕　季火英

编　者（按姓氏拼音为序）

陈　琴（杭州胡庆余堂国药号有限公司）
高　恒（杭州第一技师学院）
胡　杰（杭州第一技师学院）
黄伟芳（杭州第一技师学院）
黄雪波（杭州胡庆余堂国药号有限公司）
季火英（杭州胡庆余堂国药号有限公司）
金　晶（杭州胡庆余堂国药号有限公司）
金欣欣（杭州胡庆余堂国药号有限公司）
卢　超（杭州胡庆余堂国药号有限公司）
毛　磊（杭州第一技师学院）
邵淑媛（杭州第一技师学院）
沈佳佳（杭州九源基因工程有限公司）
帅玉环（杭州第一技师学院）
宋新焕（杭州第一技师学院）
唐狄音（杭州胡庆余堂国药号有限公司）
吴旭萍（杭州第一技师学院）
吴玉凤（杭州轻工技师学院）
杨维祯（杭州第一技师学院）
叶军妹（杭州第一技师学院）
袁玉鲜（杭州第一技师学院）
张惠芳（杭州胡庆余堂国药号有限公司）
张晓军（杭州第一技师学院）
郑萍芬（杭州胡庆余堂国药号有限公司）

主　审　蒋玲霞

为深入贯彻落实《国家职业教育改革实施方案》（国发［2019］4号）、人社部《推进技工院校工学一体化技能人才培养模式实施方案》（人社部函［2022］20号），关于建设校企双元合作开发教材的要求，倡导使用新型活页式、工作手册式教材的要求，本教材依托国家级康养实训基地建设单位杭州第一技师学院和杭州胡庆余堂国药号有限公司的蒋玲霞技能大师工作室、卢超医药购销技能大师工作室合作开发。

本教材以培养学生综合能力为目标，主要从药品购销职业领域中提取了7个工作领域，包含18个典型工作任务和57个职业能力点。其中7个工作领域包括药店的选址与开办、药品的采购与验收、药品陈列与养护、药学顾客服务、用药咨询与指导、医药商品销售、药品营销，每个能力点围绕着核心概念、学习目标、基本知识、能力训练和课后作业这五个方面展开，其中能力训练包括操作条件、注意事项、操作过程、学习结果评价这四个部分内容。

本教材以立德树人、培养学生创新意识和以学生为中心为理念，致力于开发新型活页式教材和工作手册式教材。为便于授课与学习，教材中雷同或相似内容予以保留。本教材通过校企双元合作开发，促进产教融合、工学一体、共同构建服务于技工教育的现代职业教育教材体系。教材融会贯通课程标准、岗位需求、技能比赛、药品购销员等级工证书，将工作群与课程中的典型工作任务相统一，使学校培养的技能人才与企业岗位所需实现无缝对接。

由于活页式、工作手册式教材作为新生事物，需深入探索的领域还有很多，加之编者精力、学识、时间有限，内容疏漏之处在所难免，望使用与参阅者不吝指正。

编　者

2023年1月

目录

模块 C　药品陈列与养护　/ 036

模块 D　药学顾客服务　/ 060

模块 A
药店的选址与开办

任务 A-1

药店的选址与定位

能力点 A-1-1　能完成零售药店的选址

一、核心概念

1.零售药店

零售药店指依法取得《药品经营许可证》的单一门店的药品零售经营企业，是直接向患者提供其所需药品和保健服务的机构，是医疗保健系统的重要组成部分。

2.药店选址

对药店的目标市场和发展空间选择，选址对药店经营成败具有重要的影响，对药店的竞争和盈利能力起关键作用，是开办药店的首要任务。

二、学习目标

1.能正确制定选址标准。

2.能根据选址标准进行实地考察。

3.能对欲开药店的自身条件进行评估。

4.能正确掌握药店附近的居民住户需求。

5.能对药店的投资及收益进行正确分析。

6.能根据考察结果，确定最终药店选址。

三、基本知识

1. 零售药店选址的重要性

（1）药店选址目的就是企业目标市场的选择　药店选择的营业地点不同，意味着企业将面对不同的客户群体，因此，药店选址其实就是选择目标市场。首先是较大范围的目标市场选择，其次是药店营业地点的较小范围的目标客户选择。

（2）药店选址关系到企业的经营目标和经营策略　处于不同目标市场的目标客户其购买力、受教育程度、疾病类型和发病率状况均不同，这些因素也决定着药店的经营目标和经营策略不同。

（3）药店选址关系到企业的经营绩效　企业的经营业绩主要受经营成本和营业收入的影响。处于不同地理位置的药店其运输、管理等经营成本不同，受目标客户购买力和发病状况等诸多因素的影响，其营业收入也不同。因此，处于不同地理位置的药店其经营绩效会存在显著差异。

（4）药店选址与企业的管理水平及管理能力有关　对于药品零售连锁企业来说，其门店数量越多，地理位置越分散，对其进行有效管理的难度就越大，用于协调控制的成本也就越大。门店数量越多越分散，企业的经营风险就会越大。因此，企业的门店选址还必须考虑企业的管理能力。

2. 零售药店选址的位置类型

（1）按照目标市场细分原则分类

① 城市药店选址：城市药店选址是指将药店选在较大范围的省市行政区域的目标市场。城市这个目标市场，市场容量大，城市人口购买力强，交通便利且运输繁忙，但租金昂贵，竞争程度也大。这类药店经营的商品从药品到营养健康保健食品、化妆品以及日用生活品等，琳琅满目，种类齐全。

② 城镇药店选址：这类药店主要指开设于县、镇（乡）一级的药店，这类药店主要以县城或乡镇所在地的居民为服务对象，多以中型、小型药店为主。经营中西药品为主，也可以经营保健食品等。

③ 乡村药店选址：这类药店主要指开设于村一级的药店，多以小型为主。其主要服务对象是乡村人口，这部分人群远离城市，医疗条件较差，有的地方甚至缺医少药。

（2）按照商业群的不同分类

① 中央商业区：地处繁华商业地带，大型百货商场、影剧院、餐饮店、专卖店云集，可满足顾客不同需求，客流量庞大，商圈影响范围可覆盖整个城市。虽租金昂贵，但是营业额也高。在商业中心开设药店，一般要做到药品品种丰富、装修精致、服务周到，可以迅速扩大药店的知名度。

② 办公区：指办公楼上班族聚集地区。在办公区开设药店，特别要考虑潜在的客流量以及商品的结构等因素。

③ 居民住宅区：居民住宅区的顾客主要是附近居民，在这些地点设置药店是为了方便附近居民就近购买药品等，一般来说人流量比较稳定。

3. 零售药店选址的原则

（1）顾客流量大且稳定

① 人口密度高，居民集中、稳定，有多样化的需求。

② 处于客流量大的临街铺面。

③ 交通便利，旅客上下车最多的车站或主要车站附近，顾客到达店铺的步行距离短。

④ 接近人们聚集的场所，如大型商场、影院附近等。

（2）药店地址的选择与其经营规模及品种相适应　小规模药店的地址不宜选择在繁华的商业区；规模大且品种齐全药店的地址不宜选择在人口密度小且交通不便的地方。

（3）药店地址的选择要与药店的经营目标一致，药店地址的选择要与企业未来发展战略、市场策略、管理水平、资金状况等相适应。

（4）药店地址的选择要充分考虑与周围药店的相关性和互补性。一般来说，相关店少而互补店较多的区域比较合适。

4.零售药店选址应考虑的因素

（1）客流量　一般来说，客流分为现有客流和潜在客流，药店最好设在潜在客流量最多、最集中的地点，以方便人们就近购买。商业中心、医院附近、大型社区是药店选址的黄金地段。这里客流量大、稳定，交通方便，药店可分享一部分从邻近的商店或所在超市商场的分流，投资容易在短期内收回。缺点是这里竞争对手多，经营费用高。

（2）交通　门店应接近主要公路，方便配送中心送货运输。店外具备必要的送货用停车设施，如果是大型药店，还要为开车顾客预留停车位。一般而言，药店不应设在交通主干道上，停车不方便，而且设立的防止行人横穿马路的隔离栏会对客流产生阻隔，快速行驶的车辆也会使行人望而却步。

（3）购买力　门店应与所在商圈的购买力水平相适应。在高级住宅区里就不宜设小型便利商店，在一般住宅区就不宜设高档饰品、珠宝商店。商圈内的购买力水平取决于商圈内的经济结构是否合理、经济的稳定性如何、居民收入的增长程度。同时，购买力也决定了当地的租金水平。

（4）分店与配送中心的关系　要考虑供应系统（配送中心）是否有能力为新开店供货。对于药品零售连锁企业而言，在一个城市中的所有分店应均匀分散在以配送中心供应能力为半径的圆内，方便配送中心送货，减少运输成本，并可调剂各分店药品余缺。

四、能力训练

（一）操作条件

1.确定药店类型。

2.药店选址原则、考虑因素。

3.药店选址标准。

（二）注意事项

1.制定选址标准时，需充分考虑企业的实际需求，确定营业面积、结构、租金等内容。

2.对欲开药店的周围环境及药店本身需全面实地考察和评估，确保药店选址符合原则及标准。

3.在入户访问时，需保持文明礼貌，对客户的需求进行全面深入了解。

4.需全面对欲开药店的投资和收益进行分析，确保药店的收益利润。

（三）操作过程

序号	实施步骤	操作流程/话术举例	注意事项/操作标准
1	制定选址标准	（1）确定营业面积和结构 （2）制定每月租金计划及给付方式 （3）考察交通、人流密集程度、顾客消费水平、投资回收计划等	（1）营业面积一般在100m^2以上，符合企业实际经营规模需要，与公司形象统一 （2）租金的高低与地段的优劣之间综合平衡 （3）综合平衡交通便利性、人流量、顾客的消费水平、回报率
2	对欲开药店地点周围环境进行实地考察	（1）考察客流量 （2）考察交通情况、街道情况 （3）考察租金及周围竞争店	（1）客流量大且稳定 （2）门店应接近主要公路，方便送货运输 （3）充分考虑与周围药店的相关性和互补性
3	对欲开店本身进行评估	（1）欲开店是否有明确的地址、明显的路标，外表面是否有利于架设店牌，位置是否在配送中心的送货路线上 （2）店铺内水、电等常用设施是否完备，货架高度是否有利于摆放药品，店内采光度如何 （3）店铺的所有权是否确认、是否被租用过、确认交付使用时间、租期及租金给付方式、因不可抗力责任的归属 （4）考察店铺周围商店的性质、商圈、经营范围和定位 （5）房屋主人的职业、现住址及信用，是否会大幅度地上调租金	（1）欲开店的地址、路标需明确，外表面能架设店牌，位置在配送中心的送货路线上 （2）店铺内水、电等常用设备齐全，货架高度合适，店内采光较好 （3）确认店铺所有权、交付使用时间、租期及租金给付方式和因不可抗力责任的归属 （4）确认店铺周围商店的性质、商圈及经营范围，确认对店铺的影响 （5）确认房屋主人的职业、住址及信用
4	选择欲开店附近住户进行入户访问	（1）顾客希望的营业时间 （2）是否需要24小时服务 （3）需要哪些便民服务 （4）顾客经常购买的药品种类、价格水平	（1）确定顾客希望的营业时间、是否需要24小时服务及需要哪些便民服务项目 （2）确定顾客购买的药品种类和购买力水平
5	进行对欲开店的投资和收益分析	（1）药店的投资分析：租金、押金、折旧费、水电费、设备制作广告费等 （2）药店的收益分析：营业额、经营安全率	（1）做好药店的投资预算与收益平衡 （2）经营安全率30%为优秀店，20%～30%为优良店，10%～20%为一般店，10%以下为不良店

【问题情境一】

某店开在一500户的新小区，经营一段时间，药店营业额不理想，一直处于亏损状态。于是药店管理人员开会探讨经营不善的相关原因。

该药店选址过程中违反了药店选址的相关原则，药店的选址需要客流量大且稳定，入住率高，居民集中。而该药店的选址为500户的新小区，入住率不高，导致顾客流量不大，人口密度低，从而导致药店营业额不理想。

【问题情境二】

某连锁药店开在离肿瘤医院800米附近，发现滋补类药品及抗肿瘤相关药品营业额高于其他门店，门店营业额收益较好。公司领导请店长到总公司进行经验交流汇报。

本药店在进行选址时遵循药店选址原则，选取药店经营的主要药品符合周围的客户需求，与药店的经营目标相一致。

（四）学习结果评价

序号	评价内容	评价标准	评价结果（是/否）
1	选址标准的制定	能根据药店选址原则、考虑因素，制定符合要求的零售药店选址标准	
2	对欲开药店进行实地考察	（1）能对客流量进行有效评估 （2）能对交通因素进行有效评估 （3）能对周围药店及租金有效评估	
3	对欲开店本身进行评估	（1）能对药店地址、路标、店牌、送货路线进行有效评估 （2）能对药店内部要求及结构进行有效评估 （3）能对店铺所有权、交付使用时间、租金及付款方式、不可抗力的责任归属进行有效评估 （4）能对店铺周围商店的性质、经营范围、商德进行有效评估	
4	对欲开店附近住户进行入户访问	（1）能够文明礼貌进行访问 （2）能全面收集附近住户的相关需求	
5	欲开药店的投资和收益分析	能够正确分析欲开药店的投资和收益，正确预估企业营业额及经营安全率	

五、课后作业

1.药店选址考虑的因素有哪些？

2.现有几个选定的欲开药店地点，对其周围环境进行详细的实地考察，并完成药店选址的调查表。

能力点 A-1-2　能对药店进行功能定位

一、核心概念

药店功能定位是指根据药店地理位置、消费群体的特点、市场竞争状况最终确定药店经营业态。定位的实质是取得目标市场的竞争优势，在消费者心中留下深刻的印象，从而提高门店竞争优势。

二、学习目标

1.能根据周边环境、消费人群对药店进行功能定位。

2.能根据不同业态形式确定药店特征及主要经营品种。

3.能区别DTP药房与普通药店。

4.能依据不同定位的药店对员工进行专业知识培训。

三、基本知识

药店主要经营要素有营业场所、营业员、商品、设施设备等。其在具体经营过程中的组合方式、结构有较大差异，并且在一定时期表现出比较稳定的经营风格、经营形态。在长时间的演化过程中，被划分为多种类型，每一种类型的要素组合与结构都有自己的特点。

1. 社区型药店

社区已经成为城市商业社会的重要单元，生活在其中的人们有着相近的生活习惯和消费习惯。社区型药店通常开在社区或居住人口较多的小区、写字楼周边。以满足消费者基本用药习惯为主，打造多元化服务。根植于居民生活区，为附近居民提供便利。

（1）场所要求　社区药店通常面积较小，多在100m^2以下。但对便利性有较高要求，消费者在购药时最先考虑的因素并不是价格，而是便利性，选址应以社区主进出口位置或必经之路为主。同时根据社区人口数量、人员组成来确定经营品种和特色服务。

（2）员工要求　强化服务规范，端正服务心态，提供专业知识和业务技能。社区药店的消费者通常为社区居民，如果店员的服务不规范、态度不端正，势必影响药店在消费者中的口碑，造成客流量减少。消费者购药时店员能提供专业知识，推荐对症的药品，以提升门店知名度。

（3）产品特色　要尽快融入社区，在社区站稳脚跟，除了销售常规的药品外，有必要引进居民日常生活用品和提供一些便利服务和附加服务，如为行动不便的顾客送药上门、免费测量血压等各种服务，从而提高药店人气。

（4）目标人群　社区及周边居民为主。

2. 大健康综合体

经营的产品比传统药店更为广泛，涵盖了所有与健康息息相关的产品，除药品外，增加日常保健、滋补、功能辅助性产品，一般用于自我调理或赠送他人。以产品全、服务种类多取胜，满足消费者的一站式需求。

（1）场所要求　场地面积较大，多在200m^2以上。传统药店要求处方药与非处方药分开、内服药与外用药分开，注重的是用药安全。大健康综合体则需要从方便关联推荐的角度出发，在符合药品管理规范的前提下，将常用药品与大健康概念的保健食品、医疗器械、慢性病患者护理用品、功能辅助性产品结合一起。

（2）员工要求　从药品专业知识延伸到预防疾病的健康生活方式指导、日常生活保健指导。

（3）产品特色　除药品外，还有贵细药材、理疗产品、智能化穿戴设备、功能性食品、慢性病患者护理用品等。

（4）目标人群　充分利用多元化经营的集客功能，尽可能满足所有对健康有要求的顾客。

3. DTP药房

DTP（direct to patient）药房是直接面向患者提供更有价值的专业服务的药房，特点是“直接面向患者”。制药公司直接将药品授权给药房。患者在医院开取处方后，药房根据处方按照患者或顾客指定的时间和地点送药上门，并且关心和追踪患者的用药进展，提供用药咨询等专业服务。DTP药房也被称为高值新特药直送平台。DTP药房的模式已经从最先的“送药上门”发展为“送专业服务上门”。

（1）场所要求　药房通常在医院周边，面积可大可小，营业值多取决于其专业服务能力。DTP药房需要更高标准的冷链管理系统和配送标准，从药品储存到向患者发药或送药上门等环节，全程闭环冷链系统，做到冷链管理无死角。

（2）员工要求　配备执业药师，在审核处方上必须达到专业水平。理解医生的诊断和治疗过程，熟悉临床常用药物的作用和特点，提供标准化药学服务。

（3）产品特色　主要以抗肿瘤、丙型肝炎、自身免疫系统疾病方面的新特药为主，专注领域集中，强调通过专业化服务产生与患者的长期合作黏性。

（4）目标人群　随着我国医疗水平的不断提高，患者对专业化以及精细化的要求越来越高。院内治疗除对医生的依赖外，患者希望在院外接受更专业的药物治疗和更方便的药物传递。

4.药妆店

药妆店是根据市场需求产生的特殊经营业态，此“药”并非真正意义上的药品，而是指在为顾客提供解决肌肤问题的诊治方案时，将各类产品包括药品、化妆品、医疗器械、食品等进行组合推荐。

（1）场所要求　选址一般在高档社区、繁华商业区。

（2）员工要求　需要学习常见皮肤病的病因、药用知识；皮肤肤质的鉴别知识和调养知识；皮肤斑点、皱纹、暗沉、毛孔粗大和油脂分泌问题的成因。

（3）产品特色　高档药品、中高档化妆品、各种美容食品及汤料、美容保健器材。

（4）目标人群　白领、爱美人士、商务人士。

5.线上药店

线上药店主要指具备向个人消费者提供互联网药品交易服务的网上药店以及网上药店O2O模式。在2005年，国家食品药品监督管理部门出台了《互联网药品交易服务审批暂行规定》，这是我国首次出台的关于网上药品销售的规定。同年第一家网上药店成立，标志着我国的医药电商开始辐射到药品零售领域。网上药店O2O（online to offline，即线上到线下）模式是以传统连锁实体药店为基础，依托线下配送等资源，将网上药店与实体企业的优势综合起来的模式。线上药店都需要取得《互联网药品信息服务资格证书》，网上药店还需获取《互联网药品交易服务资格证书》。线上药店是实体药店销售模式的补充。

（1）场所要求　根据相关法律法规，不管是网上药店还是网上药店O2O模式购药都要求拥有线下实体药店，网上药店要求为药店连锁零售企业，都需要具有健全的网络和交易安全保障措施以及完整的管理制度。具有网上咨询、网上查询、生成订单等基本交易服务功能。具有交易品种相适应的药品配送系统。

（2）员工要求　具有执业药师负责网上实时资讯，并有保存完整咨询内容的设施、设备及相关管理制度。从事医疗器械交易服务，应当配备拥有医疗器械相关专业学历、熟悉医疗器械相关法规的专职专业人员。

（3）产品特色　非处方药、保健食品、计生用品、医疗器械。

（4）目标人群　白领以及习惯网购的人群。

四、能力训练

（一）操作条件

1.确定药店功能定位选址。

2.根据功能定位制定经营品类。

3.对员工进行专业知识及服务的培训。

（二）注意事项

1.药店功能定位需充分考虑周边消费群体的消费能力。

2.根据药店定位制定不同装修风格、产品品类、产品陈列方式。

3.药店定位的不同对店员培训有不同的侧重点。

（三）操作过程

序号	实施步骤	操作流程/话术举例	注意事项/操作标准
1	确定药店功能定位	（1）考察周边常住人口数量、年龄结构 （2）对周边消费群体消费习惯、消费能力摸底	不同定位的药店需要的营业面积不同
2	进行营业场所设施设备配置	设施设备配置率根据专业服务从高到低，依次为DTP药房、大健康综合体、线上药店、社区药店、药妆店	（1）DTP药房需要全程闭环冷链系统，做到冷链管理无死角 （2）开展网上药店，需要有完善的计算机系统
3	对欲开店的商品品种及数量准备	药品品种种类从多到少分别为大健康综合体、线上药店、社区药店、药妆店、DTP药店	科学准备产品品种及数量，不但可以满足消费者需求，增加药店人气，提高药店营业额，还可以降低药店营业成本
4	对店内员工专业知识的培训	药品是特殊的商品，注重员工药学、医学、心理学的培训。根据药店定位应有不同的侧重点	从“销售中心”到“服务中心”的转变

【问题情境一】

某连锁药店在本市最大软件园区开设了一家社区药店。一段时间经营下来，发现店内客流少，业绩不佳。

经分析，社区药店位于软件园区，大部分消费者从事IT行业，消费群体较年轻，对新兴事物接受能力快。这家社区药店与网络平台合作，增加网上药店O2O模式，采用线上咨询、线下送货上门的方法，经过一段时间，业绩有了明显提升。

【问题情境二】

A药店除了药品外还增加了日常生活用品、柴米油盐、母婴产品等。尽管聘请了超市经营专家掌舵，促销活动方案接连不断，持续一段时间后，除了药品外，其他产品销售都不佳。

光顾药店的顾客，大多是由于自己或亲朋好友身体出现问题，或者出于预防、保健的需求而来，目的性很强。药店多元化绝不能照抄超市模式，而应根据药店顾客的特点，围绕塑造健康生活方式、预防疾病、改善身体不适的问题，适量增加保健食品、医疗器械等产品。

（四）学习结果评价

序号	评价内容	评价标准	评价结果（是/否）
1	确定药店功能定位	能根据周边人口数量、消费习惯、消费能力对药店定位	
2	对设施设备进行配置	能基本了解不同定位药店对设施设备的要求	
3	对欲开药店配备商品品种及数量	能根据消费人群、药店模式准备药品品种和数量	
4	对员工专业知识要求	能根据药店定位突出员工专业优势	

五、课后作业

1.社区型药店与大健康综合体的区别。

2.对一家已完成选址的药店，依据周边消费人群的消费习惯、消费能力对药店进行功能定位。

任务 A-2

开办药店的流程

能力点 A-2-1 能按照相应的流程开办单体药店

一、核心概念

单体药店指自行采购、储存和销售药品并对药品安全负全部责任的药品销售单位。

二、学习目标

1. 能知晓开办单体药店的条件。
2. 能知晓开办单体药店的申报材料。
3. 能向市场监督管理部门完成申请单体药店筹建。
4. 能向市场监督管理部门完成申请单体药店的《营业执照》。
5. 能向市场监督管理部门完成申请单体药店的《药品经营许可证》。
6. 能向税务部门完成税务登记。

三、基本知识

1. 开办单体药店的条件

（1）单体药店的法定代表人或者企业负责人应具有注册执业药师资格。

（2）单体药店应配备专职药品质量管理人员，具体负责企业药品质量管理工作。设立在市区及县城的单体药店，其质量管理人员应具有药师（中药师）及以上药学专业技术职称或注册执业药师资格；设立在乡镇及以下地区的单体药店，其质量管理人员应具有药士（中药士）及以上药学专业技术职称。单体药店的药品质量管理人员应具有1年（含）以上药品经营质量管理工作经验，且应在职在岗，不得在其他单位兼职。

（3）单体药店应配备驻店药师，负责处方审核，指导合理用药等工作。设立在市区及县城的单体药店，应至少配备两名驻店药师，其中一名应为注册执业药师（注册执业中药师），另一名为注册执业药师（注册执业中药师）或从业药师（从业中药师）；经营范围中有中药饮片配方的，应配备注册执业中药师。设立在乡镇及以下地区的单体药店，应至少配备两名驻店药师，其中一名应为注册执业药师（注册执业中药师），另一名为药师（中药师）及以上药学专业技术职称或注册执业药师（注册执业中药师）、从业药师（从业中药师）；经营范围中有中药饮片配方的，应配备注册执业中药师。

（4）单体药店从事药品验收、采购的人员，应具有药学或者医学、生物、化学等相关专业学历或者具有药学专业技术职称。从事中药饮片验收、采购的人员，应具有中药学中专及以上学历或者具有中药学专业初级以上专业技术职称。

（5）单体药店营业员应具有高中及以上文化程度，中药饮片调剂人员应具有中药学中专及以上学历或具备中药调剂员资格。

（6）设立在市区及县城的单体药店，其营业场所建筑面积应不少于$80m^2$；设立在乡镇及以下地区的单体药店，其营业场所建筑面积应不少于$60m^2$；偏远山区设立的药店，其营业场所建筑面积应不少于$40m^2$。如单体药店药品销售后能得到及时补充，可不设药品仓库，但其药品必须按规定存放于柜台、货架及冷藏柜中，不得存放在其他区域或与其他物品混放。经营范围中有中药饮片配方的单体药店，必须设置建筑面积不少于$10m^2$、符合GSP要求的中药饮片仓库。单体药店应设置与经营规模相适应的办公、生活辅助区域等，并与营业场所、仓库等分开。

（7）单体药店应配备计算机、药品销售票据打印机等信息化管理设施和信息管理系统，覆盖企业药品购进、储存、销售等各环节，符合GSP管理要求，并具有接受当地市场监督管理部门监管的条件。有关岗位人员应熟练掌握计算机信息管理系统。

（8）单体药店应刻制公章、财务章、法人章、合同专用章；开设银行账户；具有纳税鉴定、发票等税务相关手续。

（9）单体药店应建立能保证所经营药品质量的各项规章制度、质量管理体系。直接接触药品的工作人员应每年进行健康检查。患有精神病、传染病或者其他可能污染药品的疾病的人员，不得安排在直接接触药品的岗位工作。

2. 开办单体药店的申报材料

以浙江省为例，目前申报开办单体药店为全程电子申报。以下以杭州市开办单体药店所需申报材料为例。

（1）单体药店企业筹建申请表。

（2）《营业执照》复印件。

（3）拟担任单体药店企业法定代表人、企业负责人、质量管理人员等关键岗位人员的任职文件、个人简历及《药品管理法》第75条、第82条规定的情形的申明，质量管理人员的社保缴纳情况证明（退休人员可提供退休证明）。

（4）法定代表人、企业负责人的身份证明，法定代表人或企业负责人的执业药师资格证；质量管理人员的身份证明、职称证明或执业药师资格证、1年（含）以上药品经营质量管理工作经历证明。

（5）驻店药师的注册执业（中）药师证或从业（中）药师证或职称证明；药品验收、采购人员的学历或职称证明；中药饮片验收和采购人员的学历或职称证明。

（6）营业员的学历证明，中药饮片调剂人员的学历证明或中药调剂员资格证书。

（7）注册地址和仓库地址的平面布局图（详细注明面积和功能区域等）及产权证明（如《房屋所有证权》复印件；有共有权人的，还需提交《共有权证》复印件。房地产管理部门的证明或《房屋租赁备案证》复印件。属非城镇房屋的，提交当地政府规定的相关证明。城镇无产权证明的商业用房，可由乡镇以上政府或开发区管委会、园区管委会出具同意该场地作为经营场所的证明等）。

（8）企业质量管理文件目录及经营场所设施、设备目录。

（9）建立独立的计算机信息管理系统的实施情况。

（10）若不设仓库的，应提供可靠供应渠道的资质及供货能力证明，以及双方签订的供货意向及质量保证协议书。

（11）授权委托书（如法定代表人自行办理，则授权委托书不用提交）和申报资料承诺书。

（12）其他需提供的资料。

以上资料均加盖企业公章。

四、能力训练

（一）操作条件

1.符合《中华人民共和国药品管理法》《中华人民共和国药品管理法实施条例》《药品经营质量管理规范》及现场检查指导原则、《药品经营许可证管理办法》等规定。

2.具备单体药店的开办条件。

3.具有开办单体药店的各项申报材料。

（二）注意事项

1.在申请筹建时，需向市场监督管理部门提供完整的单体药店筹建申请表及相关资料。

2.在企业筹建过程中，需严格按照单体药店的开办条件进行筹建。

3.办理税务登记时需提交税务登记申请，并且按照税务部门的要求提供有关证件资料。

（三）操作过程

序号	实施步骤	操作流程/话术举例	注意事项/操作标准
1	申请筹建	申办人应向拟办企业所在地的市场监督管理部门或者省、自治区、直辖市人民政府药品监督管理部门直接设置的县级市场监管部门提出申请	（1）提供完整的单体药店筹建申请表 （2）受理申请的市场监督管理部门自收到申请之日起30个工作日内，依据有关规定结合当地实际进行审查，做出是否同意筹建的决定
2	申请《营业执照》	申办人在当地市场监督管理部门网上申报办理，登记注册	（1）申请者首先向当地市场监督管理部门网上申报，根据要求提交资料，由市场监督管理部门进行审查，审查合格后颁发营业执照 （2）营业单位凭营业执照才可以刻制企业的公章、开设账户，在核准登记的范围内从事经营活动
3	申请《药品经营许可证》	申办人在规定时间内完成企业筹建后，应向原审批机构申请验收	原审批机构自收到申请之日起15个工作日内，根据《药品监督管理法》第15条规定的单体药店开办条件组织验收，符合条件的发给《药品经营许可证》
4	办理税务登记	申办人向税务部门提交税务登记申请，并提供有关证件资料	（1）提交《税务登记表》 （2）提供工商局发给的《营业执照》、银行开户账户证明（没有开设银行账户的小药店不需此证明）、法定代表人的居民身份证以及税务机关要求提供的其他有关证件和资料 （3）税务机关一般应在30日内审核完毕，审核合格后发给税务登记证件

【问题情境一】

某人为非药学相关人士，欲开办单体药店，作为法定代表人向拟办企业所在地的市场监督管理部门提出申请，市场监督管理部门依据有关规定结合当地实际进行审查，作出不同意筹建的决定。

单体药店的申办条件中，规定单体药店的法定代表人或者企业负责人应具有注册执业药师资格，而该药店的法定代表人为非药学相关人士，不符合申办条件。

【问题情境二】

某人欲在县城内开办单体药店，其营业场所建筑面积为60m^2，经当地市场监督管理部门审查，不符合要求。

单体药店的申办条件中，规定设立在市区及县城的单体药店，其营业场所建筑面积应不少于80m^2。该单体药店欲开办在县城，其营业场所建筑面积仅为60m^2，少于80m^2，不符合申办条件。

（四）学习结果评价

序号	评价内容	评价标准	评价结果（是/否）
1	申请筹建	能根据单体药店的开办条件，提供相关申报资料	
2	申请《营业执照》	能按规定整理好相关资料，进行网上申报、登记注册，通过审查核准，获得营业执照 能凭营业执照刻制企业的公章、开设账户	
3	申请《药品经营许可证》	能根据相关单体药店的开办条件，在规定时间内完成企业筹建，并向原审批机构申请验收	
4	办理税务登记	能够提供相关证件资料，通过税务机关审核，获得税务登记证件	

五、课后作业

1. 单体药店对驻店药师配备的要求有哪些？
2. 根据单体药店的开办条件，能够完成符合要求的企业筹建申请表。

能力点 A-2-2　能按照相应的流程开办连锁药店

一、核心概念

连锁药店指实施统一企业标识、统一管理制度、统一计算机系统、统一人员培训、统一采购配送、统一票据管理、统一药学服务标准，实现规模化、标准化、信息化管理的药品销售单位。

二、学习目标

1. 能掌握开办连锁药店的条件。

2.能熟知开办连锁药店的申报材料。

3.能向市场监督管理部门完成申请连锁药店筹建。

4.能向市场监督管理部门完成申请连锁药店的《营业执照》。

5.能向市场监督管理部门完成申请连锁药店的《药品经营许可证》。

6.能向税务部门完成税务登记。

三、基本知识

1.开办连锁药店的条件

（1）连锁药店的法定代表人或者企业负责人应具有注册执业药师资格。

（2）连锁药店应配备专职药品质量管理人员，具体负责企业药品质量管理工作。连锁药店的质量管理人员应具有药士（中药士）及以上药学专业技术职称。连锁药店的药品质量管理人员应具有1年（含）以上药品经营质量管理工作经验，且应在职在岗，不得在其他单位兼职。

（3）连锁药店应配备驻店药师，负责处方审核，指导合理用药等工作。连锁药店应至少配备两名驻店药师，其中一名应为注册执业药师（注册执业中药师），另一名为药师（中药师）及以上药学专业技术职称或注册执业药师（注册执业中药师）、从业药师（从业中药师）；经营范围中有中药饮片配方的，应配备注册执业中药师。

（4）连锁药店从事药品验收、采购的人员应具有药学或者医学、生物、化学等相关专业学历或者具有药学专业技术职称。从事中药饮片验收、采购的人员应具有中药学中专及以上学历或者具有中药学专业初级以上专业技术职称。

（5）连锁药店营业员应具有高中及以上文化程度，中药饮片调剂人员应具有中药学中专及以上学历或具备中药调剂员资格。

（6）设立在市区及县城的连锁药店，其营业场所建筑面积应不少于$60m^2$；在乡镇及以下地区的连锁药店，其营业场所建筑面积应不少于$40m^2$。如连锁药店药品销售后能得到及时补充，可不设药品仓库，但其药品必须按规定存放于柜台、货架及冷藏柜中，不得存放在其他区域以及与其他物品混放。经营范围中有中药饮片配方的连锁药店，必须设置建筑面积不少于$10m^2$、符合GSP要求的中药饮片仓库。连锁药店应设置与经营规模相适应的办公、生活辅助区域等，并与营业场所、仓库等分开。

（7）连锁药店应配备计算机、药品销售票据打印机等信息化管理设施和信息管理系统，覆盖企业药品购进、储存、销售等各环节，符合GSP管理要求，并具有接受当地市场监督管理部门监管的条件。有关岗位人员应熟练掌握计算机信息管理系统。

（8）连锁药店应刻制公章、财务章、法人章、合同专用章；开设银行账户；具有纳税鉴定、发票等税务相关手续。

（9）药品零售连锁企业加盟店和异地药品零售连锁企业门店的从业人员相关资质和营业场所面积等要求参照单体药店设置标准执行。

（10）连锁药店应建立能保证所经营药品质量的各项规章制度，成立适合企业管理需要的组织机构及质量管理体系。直接接触药品的工作人员应每年进行健康检查。患有精神病、传染病或者其他可能污染药品的疾病的人员，不得安排在直接接触药品的岗位工作。

2.开办连锁药店的申报材料

以浙江省为例，目前申报开办连锁药店为全程电子申报。以下以杭州市开办连锁药店所需申报材料为例。

（1）药品零售连锁企业筹建申请表。

（2）《营业执照》复印件。

（3）门店店长、质量管理员、驻店药师的任职文件；质量管理员和驻店药师的身份证、职称证书或执业药师资格证（从业药师资格证）、个人简历；质量管理员具有1年以上（含1年）药品经营质量管理工作经验证明材料及社保缴纳情况证明（退休人员可提供退休证明）。

（4）驻店药师的执业（中）药师资格证或从业药师证或职称证明；药品验收、采购人员的学历或职称证明；中药饮片验收和采购人员的学历或职称证明。

（5）营业员的学历证明，中药饮片调剂人员的学历证明或中药调剂员资格证书。

（6）注册地址、仓库的自有房屋产权证明；如为非自有房产的，则应提供该房屋的产权证明、租赁合同或其他合法房产使用证明；营业场所平面布置图（详细注明面积和功能区域等）。如使用房屋无具体门牌号的，应提供经地名办确认的详细地址。

（7）企业质量管理文件目录及经营场所设施、设备目录。

（8）建立独立的计算机信息管理系统的实施情况。

（9）若不设仓库的，应提供可靠供应渠道的资质及供货能力证明，以及双方签订的供货意向及质量保证协议书。

（10）授权委托书（如法定代表人自行办理，则授权委托书不用提交）和申报资料承诺书。

（11）跨区域药品零售连锁企业开设门店除提供上述资料外，还需提供连锁总部的《药品经营许可证》《营业执照》和《药品经营质量管理规范认证证书》的复印件；若需委托开办地药品经营企业进行配送的，应提供双方签署的委托配送协议，以及被委托企业的《药品经营许可证》《营业执照》《药品经营质量管理规范认证证书》复印件。

（12）其他需提供的资料。

以上资料均加盖企业公章。

四、能力训练

（一）操作条件

1.符合《中华人民共和国药品管理法》《中华人民共和国药品管理法实施条例》《药品经营质量管理规范》及现场检查指导原则、《药品经营许可证管理办法》等法律规定。

2.具备连锁药店的开办条件。

3.具有开办连锁药店的各项申报材料。

（二）注意事项

1.在申请筹建时，需向市场监督管理部门提供完整的连锁药店筹建申请表及相关资料。

2.在企业筹建过程中，需严格按照连锁药店的开办条件进行筹建。

3.办理税务登记时需提交税务登记申请，并且按照税务部门的要求提供有关证件资料。

（三）操作过程

序号	实施步骤	操作流程/话术举例	注意事项/操作标准
1	申请筹建	申办人应向拟办企业所在地的市场监管部门或者省、自治区、直辖市人民政府药品监督管理部门直接设置的县级市场监督管理部门提出申请	（1）提供完整的连锁药店筹建申请表 （2）受理了申请的市场监督管理部门自收到申请之日起30个工作日内，依据有关规定结合当地实际进行审查，作出是否同意筹建的决定
2	申请《营业执照》	申办人在当地市场监督管理部门网上申报办理，登记注册	（1）申请者首先向当地市场监督管理部门网上申报，根据要求提交资料，由市场监督管理部门进行审核查，审查合格后颁发营业执照 （2）营业单位凭营业执照才可以刻制企业的公章、开设账户，在核准登记的范围内从事经营活动
3	申请《药品经营许可证》	申办人在规定时间内完成企业筹建后，应向原审批机构申请验收	原审批机构自收到申请之日起15个工作日内，根据《药品监督管理法》第15条规定的单体药店开办条件组织验收，符合条件的，发给《药品经营许可证》
4	办理税务登记	申办人向税务部门提交税务登记申请，并提供有关证件资料	（1）提交《税务登记表》 （2）提供工商局发给的《营业执照》、银行开户账户证明、法定代表人的居民身份证以及税务机关要求提供的其他有关证件和资料 （3）税务机关一般应在30日内审核完毕，审核合格后，发给税务登记证件

【问题情境一】

某连锁药店欲在乡镇开办新的门店，现已招聘三名营业员，一名为高中学历，两名为初中学历，经当地市场监督管理部门审查，不符合要求。

连锁药店的申办条件中，规定连锁药店营业员应具有高中及以上文化程度。该连锁药店招聘的三名营业员中，有两名营业员为初中学历，不符合申办条件。

【问题情境二】

某连锁药店招聘了一名质量管理员，该质量管理员在此岗位上有6个月的工作经历，经当地市场监督管理部门审查，不符合要求。

连锁药店的申办条件中，规定药品质量管理人员应具有1年（含）以上药品经营质量管理工作经验，且应在职在岗，不得在其他企业或单位兼职。而该门店招聘的药品质量管理员在此岗位上只有6个月的工作经历，不符合申办条件。

（四）学习结果评价

序号	评价内容	评价标准	评价结果（是/否）
1	申请筹建	能根据连锁药店的开办条件，提供相关申报资料	
2	申请《营业执照》	能按规定整理好相关资料，进行网上申报、登记注册，通过审查核准，获得营业执照 能凭营业执照才可以刻制企业的公章、开设账户	
3	申请《药品经营许可证》	能根据相关连锁药店的开办条件，在规定时间内完成企业筹建，并向原审批机构申请验收	
4	办理税务登记	能够提供相关证件资料，通过税务机关审核，获得税务登记证件	

五、课后作业

1. 连锁药店对营业场所的面积有哪些要求？

2. 根据连锁药店的开办要求，能够整理完整的申报材料。

模块 B
药品的采购与验收

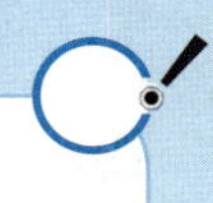

任务 B-1

首营审核

能力点 B-1-1　能进行首营企业的录入与审核

一、核心概念

1. 首营企业

首营企业指采购药品时，与本企业首次发生供需关系的药品生产企业或药品经营企业。

2. 首营审核

首营审核指药品经营企业为保证经营行为的合法性、确保所购进药品的质量，在采购前对供货单位进行质量审核的过程。

二、学习目标

1. 能按照GSP和企业首营审核要求完成首营企业资料的审核。
2. 能利用计算机系统完成首营资料的审批。

三、基本知识

1. 首营企业相关资料

首营企业相关资料指对首营企业审核时应当查验加盖其公章原印章的以下资料，确保真实、有效：《药品生产许可证》或者《药品经营许可证》复印件；营业执照、税务登记、组织机构代码的证件复印件，及上一年度企业年度报告公示情况；《药品生产质量管理规范》认证证书或者《药品经营质量管理规范》认证证书复印件；相关印章、随货同行单（票）样式；开户户名、开户银行及账号。

2. 供货单位销售人员相关资料

（1）身份证复印件　指销售人员需提供加盖有供货单位公章原印章的本人身份证复印件。

（2）销售人员授权书　指销售人员需提供载明被授权人姓名、身份证号、授权销售品质、地域和期限，并加盖供货单位公章原印章和法定代表人印章或签名的授权书。法人授权书授权销售的品质如为企业生产经营的全部品种，可表述为“委托销售我公司合法生产/经营的所有品种”；如不是委托全部品种，则需详细列明品种明细。

四、能力训练

（一）操作条件

1. 合格的药品生产企业首营资料、合格的药品经营企业首营资料。
2. 装有药品经营计算机系统的计算机。
3. 模拟药店。
4. 首营企业的审核流程。

（二）注意事项

1. 在对企业首营资料进行审核过程中要保持高度的责任心，应严谨、认真，严格按照规范要求进行客观、公正地操作，逐个、逐项审核所有资料的真实性和有效性。

2. 在资质审核时，药品经营企业应把质量放在选择药品和供应单位的首位，应从具备合法资质的药品生产企业或药品经营企业采购药品。

3. 在资料审核时出现资料存疑或其他不能确定的情况时应向供货单位核实后再进行；供货单位如果出现资料变更或人员更换时，应按要求重新索要相关资料，并经审核、批准后归档留存，否则需停止采购等业务活动。

（三）操作过程

序号	实施步骤	操作方法及说明	注意事项 / 操作标准
1	采购专员索取企业资料	（1）索取首营企业相关材料 （2）索取营企业药品销售人员的证明材料	（1）索取的资料应完整 （2）资料上加盖的供货单位公章必须是原印章
2	采购专员系统提交首营企业资料	（1）采购专员梳理纸质资料 （2）采购专员将纸质资料信息扫描录入计算机系统，系统自动生成单位质量档案，提交“首营申请”至采购部经理	根据药品经营计算机系统的操作要求，由采购专员登录系统并录入基本信息、供货信息、证照信息、银行信息、随货同行单信息、委托书、印章印模，并点击上传，录入系统，保存退出，提交采购经理审核
3	采购部经理审核	采购部经理对资料完整有效性进行确认，并核对系统信息录入是否准确	登录计算机系统中查阅首营企业资料，进行详细信息的审核，若发现问题退出则点击右下角“作废”按钮返回上一步；若确认无误，则“填写结论”保存，审核完成后资料提交质管部

续表

序号	实施步骤	操作方法及说明	注意事项 / 操作标准
4	质管员初审	质管员主要确认资料的真实合法有效以及完整性，检查系统信息录入的完整以及准确性，并对企业的质量体系情况进行调查确认 （1）在国家及各省药品监督管理局网站查询核对许可证的单位名称、法定代表人、注册地址、仓库地址、生产范围或经营范围等是否与网站公布的内容相符，如不符合则查询有无变更证明；登录企业所在地的市场监督管理局网站查询企业信息，核对《营业执照》的名称、法定代表人、住所等信息是否与许可证一致；核对许可证、认证证书、营业执照是否在批准的有效期内，核查企业是否存续，核查企业是否按时填报年度报告，核对拟供的药品是否在生产或经营许可范围内。相关印章式样必须为原尺寸、原规格的原印章，随货同行单（票）样式须为加盖企业公章或出库专用章的原式件 （2）核查授权书和身份证复印件是否加盖与备案样式一致的企业公章，内容是否全面，企业是否在授权书的授权区域内，销售人员销售的药品是否在授权品种范围内，法人委托授权书有效期一般不超过12个月	符合要求的提交质管部经理进行再确认，不符合要求的退回采购部重新索取
5	质管部经理审核	质管经理再次审核首营企业资质的合法性，并对供货方的质量管理体系进行评价，必要时可以会同运营部人员进行实地考察，对企业资质进行总确认	确认“审核通过”或“不通过”，点击“审核”：其中审核不通过的注明原因，审核通过的附首营资料报质量负责人审批
6	质量负责人审批	质量负责人审批是否合格	选择审批的供货单位核对内容填写意见“审核通过”或“不通过”：审核不通过的注明原因，并“返审”，将所附资料退回质管部；审核通过的可在计算机系统中查询该单位的动态档案
7	执行处理意见	根据质量负责人审批结果确定是否开展业务	（1）审批通过可开展业务，质管部建立首营企业档案，并签订质量保证协议 （2）审批不通过不得开展业务

【问题情境一】

现某药品生产企业欲与某药店第一次建立供需关系，请问需提供哪些企业资料？

供货单位为药品生产企业的应提供《药品生产许可证》《药品生产质量管理规范认证证书》《营业执照》及年检证明、相关印章样式、随货同行单（票）样式、开户户名、开户银行及账号。其中相关印章至少包括企业公章、财务专用章、发票专用章、质量管理专用章、合同专用章、出库专用章、法人印章（或签字）等。

【问题情境二】

现某药品经营企业首次与某药店建立了供需关系，销售员王某向该药店提供的授权书中企业盖章与备案的样式不一致，请问该如何处理？

企业在审核供货单位销售人员的资质合法性时应核查授权书和身份证复印件是否加盖与备案样式一致的企业公章、内容是否全面。销售员王某向该药店提供的授权书中企业盖章与备案的样式不一致应引起注意，需向供货单位核实并记录。

（四）学习结果评价

序号	评价内容	评价标准	评价结果（是/否）
1	索取首营企业资料	能收集完整的企业资料	
2	提交首营企业资料	能利用计算机系统完成首营企业资料的信息录入及扫描上传	
3	核查首营资料	（1）能通过国家药品监督管理局和市场监督管理总局的网站查询相关信息，完成资料有效性、真实性核查 （2）能找出有问题的资料，并指出错误原因	
4	执行处理意见	能根据核查情况及审核结果执行处理意见，能完成审批通过企业的资料建档及质保协议签订	

五、课后作业

1.简述药品经营企业的首营审核资料的内容。

2.甲药品生产企业与乙门店首次建立采购关系，请问乙门店的质管员应如何确认资料的真实性。

能力点 B-1-2　能进行首营品种的录入与审核

一、核心概念

1.首营品种

首营品种指本企业首次采购的药品，包括新产品、新规格、新剂型、新包装。

2.首营品种审批程序

首营品种审批程序指业务购进部门按规定将审核资料收集齐全后，连同资料交质量管理机构审核，并提出明确审核意见，审核通过提交质量负责人审批，审批通过业务部门方可进货。

二、学习目标

1.能按照首营品种流程完成审核。

2.能利用药品经营计算机系统进行首营品种的录入。

3.能对首营品种过程中出现的异常情况进行处理。

三、基本知识

1.国产药品的证明文件资料

首营品种属于国产药品的需提供《药品注册批件》或《再注册批件》《药品补充申请批件》复印件、药品质量标准复印件、法定检验机构或本生产企业的检验报告书、药品所属剂型的GMP认证证书复印件、《药品生产许可证》复印件、《营业执照》复印件及药品的包装、标签、说明书实样。已明确药品上市许可持有人的，还应提供药品上市许可人的《药品生产许可证》。

2.进口药品的证明文件资料

首营品种属于进口药品的需提供《进口药品注册证》《医药产品注册证》或《进口药品批件》复印件及药品的包装、标签、说明书实样。

3.进口分装药品的证明文件资料

首营品种属于进口分装药品的需提供原注册证号的《药品注册批件》《进口药品注册证》或《医药产品注册证》复印件、进口药品注册标准复印件、检验报告书、进口分装的《药品补充申请批件》及药品的包装、标签、说明书实样。

4.进口中药材的证明文件资料

首营品种属于进口中药材的需提供《进口药材批件》复印件、进口药材质量标准、进口药品检验报告书及药材的包装、标签、说明书实样。

四、能力训练

（一）操作条件

1.药品生产企业的法人《营业执照》、药品生产企业的《药品生产许可证》、药品GMP证书、药品注册、再注册批件及相关补充批件、药品质量标准、药品检验报告及药品最小包装样盒、标签、药品说明书等原样资料。

2.装有药品经营系统的计算机。

3.模拟药店。

4.首营品种审核的操作流程。

（二）注意事项

1.首营品种应在供货企业《药品生产许可证》或《药品经营许可证》经营范围内，并在本公司的《药品经营许可证》的经营范围内。

2.注意所有资料上加盖的供货单位公章必须是原印章，并且印章必须与备案印章样式一致，不能是复印件。

3.首营品种审核过程中，要严谨、认真，严格按照规范的要求，逐个逐项检查所有资料的真实性和有效性，核查注册批件、药品标签、说明书等是否与药品标准一致，药品合法证明文件是否在有效期内。

4.首营资料中药品生产企业的GMP证书、药品经营企业的GSP证书，已于2019年12月1日后不再换发新证，因此《药品生产许可证》《药品经营许可证》在2019年12月1日后取得的，可不索取。

（三）操作过程

序号	实施步骤	操作方法及说明	注意事项/操作标准
1	采购员索取首营品种资料	（1）联系业务单位 （2）索要首营品种资料	（1）如从未开展过业务，应先通过首营企业审核 （2）资料应齐全，复印件清晰、不模糊

续表

序号	实施步骤	操作方法及说明	注意事项/操作标准
2	采购员录入首营品种资料	将首营品种基本信息录入电脑系统中	依据首营品种资料，在电脑系统中录入品名（商品名和通用名）、规格、剂型、批准文号、注册证效期，生产企业信息、上市许可人持有人信息、药品分类情况（甲类OTC/乙类OTC/处方药）、执行标准、储存要求、效期等内容
3	运营人员审核首营品种资料	（1）确认资料的完整性 （2）审核资料的有效性 （3）处理存在问题的资料 （4）根据企业不同要求，可通过电脑系统提交质量管理部门审核，或填《首营品种审批表》提交审核	（1）应根据药品的产地对资料进行审核 （2）资料均需加盖供货企业公章原印章 （3）资料存在问题时，应与供货单位联系，重新索取。存在疑问时也可能够通过国家药品监督管理局网站进行数据查询核实
4	质量管理人员审核首营品种资料	（1）质管员检查录入信息的准确性及完整性，对资料的真实合法性进行确认 （2）质量负责人对资质进行总确认，审批是否合作	（1）质管员提出审核意见，资料有问题的应补充、更换资料；资料无问题的审核通过 （2）质量负责人审批不通过时不得经营，审批通过则通知业务部门引进
5	资料归档	建立药品档案	按管理方便的原则，将原始资料归档，后期及时更新药品档案

【问题情境一】

某医药有限公司采购员在收集首营品种资料时，发现对方提供的相关首营品种资料字迹模糊，请问该如何处理。

采购员在索取资料时应确认资料齐全，复印件清晰、不模糊。对方提供的首营品种资料字迹模糊时，应联系对方重新提供。

【问题情境二】

某医药有限公司质量负责人在审核首营品种资料时，发现首营品种超出生产公司的生产范围，请问该如何处理。

质量负责人应对企业的资质进行总确认。当发现首营品种超出生产公司的生产范围时，应签署“不符合规定，不得购进”的具体意见。

（四）学习结果评价

序号	评价内容	评价标准	评价结果（是/否）
1	索取首营品种资料	能索取完整、清晰的首营品种资料	
2	录入首营品种资料	能将首营品种资料准确录入计算机系统中，并提交质量管理部门	
3	运营人员审核首营品种资料	能审核首营品种的完整性及有效性，能准确找出有问题资料并指出错误原因，进行处理	
4	质量管理人员审核首营品种资料	能审核录入信息的准确性、完整性、真实性、合法性	
5	资料归档	能建立药品质量档案	

五、课后作业

1.简述当首营品种为进口药品时，应收集的证明文件资料。

2.采购员在索取资料时应确认资料齐全，复印件清晰、不模糊，请问该如何处理。

任务 B-2

购进管理

能力点 B-2-1 能进行采购计划的制定

一、核心概念

1.药品采购

药品采购指药品采购人员在购进药品的过程中所进行业务活动的总称。狭义的药品采购包括进货活动的签订和履行过程。广义的药品采购还应包括医药市场调查、分析、预测、编制采购计划等相关内容。

2.采购计划

采购计划指根据企业经营管理需要，采购部门针对目标客户的需要展开商品的采购及配置而制定的计划，包括采购品种、规格、数量、供应商、采购次数、价格等。一般可按年度、季度、月份编制，分别称为年度采购计划、季度采购计划、月份采购计划和临时采购计划。

二、学习目标

能科学合理地制定采购计划。

三、基本知识

1.药品采购的类型

（1）直接采购　指采购人员根据过去和供应商打交道的经验，从合格供应商名单中选择供货单位，并直接重新订购过去采购过的产品。

（2）新购　指本企业首次采购的品种，即首营品种；或者购进药品时，与本企业首次发生供需关系的企业，即首营企业。

（3）分散采购　指依据采购计划和库存情况，在不同的供货商中购买所需药品。

（4）集中采购　指依据采购计划和库存情况，在一家供应商中购买所需的药品。

（5）投机采购　指根据预测市场需求的波动，在需求高峰到来之前提前大量囤积药品，或依据市场价格的波动特征，在低价时大量买入某种药品的采购方式。

（6）预算采购　指根据药店当期流通资金状况，考察可用资金数额的多少来计划采购药品的种类和数量。

（7）代销　指以合同形式取得生产企业的产品销售权，形成工商企业间的长期稳定的产销合作关系。

2. 购进品种的类型

购进品种的类型指根据相关法律法规要求，结合企业自身的营业执照、药品经营许可证、食品经营许可证、医疗器械经营许可证等证照的经营范围确定的采购品种类型。如中西成药、中药材、中药饮片、保健食品、食品、医疗器械等。

3. 影响药品采购的因素

影响药品采购的因素指药品经营企业在经营过程中定期对药品采购的整体情况进行综合质量评审时分析出的因素。一般包括药品质量、供货企业的质量保证能力、供货企业的信誉、供需关系、价格因素、资金、国家法律法规和方针政策等。

四、能力训练

（一）操作条件

1. 采购品种相关资料。
2. 带有药品经营系统的计算机。
3. 采购计划的制定流程。

（二）注意事项

1. 制定采购计划时应树立“质量第一”的观念，坚持“按需进货、择优采购、质量第一”的原则。

2. 采购计划制订时应结合企业现有库存、市场需求、药品季节性消费特点等，考虑采购品种和采购数量的合理性，有一定的预测能力和判断能力。

3. 采购计划制订时应注意相同品名的产品有不同规格、不同生产企业、不同零售价的情况。

（三）操作过程

序号	实施步骤	操作方法及说明	注意事项 / 操作标准
1	收集资料	（1）收集产品市场供应情况如货源品种、数量、货源畅销程度、供货方的销售计划、付款条件和国家产业政策等 （2）通过计算机管理系统提供的进销存数据清点企业现有库存、销售量 （3）整理季节性产品的消费特点及质管部反馈的各种质量信息	收集的资料应准确、真实
2	选择合格供货方	对供货方的法定资格、质量保证能力、供货能力、价格竞争能力、质量信誉等进行调查和评价	调查和评价应真实有效
3	制定采购计划	（1）结合价格、资金、库存等因素制定采购计划	（1）在制定药品采购的总体计划时应认真分析销售量、价格等多种因素与采购量和采购次数之间的关系，从中找出最佳的平衡点，突破高效率、快周转、低成本三者间的矛盾。采购量与价格、资金和库存量成正比，与采购次数成反比

续表

序号	实施步骤	操作方法及说明	注意事项 / 操作标准
3	制定采购计划	（2）结合销售量、容易缺货品种等因素制定采购计划 （3）按季节、节日、特殊地理位置等因素制定采购计划 （4）按药品品种组合制定采购计划	（2）结合销售量、容易缺货品种等因素制定采购计划时，可运用ABC分析法，将所有药品分为ABC三类，并采取不同的采购策略：A类药品的采购周期可以短一些如1周；B、C类药品的采购周期可放宽至4～12周；A类药品的安全库存量一般为3～5天的用量，B、C类药品的安全库存量可放宽到1周的用量。容易缺货品种一般为进口药品、畅销品种等，可根据以往销售量提前制定备货计划 （3）注意要考虑阶段性药品使用的差异，不同人群产品购买差异等。如春季以预防流感为主、夏季以清热消暑为主、秋季以滋阴润燥为主、冬季以滋补保暖为主等；老年人群可多备些治疗心脑血管、骨质疏松、失眠等症的药物；若药店在高档小区附近，则可多备些参茸滋补类、礼盒类等产品；若药店在景区，也可多备些旅游产品，如清凉油、龙虎人丹、薄荷糖等 （4）结合药店的基本构型，即宽度（指各类药品的配置，如处方药、非处方药、保健食品、中药饮片等类型齐备）、深度（指同一类药品中规格剂型的多少，如某一种药品，要配置不同的剂型规格）和高度（指陈列药品的库存量）备齐品种，制定计划

【问题情境一】

某药店预计当月制定下季度的采购计划，需收集哪些资料？

门店在制定下季度的采购计划时应结合产品、门店销售情况、季节情况等收集相关信息，如产品市场供应情况包括货源品种、数量、货源畅销程度、供货方的销售计划、付款条件和国家产业政策等，如通过计算机管理系统提供的进销存数据清点企业现有库存、销售量，如考虑下季度的季节特点整理季节性产品的消费特点及质管部反馈的各种质量信息。

【问题情境二】

某药店是百年老字号，正值冬天销售旺季，如何制定采购计划比较合理？

作为百年老字号，除按照自己的企业文化和特色采购产品外，还应考虑到季节性因素对采购的影响。在冬天心血管病患者增加，可多备心脑血管用药；此外冬季乃养生滋补旺季，可多备参茸滋补类产品，如阿胶、红参等。

（四）学习结果评价

序号	评价内容	评价标准	评价结果（是/否）
1	收集资料	能完整搜集制定采购计划所需的准确、真实的资料	
2	选择合格供货方	能评价、调查供货方的法定资格、质量保证能力、供货能力、价格竞争能力、质量信誉等信息	
3	制定采购计划	能根据采购品种季节性、市场需求变化、库存数量制定数量、品种合理的采购计划	

五、课后作业

1.简述选择供货方时应考虑的因素。

2.某医药连锁公司计划在市区内一成熟小区附近新开门店，新开门店在制定采购计划时应如何进行药品品种组合比较合理？

能力点 B-2-2　能进行采购合同的签订

一、核心概念

1.采购合同

采购合同指供货方与需求方之间就货物的采购数量、采购价格、质量要求、交货时间、交货地点、交货方式和结算方式等事项经过谈判协商一致同意而签订的关于“供需关系”的法律性文件，双方都应遵守和履行。

2.质量保证协议

质量保证协议指购销双方为保证药品质量、明确质量责任而签订的合同约定。包括明确双方质量责任，供货单位应当提供符合规定的资料且对其真实性、有效性负责，供货单位应当按照国家规定开具发票，药品质量符合药品标准等有关要求，药品包装、标签、说明书符合有关规定，药品运输的质量保证及责任，质量保证协议的有效期限等条目。

二、学习目标

1.能与供应商进行合理谈判。

2.能规范准确地签订采购合同。

三、基本知识

1.采购合同的形式

《中华人民共和国合同法》第十条规定：“当事人订立合同，有书面形式、口头形式和其他形式。”书面形式是指合同书、信件和数据电文（包括电报、电传、传真、电子数据交换和电子邮件）等可以有形地表现所载内容的形式。口头形式是指当事人面对面地谈话或者以电话交谈等方式达成的协议。口头订立合同的特点是直接、简便、快速、数额较小。

2.合同内容

（1）合同双方的名称　指合同必须写出供货单位和购货单位，即供需双方的名称。单位名称要与所盖合同章名称一致。

（2）药品信息　指合同中需包括药品的品名、规格、单位、剂型。品名指的是通用名称；规格指的是制剂规格，复方制剂要写明主药含量；单位有瓶、盒、袋等；剂型要详细具体写明。

（3）药品数量　指明确表达药品的计量单位。

（4）药品价格　指与计量单位一致的单位价格，由合同双方协商议定。

（5）质量条款　如企业与供货方签订了质量保证协议，不必在每份合同上都写明质量条款，但需说明按双方另行签订的质量保证协议执行。

（6）交货日期、方式、地点　合同要标明交货日期，同时还要标明药品到站地点、交货方式。交货日期要写明“某年某月某日前交货”；交货方式如果委托第三方配送，应当提供与承运方签订的运输协议；交货地点应具体，避免不确定地点。

（7）结算方式　根据实际情况，明确规定采用何种结算方式。常用结算方式有一次性付款、分期付款、委托收款、承兑汇票、支票、电汇等。

（8）违约责任　在洽谈违约责任时，要阐明供方延期交货或交货不足数量以及供方所发药品有质量不合格等情况时，供方应承担的违约责任；需方不按时支付货款以及拒收或者退回合格药品，使供方造成损失时，需方应承担的违约责任。

四、能力训练

（一）操作条件

1.双方企业资料（需首营通过）。
2.产品品种资料（需首营通过）。
3.空白合同、双方合同专用印章。
4.会议室。

（二）注意事项

1.合同项目填写要完整。
2.如果合同表格中有空行，需要用蛇形符号标记结束。
3.合计金额要顶头写，注意大写数字的准确性。
4.合同中存在“其他”处或者空格处无内容的，应写上“无”或者划掉。
5.合同的填写形式应保证严谨性，不能随意划掉或者涂改。
6.合同的语言要求标准、简明，法律或者技术用语应规范、准确，避免使用诸如“约”“左右”“最快”“尽可能”等模糊用语，而是要求以准确的时间或者数额表达。
7.结算方式既包括结算的具体形式，还包括结算的期限。
8.违约责任的书写，双方的权利义务应该对等。
9.物流费用承担方要明确。
10.盖章要盖双方合同专用印章。

（三）操作过程

序号	实施步骤	操作方法及说明	注意事项/操作标准
1	合同签订前准备	（1）准备好企业资料、名片等 （2）整理存在异议问题 （3）双方约定具体时间讨论合同内容	（1）资料准备齐全 （2）对于可能出现的异议问题要列举齐全，包括价格、退换货、活动支持等
2	与供应商进行沟通谈判	（1）向对方索取企业资料、品种资料（需首营通过），获取产品信息及产品价值链，向供应商提出异议问题，收集更多有效信息 （2）提出的异议需供应商进行针对性的回答，加深对产品的印象，重点考察产品的核心优势和弱势，考虑是否有购进或替换产品的计划	（1）对于厂家能给予的促销活动支持、产品培训计划、产品陈列服务、销售激励政策等要详尽了解 （2）能通过沟通谈判获取产品信息，如产品的基本属性、优势、毛利点、成功案例等

续表

序号	实施步骤	操作方法及说明	注意事项/操作标准
3	正式签订合同	（1）根据谈判情况，确定合同中的采购方案，拟写合法的正式合同文本 （2）与供应商约定签约时间、地点，正式签订合同	（1）按照商务礼仪要求，完成签约的完整过程 （2）合同的签订人必须是法定代表人或具有法定代表人授权书的代理人。授权书中供应明确规定授权范围

【问题情境一】

某公司采购员周某欲采购新产品，与供应商进行沟通谈判时应注意交流哪些信息？

谈判时首先向对方索取企业资料、品种资料（需首营通过），以获取产品信息及产品价值链，如产品的基本属性、优势、毛利点、成功案例，厂家能给予的促销活动支持、产品培训计划、产品陈列服务、销售激励政策等。其次可提前调研向供应商提出异议问题，由供应商进行针对性的回答，一般重点考察产品的核心优势和弱势，考虑是否有购进或替换产品的计划。

【问题情境二】

A公司和B公司已约定时间签订购销合同，在签订合同时应注意检查哪些条目？

签订合同时应注意检查合同项目是否填写完整，合同表格中是否存在空行、空格，合计金额是否顶头写，合同形式是否规范、有无涂改，合同语言是否标准、简明、规范。有无写明结算方式、期限、物流费用承担方，是否对等约定违约责任，盖章是否为盖双方合同专用印章。

（四）学习结果评价

序号	评价内容	评价标准	评价结果（是/否）
1	合同签订前准备	能将资料准备齐全，并能列全可能出现的异议	
2	与供应商进行沟通谈判	能通过沟通谈判获取厂家的政策、产品信息、成功案例	
3	正式签订合同	能拟定完整、具体的合同条款	
4		能使用准确、无歧义和通用的语言	
5		能准备格式规范、字迹清晰工整、无涂改的合同文本	

五、课后作业

1.简述合同中需含有的基本内容。

2. A公司采购员李某根据市场需求想引进东阿阿胶（如下表明细），已通过首营企业和首营品种的资料审核。根据制定的采购计划，拟从B公司采购引进，双方于本年度10月11日在A企业签订药品购销合同，约定交货时间为本年度10月20日，货款于交货后30日内通过电汇方式结算。双方通过质量条款对药品质量进行保证，如有质量问题在到货后7日内提出。双方约定送货方式由B公司通过汽运提供送货上门服务，物流费用由B公司承担。供方如延迟交货，每延迟一天需要偿付货值金额1%的违约金，需方如延迟结算货款，每延迟一天需要偿付货值金额1%的违约金。如有合同纠纷无法解决，优先采用仲裁。请为李某规范准确地准备一份购销合同。

品名	规格	单位	生产企业	药品上市许可人	单价/元	数量/盒
阿胶	红标250g	盒	东阿阿胶股份有限公司	东阿阿胶股份有限公司	630	2000

任务 B-3

收货验收

能力点 B-3-1 能进行药品的收货

一、核心概念

1.采购到货收货

采购到货收货指药品经营企业基于销售需求采购的药品，经供货单位或委托物流单位送货至指定地点后，药品经营企业遵守《中华人民共和国药品管理法》和《药品经营质量管理规范》对到货药品，通过票据的查验，对货源和实物进行检查和核对，并将符合要求的药品按照其特性放入相应待验区的过程。

2.药品经营计算机系统

药品经营计算机系统指为保证医疗保险改革的正常进行，采用计算机管理并建立计算机网络的系统，可以支持各种医药零售行业的进销存管理，做到与用户原有系统无缝连接，保证与用户原系统的数据无出入，并能提供独立的系统报表，确保数据的准确性。

二、学习目标

1.能按照药品收货流程完成药品收货。

2.能利用药品经营计算机系统采购记录核对药品信息，完成药品收货。

3.能对收货过程中出现的异常情况进行处理。

三、基本知识

1.药品的种类

（1）普通药品　指对温度、药品法律法规管理属性没有特殊要求的药品。

（2）冷链药品　指对贮藏、运输有冷藏、冷冻等温度要求的药品，其贮存和运输的过程都需要在严格限制的指标和保证药品有效期与药效不受损失的情况下进行。冷藏药品在贮藏、运输中温度要求为2～10℃，冷冻药品在贮藏、运输中温度要求为−25～−10℃。

（3）特殊管理药品　指按药品法律法规管理属性分类，包括麻醉药品、精神药品、医疗用毒性药品、放射性药品实行特殊管理，简称“麻、精、毒、放”。目前零售药店可经营的特殊管理药品一般为医疗用毒性药品和第二类精神药品。

2.收货过程中涉及的单据

（1）采购记录　指药品经营企业在提交采购合同或采购订单后，由计算机系统自动生成的、反映药品经营企业采购活动过程中实际情况的记录，应当包括供货单位、生产厂商和药品的通用名称、剂型、规格、数量、价格及购货日期等内容，采购中药饮片的还应当标明产地。

（2）随货同行单　指随着货物一起的销售单据，应当包括供货单位、生产厂商和药品的通用名称、剂型、规格、批号、数量及收货单位、收货地址、发货日期等内容。不同单位的随货同行单样式可不一致，但必须在药品经营企业处对其样式进行备案，且单据上必须有“随货同行”字样，并加盖供货单位药品出库专用章原印章。原印章指企业在购销活动中，为证明企业身份在相关文件或者凭证上加盖的企业公章、发票专用章、质量管理专用章、药品出库专用章的原始印记，不能是印刷、影印、复印等复制后的印记。

（3）冷链运输交接单　冷链药品在收货环节除需提供随货同行单外，还需提供《冷链药品运输交接单》，其上应注明启运时间、启运温度、温度控制要求、温度控制设备、运输工具、随货同行联编号、保温期限、药品简要信息等。

四、能力训练

（一）操作条件

1.单据：随货同行单、采购记录、冷链交接运输单。

2.药品：普通药品、冷链药品、特殊管理药品，整件、散件均需。

3.设施设备：装有药品经营系统的计算机、叉车、冷藏箱。

4.环境：收货区、待验区。

5.收货的操作流程。

（二）注意事项

1.核对过程要细致认真，随货同行单为药品流通过程中的原始记录凭证，如有异常情况可在随货同行单上标注、签字。

2.冷链药品收货时必须仔细、全面地检查在途温度记录，并与冷链交接单、保温箱状态进行核对，三者信息必须一致。

3.对于使用保温箱或冷藏箱运输冷链药品的，还需查看蓄冷剂是否直接接触药品、温度监测记录系统的温度探头是否在药品附近。

4.检查冷链药品的外包装、核对药品信息时均需在冷库进行。

5.特殊管理药品的收货应在特殊药品规定的区域内由双人完成收货。

（三）操作过程

序号	实施步骤	操作方法及说明	注意事项/操作标准
1	检查运输工具和运输状况	（1）药品到货时，收货人员根据GSP要求检查运输工具是否是封闭式货车、是否符合其他运输管理要求（如启运时间、在途时限、委托承运）	（1）发现运输工具内有雨淋、腐蚀、污染等可能影响药品质量的现象，及时通知采购部门并报质量管理部处理

续表

序号	实施步骤	操作方法及说明	注意事项/操作标准
1	检查运输工具和运输状况	（2）对冷藏、冷冻药品进行收货检查时，需查验冷藏车、车载冷藏箱或保温箱到货时的温度数据，导出、保存并核查运输过程和到货时的温度记录，完成冷链运输交接单的填写	（2）核对运输单据上载明的启运时间，发现超出采购订单约定的在途时限时应及时报质量管理部处理 （3）发现未采用规定的冷藏设施运输的或者不符合温度要求的，收货人员应当予以记录，将药品放置于符合温度要求的场所，并做明显标识，报质量管理部处理
2	核查单据	（1）收货人员查看随货同行单上配送方及送货单位、地址是否正确，同时与质管部公布的最新版本《委托配送随货同行及印章备案》比对，主要核对其纸张大小、颜色、格局、字体等，以及印章的格式、大小、文字等内容 （2）查询计算机系统中的采购记录，与随货同行单中的供货单位、生产厂商、药品的通用名称、剂型、规格、数量进行核对	（1）发现无随货同行单和门店采购记录的应当拒收 （2）发现随货同行单与备案不符的，不得收货，并通知质管部处理 （3）发现随货同行单与采购记录不符的，应整单拒收，并报告公司采购部处理
3	核对实物	（1）收货员拆除药品的运输防护包装，检查药品外包装是否完好 （2）对照随货同行单和门店采购记录逐批核对药品实物，包括药品的通用名称、剂型、规格、数量、批号、生产厂商等	（1）发现药品外包装出现破损、污染、标识不全等情况的药品，应当拒收 （2）发现药品来货与门店采购记录、随货同行单不符的，应整单拒收，并报告公司采购部处理
4	执行处理意见	收货人员将核对无误、符合收货要求的药品按品种特性、批号进行托盘堆码，标签全部朝外。堆码完成后，将托盘按要求放置于相应的待验区域内，或设置状态标志，通知验收员验收	根据检查运输工具和运输状况、核查单据、核对实物三个环节确定处理意见，不符合的应拒收或报采购部、质量管理部处理
5	填写记录	（1）收货员在随货同行单（票）上签字后，盖“收货专用章”，交给供货单位或委托运输单位送货人员 （2）收货人员根据收货检查情况，填写《收货记录》	记录应及时，字迹工整清晰，填写规范准确

【问题情境一】

现某门店收到一批冷链药品，收货人员在收货过程中检查运输工具的温度记录时发现有一段时间为25℃，请问该如何处理？

收货人员对冷链药品进行收货检查时，需查验到货时的温度数据，导出、保存并核查运输过程和到货时的温度记录。25℃超过规定温度要求，应当拒收，将药品隔离存放于符合温度要求的环境中，并报质量管理部门处理。

【问题情境二】

现某门店收到一批来货，收货人员在收货过程中检查随货同行单时发现单据上的印章与备案不符，请问该如何处理？

GSP第五十七条规定，企业应当建立能够符合经营全过程管理及质量控制要求的计算机系统，实现药品可追溯。药品采购订单中的质量管理基础数据应当依据药品经营企业数据库生成。采购订单确认后，系统自动生成采购记录及随货同行单。因此，如果随货同行单（票）是手写的，与备案不符，需要格外警惕，不得收货，并通知质管部处理。

（四）学习结果评价

序号	评价内容	评价标准	评价结果（是/否）
1	检查运输工具和运输状况	能根据GSP检查运输工具是否是封闭式货车、是否符合其他运输管理要求	
2		对冷链药品进行收货检查时，能导出、保存并核查温度数据，能填写冷链运输交接单	
3	核查单据	能查询药品经营计算机系统中的采购记录，并与随货同行单的信息进行核对	
4		能完成随货同行单与质管部公布的随货同行单、印章样式的备案比对	
5	核对实物	能拆除药品的运输防护包装，并完成药品外包装检查	
6		能对照随货同行单和门店采购记录逐批核对药品实物	
7	执行处理意见	能按要求对药品进行托盘堆码并放置于相应的待验区域内	
8		能合理处置收货过程中出现的异常情况	
9	填写记录	能完成随货同行单的签字、盖章	

五、课后作业

1. 简述随货同行单的内容。

2. 某药店购进一批药品，在收货过程中发现药品的外包装出现破损，请问该如何处理。

能力点 B-3-2　能进行药品的验收

一、核心概念

1. 采购到货验收

采购到货验收指药品经营企业的验收员依据国家药品标准、药品质量条款、相关法律法规及企业验收标准在相关待验区内对采购药品的质量状况进行查验的过程。

2. 抽样

抽样指药品经营企业验收员根据既定目的，按照抽样要求对每次到货的药品逐批抽取部分样品进行查验，抽取的样品应具有代表性。抽样程序应符合抽样目的，抽样设备或工具应适宜，小心仔细抽取，避免影响药品外观质量。

二、学习目标

1. 能按照药品验收流程利用药品经营计算机系统完成药品验收。

2. 能对验收过程中出现的异常情况进行处理。

三、基本知识

1. 验收过程中涉及的合格证明文件

（1）药品成品检验报告单　指由药品生产企业出具的对药品成品质量做出技术鉴定的检测

报告。其中供货单位为生产企业的，应在药品检验报告单的原件或复印件上加盖生产企业质量检验专用章的原印章；供货单位为批发企业的，应在加盖有生产企业质量检验专用章原印章的药品检验报告单的原件或复印件上加盖供货单位的质量管理专用章原印章。

（2）生物制品批签发合格证　指承担批签发的药品检验机构在规定的工作时限内对疫苗类制品、血液制品、用于血源筛查的体外生物诊断试剂以及国家药品监督管理局规定的其他生物制品在每批制品出厂销售前或者进口时实行强制性审查、检验和批准，并由承担批签发的药品检验机构主要负责人或者其授权的人向申请批签发的药品生产企业发出的批签发证明文件。对实施批签发管理的生物制品进行验收时，需检查《生物制品批签发合格证》复印件上是否加盖供货单位药品检验专用章或质量管理专用章原印章。

（3）进口药品相关证明文件　对进口药品进行验收时，需检查是否有加盖供货单位质量管理专用章原印章的相关证明文件，如对于常规药品应有《进口药品注册证》或《医药产品注册证》《进口药品检验报告书》或注明“已抽样”字样的《进口药品通关单》，对于进口麻醉药品、精神药品以及蛋白同化制剂、肽类激素需有《进口准许证》，对于进口药材需有《进口药材批件》，对于进口国家规定的实行批签发管理的生物制品，应有批签发证明文件和《进口药品检验报告书》。

2. 抽样的要求

到货为同一批号的整件药品，验收员按照堆码情况随机抽样检查。整件数量在2件及以下的应当全部抽样检查；整件数量在2件以上至50件以下的至少抽样检查3件；整件数量在50件以上的，每增加50件，至少增加抽样检查1件，不足50件的按50件计。抽取整件药品时应当进行开箱抽样检查，从每整件的上、中、下不同位置随机抽取3个最小包装进行检查，对发现被抽取样品存在封口不牢、标签污损、有明显重量差异或外观异常等情况的，加倍抽样进行再检查。整件药品存在破损、污染、渗液、封条损坏等包装异常的，应开箱检查至最小包装。

对非整件零散、拼箱的药品应当逐箱检查，对同一批号的药品至少随机抽取一个最小包装进行检查。对麻醉药品、精神药品、医疗用毒性药品，两位验收员需当场按批号逐件逐盒逐支检查，查验到最小包装。

四、能力训练

（一）操作条件

1. 单据：随货同行单、药品成品检验报告单。
2. 药品：一般药品、冷链药品、特殊管理药品，整件、散件均需。
3. 设施设备：装有药品经营计算机系统的计算机、小推车、冷藏箱。
4. 环境：收货区、待验区。
5. 验收的操作流程。

（二）注意事项

1. 冷链药品的待验应在冷库内进行，随到随验，一般在60min内完成验收，如无法在规定时间内完成的必须放置在冷库待验区；负责特殊管理药品的验收员在特殊管理药品专库内对特殊管理药品实行双人验收。

2. 生产企业有特殊质量控制要求或打开最小包装可能影响药品质量的，抽样时可不打开最小包装；实施批签发管理的生物制品，可不开箱检查。

（三）操作过程

序号	实施步骤	操作方法及说明	注意事项/操作标准
1	核对随货同行单	验收人员按照随货同行单再次核对药品	核对内容包括药品的通用名称、规格、批号、效期、生产企业，是否有与备案样章一致的供货单位药品出库专用章原印章
2	核验合格证明文件	验收人员严格按照国家法定标准和供货企业质量协议规定的质量条款，逐批查验供货药品合格证明文件是否齐全，是否符合要求	（1）发现合格证明文件上药品名称、规格、批号、生产企业名称、注册证号等内容模糊或与实物不符，应报质量管理部门处理。由质量管理部门通知供货企业，更换正确的合格证明文件后再进行验收 （2）发现合格证明文件上质量检验章或质量管理专用章原印章模糊或与备案不符，注册证、准许证不在有效期内，部分批号药品缺失合格证明文件，合格证明文件上无合格结论的应报质量管理部门处理，由质量管理部门通知供货企业，补全相关资料后再进行验收
3	抽样检查	（1）验收人员按照规定的方法对每次到货药品进行逐批抽取样 （2）验收人员对抽样药品的包装、标签、说明书、外观性状等逐一进行检查核对 （3）验收人员将完成抽样检查的完好样品放回原包装。对于整件药品，应用专用封箱带和封签进行封箱，并在抽样的整件包装上标明“已抽样”标志	（1）发现药品包装、标签、说明书等内容不符合药品监督管理部门要求的，将药品移入不合格药品区域，不能退货，上报药品监督管理部门处理 （2）发现药品包装封条损坏、最小包装封口不严、破损、渗液、污染、包装及标签标识不清晰、标签粘贴不牢、无包装/标签/说明书等情况，将药品移入退货区，办理拒收退货手续 （3）发现药品外观性状不符合规定的或其他可疑质量情况，报质量管理部门处理
4	执行处理意见	（1）验收人员根据药品验收的质量实际情况将药品的质量状况记录下来，并作出明确结论，对照药品实物在计算机系统中录入药品信息、到货数量、验收合格数量、验收结果等内容，确认后系统自动形成验收记录 （2）验收人员及时调整验收完毕的药品质量状态标识	在计算机系统中确认药品验收信息后，计算机系统将按照药品的管理类别自动分配库位。应通知仓库保管员及时将合格药品入库至指定位置
5	整理资料	（1）验收人员在相关合格证明文件上加盖本企业“质量管理章”并扫描上传至计算机系统 （2）验收人员将收到的随货同行单、相关合格证明文件分别整理，按月装订，存档	确保药品质量数据信息的真实性、完整性、准确性、可追溯性

【问题情境一】

现某门店收到一批来货，验收人员在验收过程中发现药品成品检验报告单上未加盖供货单位药品质量管理专用章原印章，请问该如何处理？

验收人员验收应按要求逐批查验供货药品合格证明文件是否齐全，是否符合要求。当发现合格证明文件上质量检验章缺失时应报质量管理部门处理，由质量管理部门通知供货企业，补全相关资料后再进行验收。

【问题情境二】

现某门店收到一批非处方药来货，验收人员在验收过程中发现其上的警示语为“请仔细阅读说明书并在医师指导下使用”，请问该如何处理？

验收人员验收时应对抽样药品的包装、标签、说明书、外观性状等逐一进行检查核对。非处方药上的警示语为“请仔细阅读说明书并在医师指导下使用”，属于药品标签内容不符合药品监督管理部门要求的情况，应将药品移入不合格药品区域，不能退货，并上报药品监督管理部门处理。

（四）学习结果评价

序号	评价内容	评价标准	评价结果（是/否）
1	核对随货同行单	能按照随货同行单再次核对药品名称、规格、批号、效期、生产企业、供货单位药品出库专用章原印章等内容	
2	核验合格证明文件	能根据药品情况核验供货药品合格证明文件的完整性及有效性	
3	抽样检查	能按抽样要求对到货药品进行逐批抽取样品，并对抽样药品的包装、标签、说明书、外观性状等逐一进行检查核对，并能将药品复原、贴签	
4	执行处理意见	能根据药品验收的质量实际情况记录药品的质量状况，并做出明确结论，调整验收完毕的药品质量状态标识	
5		能在计算机系统中录入药品信息、到货数量、验收合格数量、验收结果等内容，形成验收记录	
6		能合理处置验收过程中出现的异常情况	
7	整理资料	能完成相关合格证明文件的盖章及上传	
8		能完成相关资料的分类整理，装订存档	

五、课后作业

1.简述验收过程中涉及的合格证明文件种类。

2.某药店购进一批药品，在验收过程中发现药品的最小包装封口不严，请问该如何处理。

模块 C
药品陈列与养护

任务 C-1
药品陈列

能力点 C-1-1　能根据药店的布局进行药店陈列区域的设计

一、核心概念

1. 药店布局

药店布局指零售药店为了给顾客提供舒适的购物环境而进行的科学、合理、艺术的氛围设计。

2. 药店区域

药店区域指药店根据合理布局设置经营区、服务区、办公区、生活区、仓库。

3. 药店陈列区

药店陈列区指消费者选购药品的区域。

4. 顾客流动线

顾客流动线指店内顾客的流动方向，又称客导线。

二、学习目标

1. 能根据药店面积和经营范围结合 GSP 要求合理划分区域。
2. 能根据药店陈列区域设计列出所需设施、设备的名称。
3. 能根据药店的格局设计顾客流动线。

三、基本知识

1. 药店区域划分

药店区域分为经营区、服务区、办公区、员工生活区、仓库。五处场所必须分开或隔离。经营区不得存放与经营无关物品。办公区、员工生活区不得存放商品。

（1）经营区　经营区的面积应占整个店堂的绝大部分，由商品陈列区、收银区、通道等构成，应宽敞、整洁、明亮；经营区温度、湿度可控。经营区划分为药品经营区、非药品经营区，两区域要有明显区分。药品经营区划分为冷藏区、阴凉区、常温区，三区不可混淆。阴凉区、常温区再划分处方药经营区和非处方药经营区。经营区分区定位见表C-1-1。

表C-1-1　经营区分区定位

分区	温度要求	商品类别	货架方式
药品区	冷藏区	生物制品、生化药品、胰岛素等	闭架
	阴凉区	非处方药	开架
		处方药、拆零药品、中药饮片、贵重药品（壁柜、柜台）、含特殊成分复方制剂	闭架
	常温区	非处方药	开架
		处方药、拆零药品、中药饮片、贵重药品（壁柜、柜台）、含特殊成分复方制剂	闭架
非药品区	常温区	保健食品、食品、化妆品、医疗器械、消毒产品等	开架或闭架

（2）服务区　根据营业场所设置服务区（台），通常靠近门窗附近，放置桌、椅、工具书及顾客意见簿，由药师为顾客提供药学咨询与服务。

（3）办公区　根据药店经营规模，适应经营办公需要，设置经理、会计、采购等人员的办公室，或隔开相对独立区域，放置办公设施、存放资料等。

（4）员工生活区　药店员工更衣、用餐、休息的场所，既方便员工也符合管理要求，要求卫生整洁。

（5）仓库　药店仓库应与经营区有效隔离，可供存放少量药品。环境整洁，有能够保证药品储存温度、湿度要求的设施设备。销售后商品可及时得到补充的连锁药店可不设仓库，但应在营业场所内设置待验区、退货区、不合格品区。有中药饮片配方经营范围的应当设立专用库房。

2. 药店顾客流动线（通道）设计

顾客流动线实质上就是药店通道，是顾客购物与药店工作人员的必要通路，也是顾客挑选及购买商品的空间，其设计要方便人员行走和参观浏览。通道由柜台与柜台、货架与货架、货架与柜台、柜台与展示台之间的空间组成。

（1）顾客流动线设计的重要性　建立好的顾客流动线可以使顾客尽可能停留，方便顾客浏览、选购商品，提高顾客购买的机会。

（2）顾客流动线的类型　一般来说，通道有直线式通道、斜线式通道、“回”字形通道、曲线式通道。

3. 货架和柜台的布局类型

（1）格子式布局　是传统的药店布局形式，是指所有货架相互呈并行或直角排列，而且主通道与副通道宽度保持一致，这种布局类型又分开放型布局和半开放型布局。开放型布局店员与顾客的空间是混合在一起的。半封闭型布局是指营业场所四周属于封闭型，店堂中间采取开放型的布局，货架紧靠四周墙壁，货架前面放置柜台，店员站在货架和柜台之间，这种布局是把处方药陈列于四周的封闭型货架内，店堂中间则陈列了OTC、保健食品或食品等，有利于不同药品的陈列。

（2）岛屿式布局　在营业场所中间布置各不相连的岛屿形式，在岛屿中间设置货架，主要陈列体积较小的药品，有时也作为格子式布局的补充。此布局符合现代顾客的要求，岛屿式布局被改造成专卖柜布局形式正被广泛使用，一般把某一品牌的保健食品、化妆品或医疗器械等采取这一方法在店内布局，形成系列产品专区，效果不错。

（3）自由流动式布局　以方便顾客为出发点，试图把药品最大限度地展现在顾客面前。这种布局兼并上述两种形式，四周可以设计成封闭性的货架和柜台的组合，而中间采取的是开放性的形状多变的货架或者是层次分明的展台等，是一种顾客通道呈不规则路线分布的形式。

4.货架陈列的方式

连锁药店的货架陈列方式可分为开架式、货柜式和药斗式三种。现在药店常用的陈列方式通常是2～3种方式组合陈列。药店组合陈列布局图见图C-1-1。

（1）开架式　开架式是指药店货架陈列采取开放式或者使用平台陈列药品，顾客与药品零距离接触，更方便顾客选购药品。非处方西药和中成药、保健食品以及药店兼营的其他非药类与健康相关产品适合选用此种方式。开架式具有能吸引并激发顾客对货架上的药品产生兴趣、能引导顾客光顾下一个货柜、组织合理的消费流和增加商场的销售额等优点。

（2）货柜式　是利用柜面和柜内陈列药品的方式称为货柜式。通常处方药和贵重药品选择此种方式摆放。

（3）药斗式　这是中药材和中药饮片独有的陈列方式。药店百眼柜装药的排斗的顺序称为斗谱。

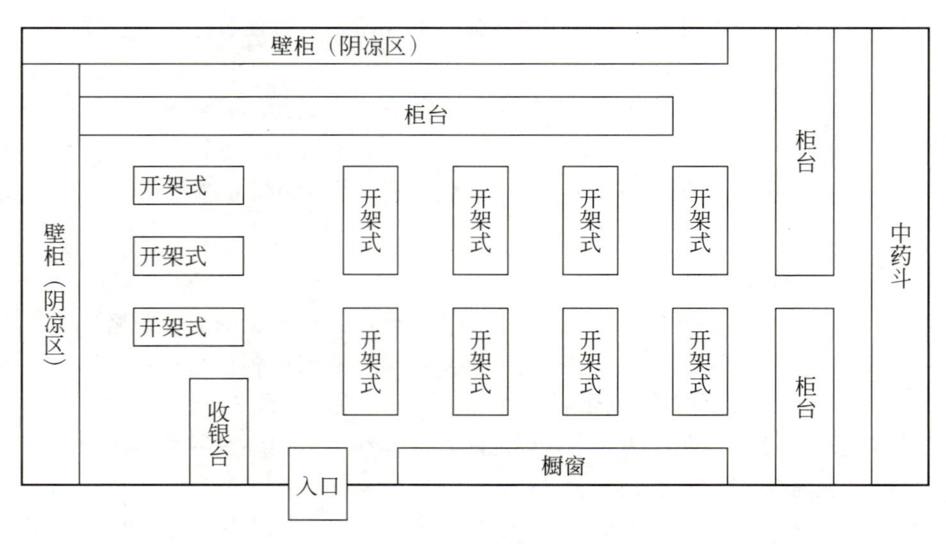

图C-1-1　药店组合陈列布局

5.陈列区域设计的原则

药店陈列区域设计是否合理也是影响药店业绩的因素之一，要求设计者必须科学合理地设计药店内部环境，合理拓展陈列区营业效率和营业设施的使用率，方便顾客找到自己所需的药品，提升顾客购物体验，刺激顾客消费欲望，促进药店商品销售。

（1）符合GSP要求。

（2）充分利用场地空间。

（3）方便顾客选购商品，吸引顾客消费。

（4）有利于营业员与顾客沟通交流。

（5）增加顾客滞留时间和购物机会。

6. 陈列区域的设施设备

经营区陈列设施设备主要有货架、柜台、壁柜、促销推车、橱窗、阴凉柜、冷藏柜、收银台、参茸产品加工设备（切片机、打粉机等）。陈列区域及设施要保持干净、整洁，避免阳光直射，设备要定期维护，保证正常运行。

7. 药店公示内容与标牌设置

《药品经营质量管理规范》规定药品经营企业应当向顾客明示以下事项。

（1）在显著位置悬挂《药品经营许可证》、营业执照、执业药师注册证等。

（2）在营业场所公布药品监督管理部门的监督电话，设置意见簿。

（3）在岗的执业药师应当挂牌明示。向顾客明示“执业药师在岗”或“执业药师不在岗”。

（4）药店内应有处方药、非处方药专用标识，将处方药与非处方药进行分区。

（5）非药品专区与药品区域应有醒目的标志并进行隔离。

（6）区域及药品分类标牌。

四、能力训练

（一）操作条件

1. 符合要求的场地。

2. 区域划分的基本要求。

3. 陈列区域设计的基本要求。

（二）注意事项

1. 注意考虑各类区域放置物品的数量和体积，合理分配面积。

2. 设施摆放要考虑磁石点理论，通道布局合理，顾客购物行走方便。

3. 设施设备布局必须符合法律法规要求。

（三）操作过程

序号	实施步骤	操作流程/话术举例	注意事项/操作标准
1	区域划分	依据药品分类管理和GSP要求划分区域	区分明显
2	通道设计	顾客走动路线设计	要求通道通畅
3	货架和柜台的布局	根据药店定位与特色确定货架和柜台的摆放位置	考虑通道预留宽度
4	设施设备	列出货架、柜台、壁柜、促销推车、橱窗、阴凉柜、冷藏柜、收银台、参茸产品加工设备（切片机、打粉机等）	结合产品定位选择
5	公示内容和示牌设置	根据内容选择合适位置放置	悬挂于醒目位置

【问题情境一】

陈列货架与柜台之间的通道宽度如何设置？

药店货架与柜台之间的通道，最佳宽度为150cm，为便于两人并排走过，设计宽度至少保持在80～90cm，在过道狭窄的地方至少也要有50cm，除了要充分利用空间，还应保证通道畅通。

【问题情境二】

药店进行产品调整，增加轮椅、拐杖、足浴盆等大中型医疗器械时，如何进行陈列布局？

可合理利用橱窗或者药店的空白位置，应选择不影响顾客走动、相对来说比较显眼的位置，还可借助灯光、POP等进行宣传。

（四）学习结果评价

序号	评价内容	评价标准	评价结果（是/否）
1	药店合理分区	能合理分区，符合GSP要求	
2	顾客通道设计	能合理布局通道，顾客行走通畅	
3	货架和柜台设计	能合理设计货架和柜台	
4	设施设备配备	能准确列出设施设备	
5	公示内容和示牌设置	能正确设置公示与示牌	

五、课后作业

某社区大门口一侧要开办一家中型连锁药店，门店使用面积168m^2。药品经营许可证经营范围：处方药与非处方药，中药材、中药饮片、中成药、化学药制剂、抗生素制剂、生物制品。另外还可以经营一类及二类医疗器械、保健食品、消杀类产品、化妆品。

1.请根据药店经营面积和经营范围合理划分区域，结合GSP要求和磁石点理论合理分区，画出药店陈列布局图。

2.药店布局要合理设置经营区（药品区、非药品区、收银区）、服务区、办公区、员工生活区。

3.列出药店陈列所需设施、设备的名称。

能力点 C-1-2　能进行磁石点陈列

一、核心概念

磁石点理论指在商店中最能吸引消费者注意力的地方，配置合适的医药商品以促进销售，并能引导消费者逛完整个商店，以提高消费者冲动性购买的比例。

二、学习目标

1.能对药店内商品进行各级磁石点分类。

2.能结合药店布局对商品进行磁石点陈列。

三、基本知识

一般药店中的磁石点可分为四个。

1.第一磁石点

位于药店主通路两侧的地方，是消费者必经之地，能吸引顾客至内部卖场的商品，也是商品销售的最主要地方。此处应配置的商品为消费量多、消费频度高的商品。

2.第二磁石点

位于主通道的末端，通常是在药店的最里面。第二磁石点商品负有诱导消费者走到药店最里面的任务。在此配置的商品有新品和季节性商品。

（1）最新的商品　消费者总是不断追求新奇。10年不变的商品，就算品质再好、价格再便宜也很难出售。新商品的引进伴随着风险，将新商品配置于第二磁石点的位置，会吸引消费者走入卖场的最里面。

（2）具有季节性的商品　具有季节性的商品必定是最富变化的，因此，药店可借季节的变化做布置，吸引消费者的注意。

3.第三磁石点

位于远离出入口的地方，其基本的作用就是要刺激消费者、留住消费者。通常情况下可配置的商品包括：季节商品、购买频率较高的商品和明亮、华丽的商品。由于第三磁石点的位置都较暗，所以可配置较华丽的商品来提升亮度。

4.第四磁石点

位于药店副通道的两侧，主要陈列包括廉价商品、大规模宣传商品、大量陈列商品。该磁石点需要让顾客在长长的陈列中引起注意，因此在商品布局上必须突出品种繁多的特点。

四、能力训练

（一）操作条件

1.货柜。

2.需要陈列商品：抗感染常用药物；呼吸系统常用药物；消化系统常用药物；循环系统常用药物；内分泌及代谢系统常见药物；泌尿系统常用药物；神经系统常见药物；解热镇痛抗炎药；骨关节病常用药物；抗高血压常用药；调血脂常用药；糖尿病常用药；痛风病常用药；保健食品、医疗器械；消妆品；参茸产品等。

（二）注意事项

1.陈列前要保证药店内环境的干净、整洁、美观。

2.陈列前要检查包装，要求360°旋转检查外包装。

3.摆放商品要正面朝前，摆放的商品要尽可能丰富，严格按照GSP规范的要求，逐个检查所属商品类别，做好归类。

4.商品摆放过程中注意人身安全、消防安全。

5.要秉承实事求是的职业道德，遇到疑义时，要多查询相关资料，避免在不确定的情况下仅凭主观意识做出判断。

（三）操作过程

序号	实施步骤	操作流程	操作标准
1	药柜布局	能正确、合理、规范布局零售药店 2 1 1 4 4 4 3 收银台 门 街道	药柜摆放要保证走道通畅，药柜要干净、整洁
2	第一磁石点	能将购买量大、购买频率最高的主力药品陈列在第一磁石点	呼吸系统常用药物，消化系统常用药物，循环系统常用药物，内分泌及代谢系统常见药物
3	第二磁石点	能将新品、季节性和流行性的药品陈列在第二磁石点	解热镇痛抗炎药，季节性化妆品，季节性保健食品，新上市药品
4	第三磁石点	能将保健食品等非药品、明亮商品等陈列在第三磁石点	保健食品，医疗器械，消妆品，参茸产品等
5	第四磁石点	能将热门药品、购买频率较高的药品陈列在第四磁石点	泌尿系统常用药物，神经系统常见药物，骨关节病常用药物，抗高血压常用药，调血脂常用药，糖尿病常用药，痛风病常用药

【问题情境一】

有一家100m^{2}的社区零售药店，店面中间有两排开架的货架，高1.5m（含4层陈列架），左下角有一个收银台。现在是入冬的一天，天气寒冷，店长应如何对该药店内的商品进行磁石点陈列?

入冬时节，容易受凉感冒，可以将呼吸系统常用药物等治疗感冒类的药物大量摆放在第一磁石点。入冬之后，会有顾客需要冬令进补，可以将参茸等季节性保健食品摆放在第二磁石点的中间位置，容易被顾客看到。

【问题情境二】

某连锁药店在市肿瘤医院附近开了一家60m^{2}的分店，店面中间有一排开架的货架，高1.5m（含4层陈列架），右下角有一个收银台。店长应如何对该药店内的商品进行磁石点陈列?

肿瘤医院附近会有部分顾客购买抗肿瘤的药物，所以可以将抗肿瘤药陈列在第一磁石点。肿瘤患者多比较虚弱，需要一些保健药品，所以可以摆放在第一或者第二磁石点。

（四）学习结果评价

序号	评价内容	评价标准	评价结果（是/否）
1	药柜布局	能合理布局零售药店	
2	第一磁石点	能正确将商品摆放在第一磁石点	
3	第二磁石点	能正确将商品摆放在第二磁石点	
4	第三磁石点	能正确将商品摆放在第三磁石点	
5	第四磁石点	能正确将商品摆放在第四磁石点	

五、课后作业

1. 什么是磁石点理论？

2. 某连锁药店在大型超市的出口处开了一家120m^{2}的分店，店面中间有三排开架的货架，高1.5m（含4层陈列架），左下角有一个收银台，药店三面靠墙，一面是出口。店长应如何对该药店内的商品进行磁石点陈列？

能力点 C-1-3 能完成药品陈列

一、核心概念

1. 陈列点

陈列点是指陈列的位置，即陈列位置，只有将药品以适当的形式（考虑数量、价格、空间、组合方式）陈列在适当位置，才能最大限度地提升品牌，提高销量。

2. 陈列线

陈列线是指药品实物陈列和POP药盒陈列要形成一种线性关系，即有连续性，可以引导患者的购买行为。

3. 陈列面

陈列面是指面向消费者的药品的单侧外包装面。

二、学习目标

1. 能根据陈列原则对所选药品进行陈列操作。
2. 能根据药店的现场条件、主力药品、特色药品、参茸产品、季节性药品等进行陈列。
3. 能对完成的陈列工作进行检查，查看是否符合GSP和陈列原则要求。

三、基本知识

1. 陈列的基本知识

（1）药品陈列　是指在遵守相关法律法规的前提下，充分利门店资源，合理布局、科学分类，以药品为主题，通过药品摆放、堆码方式来展示药品，提升产品形象，突出产品特点，吸引顾客注意力，提高顾客对商品了解、记忆和信赖的程度，从而最大限度地激起顾客的购买欲望并最终达到销售的目的。

（2）陈列点　以开放式货架陈列为例，较好的陈列位置有：顾客进店第一眼看到的位置（即店内正对门口的位置）、客流量最大的主通道两边、正对卖场光线充足的位置、各个方向不阻挡视线的位置、同类药品的中间位置、顾客易拿取的位置、热销品牌药品周边位置、收银台边的位置、店员经常站立的位置旁边。

（3）陈列面　药品陈列面越大、越多，吸引的顾客就会越多，药品被购买的概率就越大。

（4）黄金位置陈列　是指对于敞开式销售来说，顾客主动注视及伸手可及的范围，离地60～180cm，这个空间称为药品的有效陈列范围。其中最易注视的范围为80～120cm，称为黄金地带。

2.药品陈列的作用

（1）药品陈列是达到药品销售目标的一种重要手段　好的陈列可以统筹安排空间、协调产品分类和提升顾客感受，提高药品综合销售率。药品陈列的目的是最大限度促进销售，提高产品市场竞争力。合理的陈列可以方便顾客购物，刺激销售，节约人力，充分利用空间，降低成本。因而药品陈列是达到药品销售目的的一种手段。

（2）药品陈列是药品广告的有效补充　药品广告是向顾客告知一种药品或品牌（例如通过电视、网络、交通工具等渠道了解），而药品陈列则是使顾客身临其境（通过视觉、触觉和嗅觉等方式来了解药品）；通过药品广告，药品陈列能更有力地把信息传递给顾客。此外，药品陈列还可以勾起顾客对药品广告的回忆，进而影响消费。

3.药品陈列的要求

在药店陈列药品，必须符合《药品经营质量管理规范》（GSP）的要求。

（1）应按剂型、用途以及储存要求分类陈列，并设置醒目标志，类别标签字迹清晰、放置准确。

（2）药品放置于货架（柜），摆放整齐有序，避免阳光直射。

（3）药品与非药品分开，非药品应当设置专区，与药品区域明显隔离，并有醒目标志。

（4）处方药（Rx）与非处方药（OTC）分开，并有处方药（处方药不得采用开架自选的方式陈列）、非处方药专用标识。

（5）外用药与其他药品分开。

（6）含麻醉药品、含麻黄碱复方制剂、曲马多口服复方制剂、复方甘草口服制剂等陈列于含特药品专柜。

（7）冷藏药品放置在冷藏设备中（2～10℃），阴凉药品陈列于阴凉柜中（不超过20℃），按规定对温度进行监测和记录，并保证存放温度符合要求。

（8）中药饮片装斗前应做质量复核，不得错斗、串斗，防止混药，饮片斗前应写正名正字（参照现行版《中华人民共和国药典》）。

（9）拆零药品要集中存放于拆零专柜或者专区，并保留原包装的标签；药品拆零销售使用的工具、包装袋应清洁和卫生，出售时应在药袋上写明药品名称、规格、服法、用量、有效期等内容。

（10）第二类精神药品、毒性中药品种、罂粟壳和危险品不能陈列。

（11）贵重药品单独存放。

4.药品陈列的原则

药品的特性决定了药品陈列的特殊性，利用展示药品来引起顾客注意，提高其对药品的兴趣，引起顾客的购买欲望，最大限度促进销售，提高药品的市场竞争力。

（1）易见易取原则　药品上货架时，带有药品名称、规格、厂家等标识的药品包装面正面朝向顾客，不被其他药品挡住视线，货架最底层不易看到的药品要倾斜陈列或前进陈列，高档、贵重药品应放在僻静、易于推荐的位置，以突显其档次，药品摆放要整齐、美观，便于顾客拿取，从而起到好的陈列效果。

（2）醒目原则　药店主推或销售量大的药品，应放在显眼的位置，可以陈列在端架、堆头或黄金位置，不宜陈列太高或太低，必要时可附文字、图案等说明，以吸引顾客的视线。

（3）满陈列原则　药品陈列种类与数量要充足，满足不同类型的顾客，以刺激顾客的购买欲望。缺货的药品位置应以其他药品及时补充，陈列丰盈才能更好地吸引顾客、提高销售额。

（4）先进先出、先产先出的原则　药品按照效期或购进记录进行销售。药品效期或购进记录在前，优先陈列，易变质药品也应放在货架前端优先推荐。

（5）关联性原则　将功能相同（近）的药品摆放在一起，尤其是自选区（OTC药品区和非药品区）的陈列非常强调药品之间的关联性，既可使顾客消费时产生连带性，又方便店员按功能搭配推荐，增加了促进销售的效果。如皮肤用药和皮肤科外用药、维生素类药和钙制剂相邻陈列等。

（6）主辅结合原则　药店药品种类繁多，根据周转率和毛利率的高低可以划分为四类药品：① 高周转率、高毛利的药品，需要陈列在最显眼的位置作为店内主推品种；② 高周转率、低毛利的药品，需要控制其销量；③ 低周转率、高毛利药品，需要提升销量；④ 低周转率、低毛利的药品将被淘汰。主辅陈列主要是通过高周转率、低毛利的药品带动低周转率、高毛利药品的销售。例如999皮炎平和复方醋酸地塞米松乳膏，同属皮肤科用药，只是制造商不同，999皮炎平品牌好，顾客购买频率高，属于高周转率商品，但由于这类商品毛利非常低，所以要引进一些同类而毛利高的商品增加药店销售额。将999皮炎平与复方醋酸地塞米松乳膏相邻陈列，复方醋酸地塞米松乳膏陈列面大于999皮炎平，使店员推销商品时有主力方向，又可以增加毛利。

（7）同类药品纵向（垂直）陈列原则　纵向陈列与横向陈列相对而言，是指将同类药品上下垂直成一直线陈列在货架的不同高度的层位上，使同类药品都有被购买的可能，既可满足顾客的方便性，又能达到药品的促销效果。

（8）季节性陈列原则　药店根据季节变化更换陈列药品，将应季药品陈列在醒目的位置（端架或堆头陈列），其药品陈列面、量要大，并悬挂POP广告，吸引顾客，促进销售。应随季节体现不同的主题：如春季以感冒、护肝为主；夏季以防暑降温、瘦身、清热解毒为主；秋季以防秋燥、护肤为主；冬季以滋补、防寒保暖为主。

（9）分区定位原则　该原则是指每一类、每一种药品都有其相对固定的摆放位置，以使陈列呈现标准化，方便多次回购的忠实顾客，药品的货位应布置在其邻近或对面的位置，方便顾客进行相互比较，以促进连带购买。分区定位可以根据时间、销售量的变化进行适当调整。商品区分区定位见表C-1-2。

表C-1-2　商品区分区定位

分区	货架方式	陈列商品类别
药品区	开架	非处方药
	闭架	处方药、拆零药品、中药饮片、贵重药品、含特殊成分复方制剂
非药品区	开架或闭架	保健食品、食品、化妆品、医疗器械、消毒产品等

四、能力训练

（一）操作条件

1.模拟药房、药品与非药品等。

2.药房内陈列货架、标识标牌。

（二）注意事项

1.操作训练按实训室（药房）规章制度。

2.包装易混淆的药品应分隔摆放。

3.药品不得倒置，多剂量液体制剂应直立摆放。

4.实训接触药品较多，遵守安全提醒，陈列前先检查药品外包装。

（三）操作过程

序号	实施步骤	操作流程/话术举例	注意事项/操作标准
1	摆放分区标识牌	依据GSP要求和陈列要求摆放标识牌（如处方药区、拆零药品区、非药品区等）	区分明显，合理分配放置面积
2	摆放分类标贴	依据GSP要求和陈列要求摆放标贴（如处方药、非处方药、保健食品、非药品等）	标贴摆放正确、明显
3	查看药品外包装	检查陈列药品的外包装	确保外包装完整无损
4	根据标识标牌陈列药品	根据陈列要求，将药品摆放在相应区域	结合陈列原则摆放
5	陈列药品维护	查看分类标识、卫生、陈列数量、安全稳固等情况	遵循先进先出原则

【问题情境一】

药店新进一些廉价的常用药，应陈列于货架的什么位置?

此类药品是生活中的必需药品，作为药店的辅药存在，补充药店经营药品品种，但因其比较廉价，应陈列在相应标识货架的死角，使顾客必须走过整个通道才能取到，以此来提高其他产品的销售机会。

【问题情境二】

药店将对某热销OTC药品进行促销活动，应如何陈列?

根据药店场地情况，可以把刚进门的位置空出来作为促销活动的空间，可以用空盒造型陈列，既不占货架，又可以更加突出地吸引顾客，充分加大陈列面积，给人以实惠、热销的感觉，把促销活动信息传递给顾客。

（四）学习结果评价

序号	评价内容	评价标准	评价结果（是/否）
1	分区标识牌摆放	能合理分类分区，根据GSP和陈列要求摆放标识牌，如非药品区、药品区、中药饮片区、保健食品区、医疗器械区等	
2	分类标贴摆放	能根据GSP要求和陈列要求摆放分类标贴，如处方药、非处方药、保健食品、拆零药品、含特殊药品复方制剂、冷藏药品、非药品等	
3	药品外观检查	能检查药品外观符合要求	
4	陈列药品	能在规定时间内完成药品陈列，近效期摆放在前，药品正面在前，超过50mL的液体要立放，包装相似或者易混淆的药品要分隔摆放	
5	陈列药品维护	能进行陈列药品卫生、数量、安全等维护	

五、课后作业

某小区门口药店已装修结束，需按照GSP的规定以及药品陈列原则，将以下80个商品分类正确摆放在货架内，并标出对应的标识牌。多维元素片、清开灵胶囊、复方阿胶浆、聚维酮碘溶液、枸橼酸铋钾胶囊、小儿氨酚黄那敏颗粒、盐酸左西替利嗪片、阿卡波糖片、蜂胶胶囊、速效救心丸、云南白药胶囊、盐酸曲美他嗪片、维生素B_2片、马来酸依那普利片、铝碳酸镁片、甲钴胺片、替普瑞酮胶囊、百令胶囊、头孢克肟颗粒、三黄片、水杨酸苯酚贴膏、蜜炼川贝枇杷膏、甲硝唑阴道泡腾片、妇炎洁、钙尔奇、六味地黄丸、复方氨酚烷胺片、罗红霉素胶囊、枸杞子、健胃消食片、铁皮枫斗晶、即食燕窝、冬虫夏草、盐酸金霉素眼膏、保妇康栓、脱脂棉球、布洛芬胶囊、云南白药气雾剂、九味羌活丸、安宫牛黄丸、阿苯达唑片、格列齐特片、银杏叶提取物、非诺贝特胶囊、风油精、复方对乙酰氨基酚片、盐酸氨溴索口服液、复方酮康唑乳膏、安神补脑液、硫普罗宁肠溶片、硝苯地平片、复方麝香追风膏、左炔诺孕酮片、金银花露、苯扎氯铵贴、炉甘石洗剂、独一味胶囊、耳聋左慈丸、泮托拉唑钠肠溶胶囊、单硝酸异山梨酯片、马来酸曲美布汀分散片、牛黄清心丸、卤米松乳膏、愈裂贴膏、藿香正气水、盐酸氨基葡萄糖片、富马酸伏诺拉生片、硫酸沙丁胺醇吸入气雾剂、医用外科口罩、排石颗粒、孟鲁司特钠咀嚼片、阿昔洛韦乳膏、盐酸坦索罗辛缓释胶囊、三金片、桂林西瓜霜、双氯芬酸钠缓释片、石斛夜光丸、复方伪麻黄碱缓释胶囊、玻璃酸钠滴眼液、双歧杆菌三联活菌胶囊。

1.药品陈列原则有哪些?

2.请根据GSP要求和药品陈列原则，对上述药品进行陈列操作，并标出对应的标识牌。

任务 C-2

药品养护

能力点 C-2-1　能对一般药品进行养护

一、核心概念

1. 药品养护

药品养护是运用现代科学技术与方法，研究药品储存养护技术和储存药品质量变化规律，防止药品变质，保证药品质量，确保用药安全、有效的一门实用技术。“养护”是指对储存药品进行的“保养”及质量“维护”。

2. 有效期

有效期是指药品在规定的储存条件下能够保持质量合格的期限。

3. 近效期药品

零售门店近效期药品是指6个月以内到期的药品。

二、学习目标

1. 能按照药品外包装标示的贮藏条件正确储存药品。
2. 能定期对在库药品进行养护和质量检查。
3. 能对养护过程中发现的问题做出相应的处理。
4. 能知晓常见剂型药品的质量变异情况。
5. 能正确判定不合格药品。

三、基本知识

1. 贮藏项下的规定介绍

（1）遮光　系指用不透光的容器包装，例如棕色或黑色包装材料。

（2）避光　系指避免日光直射。

（3）密闭　系指将容器密闭，以防止尘土及异物进入。

（4）密封　系指将容器密封，以防止风化、吸潮、挥发或异物进入。

（5）阴凉处　系指不超过20℃。

（6）凉暗处　系指避光并不超过20℃。

（7）冷处　系指2～10℃。

（8）常温（室温）　系指10～30℃。

除另有规定外，贮藏项下未规定贮藏温度的一般系指常温。

2.药品在库检查的方法

（1）随机检查法　即根据时间、人员、库存量等情况安排人员检查药品。该法具有灵活性高、简单的特点，但随机性大，不利于及时发现不合格药品及近效期药品。

（2）日查法　即设专职养护员，每天巡查仓库药品。该法具有细致、认真的特点，可以及时发现变质不合格药品及近效期药品，但费时、费力。

（3）月末清查法　即结合月末盘点，组织人员检查药品质量情况。该法可以及时发现不合格及近效期药品，但一次性清查量大，容易出错，同时也易流于形式。

（4）季末盘点法　即季度末盘点药品时检查药品质量。该法间隔时间过长，不能及时发现不合格药品及近效期药品，易错过处理的最好时机，也易流于形式。

（5）"三三四"检查法　将库房分为A、B、C三个区域，这三个区域位置存放药品分别占总库存的30%、30%、40%；第一个月巡查A区域位置的药品，第二个月巡查B区域的药品，第三个月巡查C区域的药品，周而复始，每年按此顺序检查4次。

3.药品养护操作内容

药品养护以"预防为主，消除隐患"为原则。一般品种按季度检查养护，按照"三三四"原则进行药品巡检，及时做好养护记录。养护记录应当包含检查日期、货品名称、规格、剂型、单位、数量、批号、有效期、上市许可持有人/生产企业、货位、抽检数量、包装、外观质量情况、处理意见、养护员等内容，做到真实、完整、准确、有效和可追溯。

药品养护记录每季度汇总1次，分析养护信息，形成养护报告，以便质量管理部门和其他部门及时、全面地掌握储存药品质量信息，合理调节库存药品数量，保证药品质量。

（1）检查温湿度　药品零售连锁企业，每天上午、下午定时各检查记录一次温湿度，发现温湿度超过规定标准应及时采取措施，温湿度监测系统应24h全面自动监测，至少每隔30min自动记录一次实时温湿度数据，并能够通过直连电脑或显示屏实时监测。常温库温度范围标准是10～30℃；阴凉处温度范围标准是不超过20℃；冷处温度范围标准是2～10℃，相对湿度应控制在35%～75%。

（2）检查库（区）内储存药品品种是否正确　检查库（区）内所储存的药品是否符合药品外包装上【贮藏】项下规定的储存要求。检查中如果发现某药品包装【贮藏】项下规定的储存要求与现库（区）下条件不符合的，应立即取下，并报质量管理部门。

（3）检查药品的包装、标识和外观性状　养护员要在规定的时间内对在库药品的外包装进行巡检，确保包装完好，无破损、无霉变、无潮湿、无渗漏、无积尘、无鼠咬等异常情况。检查外包装上标注的药品名称、规格、生产企业、生产批号、有效期、贮藏、包装、批准文号或其他标识是否清晰。常见剂型的外观质量检查项目见表C-2-1。

（4）检查药品的有效期　在对在库药品进行检查时，通常要检查其有效期。检查中发现近效期药品（零售门店近效期药品是指6个月以内到期的药品）应填写《近效期药品催销表》进行催销。

表C-2-1　能对一般药品进行养护

剂型	外观质量检查项目
片剂	裂片（松片）、表面斑点（花斑）或异物斑点、变色、析出另一结晶、粘连溶（熔）化、发霉、虫蛀、菌染、崩解度
胶囊剂	漏粉、漏液、黏软变形、霉变生虫
注射剂	变色、生霉、析出结晶或沉淀、脱片、白点（白块）、冻结
散剂	吸潮、变色、异臭、异味、挥发、分层、霉变、虫蛀、微生物污染
颗粒剂	吸潮、软化、结块、潮解、生霉、虫蛀
糖浆剂	霉变、沉淀、变色
栓剂	软化变形、出汗、干化、外观不透明、腐败
软膏剂	酸败、流油、发硬、分离、生霉、氧化（还原变化）、颜色改变

检查中发现有可疑变质迹象的，该药品应悬挂黄色标识，并在计算机系统中锁定，联系质量管理部门，确认合格的，去除黄色标识，在计算机系统中解锁；确定不合格的，将该药品移入不合格品库（区）。

四、能力训练

（一）操作条件

1. 与经营规模相适应的药品库（区）。
2. 药品实物。
3. 符合药品经营管理规范的计算机系统。

（二）注意事项

1. 树立正确的质量意识。系统登录时，操作人员应与账号所有人是同一人，不得出现借用账号的现象。
2. 养护过程中发现质量可疑的药品，应及时采取措施，防止与其他药品混淆。

（三）操作过程

序号	步骤	操作流程 / 话术举例	注意事项 / 操作标准
1	系统登录	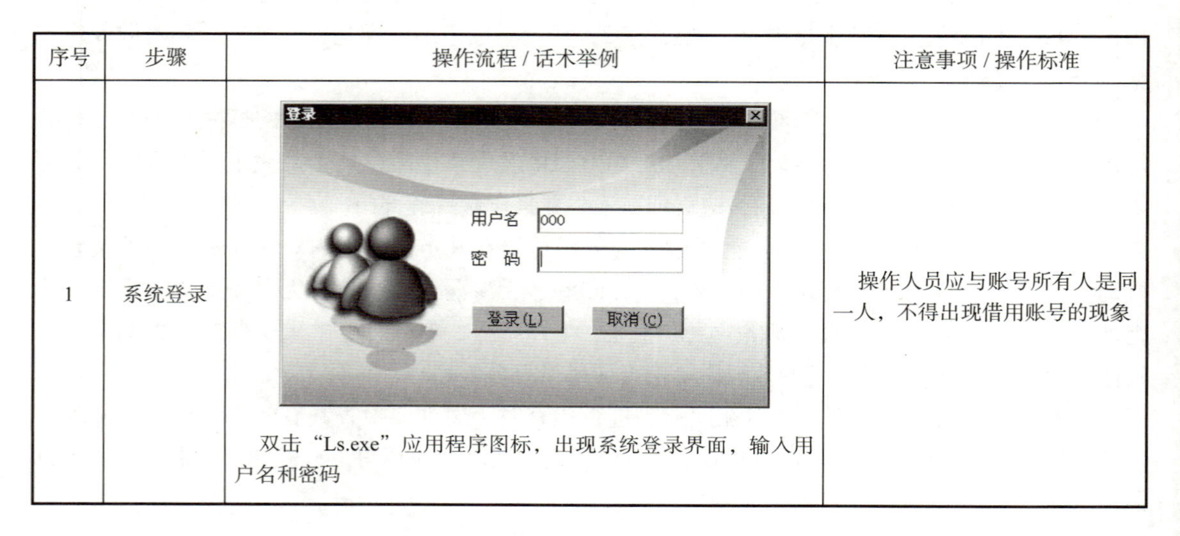 双击“Ls.exe”应用程序图标，出现系统登录界面，输入用户名和密码	操作人员应与账号所有人是同一人，不得出现借用账号的现象

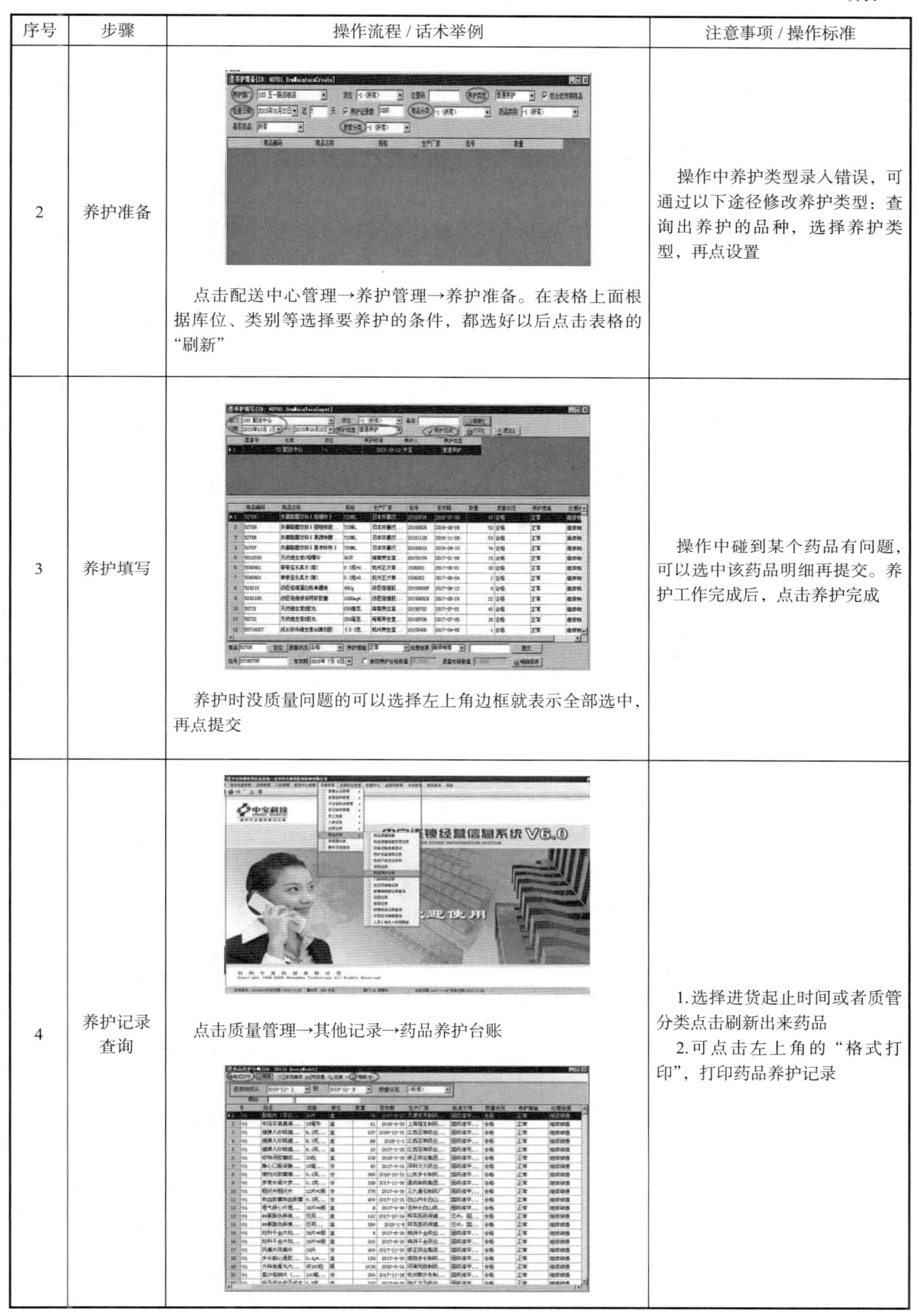

序号	步骤	操作流程 / 话术举例	注意事项 / 操作标准
2	养护准备	点击配送中心管理→养护管理→养护准备。在表格上面根据库位、类别等选择要养护的条件，都选好以后点击表格的“刷新”	操作中养护类型录入错误，可通过以下途径修改养护类型：查询出养护的品种，选择养护类型，再点设置
3	养护填写	养护时没质量问题的可以选择左上角边框就表示全部选中，再点提交	操作中碰到某个药品有问题，可以选中该药品明细再提交。养护工作完成后，点击养护完成
4	养护记录查询	点击质量管理→其他记录→药品养护台账	1. 选择进货起止时间或者质管分类点击刷新出来药品 2. 可点击左上角的“格式打印”，打印药品养护记录

【问题情境一】

小丁在做药品养护的时候发现货架最里面的一盒香砂六君丸外包装出现轻微挤压，随即将其移入不合格药品库（区）。小丁的做法是否正确？

小丁的做法不正确。药品外包装出现严重挤压破损，影响药品质量的应及时移入不合格药品库（区），防止对其他药品产生污染；轻微挤压经质量管理部门确认药品质量不受影响的，可继续销售。

【问题情境二】

现有蓬莱诺康药业有限公司的注射用水溶性维生素15盒，贮藏条件为遮光，严封，在15℃以下保存。养护员小红将其放在阴凉库储存，请问是否正确？

不正确。应将其放入冷库储存。阴凉库的温度范围是不超过20℃，看似符合其储存条件，但遇开门作业时间较长的情况，温度就会超出。该药品要求保存在15℃以下，故不符合药品的储存条件。

（四）学习结果评价

序号	评价内容	评价标准	评价结果（是/否）
1	确定相应的库（区）	能正确说出各库（区）温度范围 能给药品确定相应的库（区）	
2	药品养护	能对库（区）内药品进行养护操作	
3	质量检查	能对药品的外包装、标签、外观性状等内容进行检查	
4	发现问题做出处理	能对养护过程中发现的问题进行相应的处理	
5	认定不合格药品	能判定药品是否合格	

五、课后作业

1. 货架上，药品的摆放应符合哪些要求？
2. 请为下列表格中的药品确定相应的库房。

序号	品名	商品规格	生产厂家全称	产品批号	有效期至	储藏条件	库房
1	清开灵片	0.5g×48s	哈尔滨一洲	180402	2023-02-28	密封保存	
2	阿奇霉素胶囊	0.25g×6粒	葵花药业	61805101	2023-10-27	密封，不超过20℃干燥处保存	
3	999感冒灵颗粒	10g×9袋	华润三九医药股份有限公司	180703	2024-01-02	密封保存	
4	鲑降钙素注射液	1ml：8.3μg（50IU）/支	北京双鹭药业股份有限公司	04720200425	2023-04-12	于2～8℃避光保存	
5	美宝湿润烧伤膏	10g/支	汕头市美宝制药有限公司	19012554	2024-12-31	密封、阴凉干燥处（不超过20℃）保存	
6	双歧杆菌三联活菌胶囊（培菲康）	0.21g×30s	上海信谊制药	04720180	2023-04-12	2～8℃避光保存	
7	人凝血因子Ⅷ	200IU/瓶	华兰生物工程股份有限公司	190213	2024-02-13	2～8℃避光保存	

能力点 C-2-2　能对重点药品进行养护

一、核心概念

1.重点养护药品

重点养护药品系指在规定的储存条件下仍易变质的药品及有效期在2年内的药品。

2.冷藏药品

冷藏药品系指对贮藏、运输有冷处等温度要求的药品，冷处是指2～10℃。

3.冷冻药品

冷冻药品系指对贮藏、运输有冷冻等温度要求的药品，温度要求为–25～–10℃。

4.特殊管理药品

《中华人民共和国药品管理法》规定，国家对麻醉药品、精神药品、医疗用毒性药品、放射性药品实行特殊管理，简称“麻、精、毒、放”。特殊管理药品系指按药品法律法规管理属性分类，而不是按药品的药理作用分类。

二、学习目标

1.能定期对在库药品进行养护和质量检查。

2.能确定重点养护品种。

3.能对养护过程中发现的问题做出相应的处理。

4.能正确地判定不合格药品。

三、基本知识

1.重点养护品种范围

重点养护品种范围一般包括：主营品种、首营品种、冷藏冷冻药品、特殊管理药品、近效期药品、效期短的药品、近期发生过质量问题的药品、易变质的药品、药监部门重点监控的品种等。

2.西药重点养护的品种（举例）

（1）冷藏药品　静注人免疫球蛋白（pH4）、注射用胸腺法新、帕博利珠单抗注射液、脾氨肽口服冻干粉、地舒单抗注射液、芍倍注射液、尼妥珠单抗注射液、注射用重组人凝血因子Ⅸ等。

（2）精神药品　异戊巴比妥片、安钠咖片、盐酸芬氟拉明片、丁丙诺啡舌下含片、阿普唑仑片、阿普唑仑胶囊、氯氮䓬片、氯硝西泮片、地西泮片（针）、地西泮膜、艾司唑仑片、氯氟䓬乙酯片、单盐酸氟西泮胶囊、劳拉西泮片、甲丙氨酯片、马来酸咪达唑仑片、硝西泮片、匹莫林片、苯巴比妥片、酒石酸唑吡坦片、酒石酸唑吡坦颗粒、扎来普隆片、扎来普隆分散片、扎来普隆胶囊、麦角胺咖啡因片、奥沙西泮片、曲马多等。

（3）医疗用毒性药品　洋地黄毒苷片、硫酸阿托品片、甲溴阿托品片、硝酸毛果芸香碱片等。

3. 重点养护品种的保管及养护

对光照易变质的品种应置于遮光容器内，在阴凉干燥的暗处存放，防止日光照射；对于受热易变质的品种和易挥发的品种，应密闭置于阴凉处或冷藏库内贮存；对于易风化的品种，不宜贮存于干燥处，以免失去结晶水，而影响计量的准确性；对于怕冻的品种、在低温下易变质的品种以及容器易被冻裂的品种，应在0℃以上的仓库保存。

四、能力训练

（一）操作条件

1. 与经营规模相适应的药品库（区）。
2. 药品实物。
3. 符合药品经营管理规范的计算机系统。

（二）注意事项

1. 树立正确的质量意识。系统登录时，操作人员应与账号所有人是同一人，不得出现借用账号的现象。
2. 养护过程中发现质量可疑的药品，应及时采取措施，防止与其他药品混淆。
3. 保持库内清洁、安全合理用电。

（三）操作过程

序号	步骤	操作方法及说明	注意事项 / 操作标准
1	系统登录	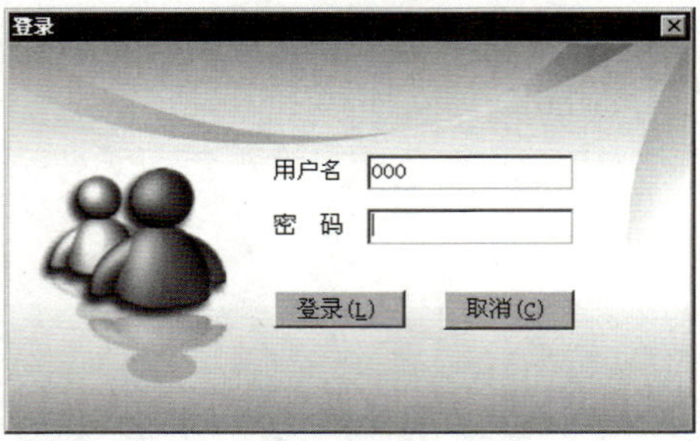 登录 用户名 000 密码 登录(L) 取消(C) 双击“Ls.exe”应用程序图标，出现系统登录界面，输入用户名和密码	操作人员应与账号所有人是同一人，不得出现借用账号的现象
2	重点养护药品确定	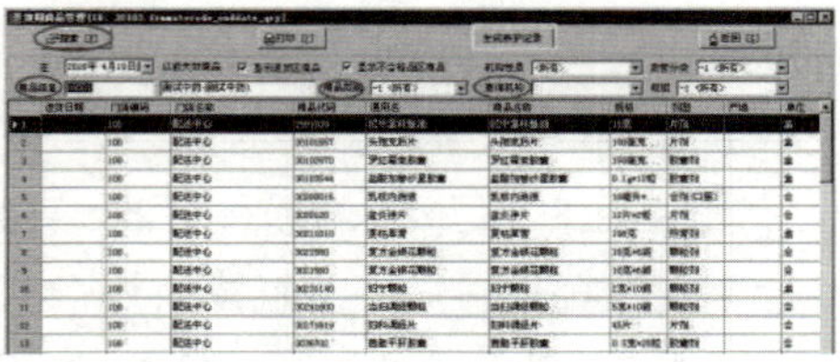 点击门店管理→门店商品管理→效期商品管理	此处以提取近效期药品为例说明
3	制订药品养护计划	打开功能菜单之后，如系统提示依次选择养护库房、部门、勾选重点药品，然后提取当月应养护商品，提取之后保存即可完成养护计划制定	提取当月应养护商品功能的前提是这些药品的养护周期已维护完毕

续表

序号	步骤	操作方法及说明	注意事项 / 操作标准
4	药品在库养护	选择适宜的方法对药品进行养护，并完成养护记录表，养护时没质量问题可以选择左上角边框即表示全部选中，再点提交 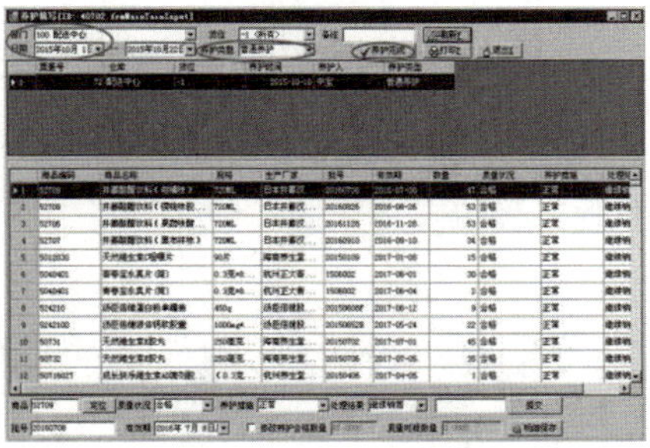	操作中碰到某个药品有问题，可以选中该药品明细再提交。养护工作完成后，系统上点击养护完成
5	汇总上报	药品养护记录每季度汇总一次，分析养护信息，形成养护报告，以便质管部门和其他部门及时、全面地掌握储存药品质量信息，合理调节库存药品质量，保证药品质量	每季度汇总，及时分析
6	异常情况处理	检查中发现有质量变质迹象的，该药品应悬挂黄色标识，并在计算机系统中锁定，联系质量管理部门。确认合格的，去除黄色标识，在计算机系统中解锁；确定不合格的，将该药品移入不合格品库（区）	及时处理，防止混淆

【问题情境一】

现有一批胃蛋白酶，小王在养护过程中发现其出现受潮现象，后续应如何对其进行正确养护?

胃蛋白酶属于易吸湿性药品，储存过程中应时刻关注相对湿度，防止受潮，且温度不宜过高，以免影响活性。

【问题情境二】

某药店购进一批双歧杆菌三联活菌胶囊，小星作为养护员，每3个月对其进行一次养护操作，请问是否正确?

错误。双歧杆菌三联活菌胶囊属于冷藏药品，需重点养护，应至少每月进行一次养护。

（四）学习结果评价

序号	评价内容	评价标准	评价结果（是/否）
1	重点养护品种	能确定重点养护的品种	
2	养护计划	能使用计算机系统制定养护计划	
3	药品养护	能对库（区）内药品进行养护操作	
4	发现问题做出处理	能对养护过程中发现的问题进行相应的处理	

五、课后作业

1. 药店新进一批樟脑，应如何储存养护?
2. 举例其他需重点养护的药品，并说明原因。

能力点 C-2-3 能对中药材与中药饮片进行养护

一、核心概念

1. 虫蛀

虫蛀是指昆虫侵入中药材内部所引起的破坏作用。

2. 霉变

霉变又称发霉，是指饮片受潮后在适宜温度条件下，引发寄生在其表面或内部的真菌大量繁殖，导致发霉的现象。

3. 变色

各种药材都有固定的色泽，受温湿度及空气的影响，使药材内部发生变化，表面颜色发生变异即为变色。

4. 泛油

泛油又称走油，是指某些含油药材的油脂泛于药材表面，也指药材变质后表面泛出油样物质。

5. 气味散失

气味散失指中药饮片由于久存或养护不当，使固有气味变淡或消失的现象。

二、学习目标

1. 能使用计算机系统制定养护计划。
2. 能对中药材、中药饮片进行养护检查。
3. 能根据中药材、中药饮片特性，选择适宜的养护方法。
4. 能正确填写养护档案表，做好养护汇总分析。
5. 能处理中药材、中药饮片质量隐患。

三、基本知识

1. 中药材、饮片的养护检查

（1）易虫蛀药材的检查　该类品种主要有白术、炙甘草、葛根、虎杖、党参、当归、青风藤、知母、山楂、野山楂、大枣、川芎等。检查可定期或不定期进行。一般夏秋季气温高、湿度大，有利于害虫生长发育，需5～7天检查一次；冬春季温湿度低，不利于害虫生长，可每10～15天检查一次。检查时应按堆放次序，逐个进行。首先检查堆垛周围和上面以及垛底是否有虫丝或蛀粉等，然后对易生虫的中药材或中药饮片的重点品种进行拆包检查。检查时，如不易从外观上判定是否生虫的，也可采取剖开、折断、打坏、摇摆等方法进行，此外，对大垛中药材或中药饮片，首先注重货垛所处的环境，因每个角、每个面、上中下层所接触的温度不同，可以用抽查方法，及时把握温湿度的变化情况，以防止吸潮后发霉生虫。

（2）易发霉品种的检查　该类药材主要有皂角刺、白术、葛根、虎杖、党参、当归、白芍、白蔹、青风藤、知母、柿叶、肿节风、五匹风、绞股蓝、大枣、枳壳、山楂、刺梨等。检查时间可依据季节而定，梅雨季节应5～7天检查一次，冬季每月检查一次。检查应以各类易霉中药为重点，分批分类检查，必要时拆包检查。检查时，应注意药材本身有无潮湿、柔软、发霉以及生虫现象。

（3）贵重药材的检查　该类药材主要有西红花、冬虫夏草、蛤蟆油等。检查可定期或不定期进行。一般夏秋季气温高，储存过程中易出现受潮发热、发霉、酸败等化学反应，需5～7天检查一次；冬春季温湿度低，可每10～15天检查一次。检查时，一方面是观察药材内外色泽的变化，表面是否有油质物溢出，有无干枯、粘连等情况；另一方面用鼻闻，如嗅到药材有哈喇味或其他不正常的气味时，可断定中药材已经泛油。

（4）一般药材的检查　该类药材主要有柿叶、猪鬃草、灯盏细辛等。检查可定期或不定期进行。检查时应注意药材本身有无潮湿、柔软、发霉现象。

2.中药常见养护方法

（1）清洁养护法　库区应保持清洁、干燥、通风，利用药材出空的机会，对药材垫板进行清扫、消毒。经常对仓库周围环境进行清扫。

（2）通风除湿法　指利用空气自然流动的规律或人为地机械振动产生风，使库内外的空气交换的方法。

（3）暴晒法　是利用太阳光的热使药材散发水分而干燥，同时又利用其紫外线杀死霉菌及虫卵的方法。本法适用于大部分中药的养护，如白术、党参、羌活、牡丹皮等。

（4）摊晾干燥法　又称阴干法，是将药材置于室内或阴凉处，使其借空气的流动，吹去水分而干燥的方法。本法适用于含挥发油中药如金银花、薄荷、陈皮等，也可以用于暴晒易变色的中药如酸枣仁、柏子仁等。

（5）高温烘干法　是利用烘箱的加热通风使药材迅速干燥的方法。本法可在阴雨连绵、无法利用阳光暴晒时进行，适用于大部分中药的养护，如大黄、山药、浙贝母等。

（6）对抗同储法　利用不同品质的药材所散发的特殊气味、吸潮性能或特有驱虫去霉化学成分，来防止另一种药材生虫、发霉、变色等的储藏方法。如牡丹皮和泽泻、西红花和冬虫夏草、柏子仁和滑石或明矾、花椒和动物类中药、细辛和动物类中药、大蒜和动物类中药等。

（7）密封法　指把一定范围的空间与外界隔绝起来，对空气进行温湿度控制与调节，从而达到防止中药霉变的方法。

四、能力训练

（一）操作条件

1.符合药品经营计算机系统的电脑。
2.中药房、中药库房、药柜、扫把、抹布等清洁用具。
3.除湿机、温湿度计、烘箱、冰箱。

（二）注意事项

1.做到每日定期清洁和消杀，并做好记录。
2.安全用电、预防火灾，备好灭火器。
3.库房布局设计合理，合理摆放中药。
4.玻璃器皿轻拿轻放，避免碰撞。

（三）操作过程

<table>
<tr><th>序号</th><th>步骤</th><th>操作方法及说明</th><th>注意事项 / 操作标准</th></tr>
<tr><td>1</td><td>制定养护计划</td><td>使用计算机系统按照计算机提示填写养护计划</td><td>养护部门，养护类型，养护周期，养护组</td></tr>
<tr><td>2</td><td>中药养护检查</td><td>检查中药饮片内外包装，检查温湿度等中药房环境，检查一般中药品种和重点中药品种，并填写好养护检查记录
<table>
<tr><th colspan="10">中药养护检查记录</th></tr>
<tr><td>序号</td><td>检查日期</td><td>品名</td><td>型号</td><td>数量</td><td>生气企业</td><td>生产批号</td><td>有效期</td><td>外观包装</td><td>处理意见</td></tr>
<tr><td></td><td></td><td></td><td></td><td></td><td></td><td></td><td></td><td></td><td></td></tr>
<tr><td></td><td></td><td></td><td></td><td></td><td></td><td></td><td></td><td></td><td></td></tr>
</table></td><td>一般品种至少3个月检查一次，重点品种至少1个月检查一次。检查无质量问题，进入下一步循环养护；如发现问题，进入第6步“处理质量隐患中药”</td></tr>
<tr><td>3</td><td>选择适宜的方法进行养护操作</td><td>一般中药选择清洁养护法、通风除湿法、暴晒法，贵重中药可选择低温冷藏法，长期阴雨天气下中药可选择高温烘干法，易虫蛀中药可选择密封法</td><td>根据药材特性，选择养护方法</td></tr>
<tr><td>4</td><td>养护档案表</td><td>所有中药建立中药养护档案，特别是重点保护品种的档案
<table>
<tr><th colspan="6">中药养护档案表</th></tr>
<tr><td>名称</td><td></td><td>规格</td><td></td><td>建档日期</td><td></td></tr>
<tr><td>生产企业</td><td></td><td>产品批号</td><td></td><td>批准文号</td><td></td></tr>
<tr><td>性状</td><td></td><td>生产批号</td><td></td><td>有效期</td><td></td></tr>
<tr><td>养护设备</td><td></td><td>储存要求</td><td></td><td>包装</td><td></td></tr>
<tr><td>质量问题</td><td></td><td>养护员</td><td></td><td>联系方式</td><td></td></tr>
</table></td><td>养护记录必须按月归档保存</td></tr>
<tr><td>5</td><td>汇总上报</td><td>将养护档案表汇总分析，然后向质量管理部上报养护情况</td><td>定期分析，每季度汇总</td></tr>
<tr><td>6</td><td>处理质量隐患中药</td><td>养护过程中发现质量问题的，放置“暂停使用”的黄色标识牌于货位上，并填写“中药质量复查通知单”，报告质管部门复查处理
<table>
<tr><th colspan="5">中药质量复查通知单</th></tr>
<tr><td>品名</td><td></td><td>生产企业</td><td></td><td>数量</td></tr>
<tr><td>生产批号</td><td></td><td>存放地点</td><td></td><td>有效期</td></tr>
<tr><td rowspan="2">质量问题</td><td></td><td></td><td></td><td></td></tr>
<tr><td colspan="2">养护人</td><td>日期</td><td></td></tr>
<tr><td>复检结果</td><td colspan="4">质管部门　　　日期</td></tr>
</table></td><td>及时发现、及时处理</td></tr>
</table>

【问题情境一】

清洁药房时，发现饮片质量有问题，应如何处理？

发现饮片质量有问题，应及时抽出、及时处理，防止饮片进入患者手中。及时记录，记录要清晰，并将相关信息提供给中药饮片仓库管理员，作为采购进药的依据。

【问题情境二】

梅雨季节，空气中湿度变大，如何采取有效措施预防药材变异产生细菌？

每日检查药材的使用情况及性状变化，观察温湿度计，开启除湿机，保持药房内环境空气的相对湿度在35%～75%，最好维持在70%左右。当梅雨季节过去后，对于使用频率不高、易于变异的药材，将他们放在太阳下暴晒或通风处干燥处理。

（四）学习结果评价

序号	评价内容	评价标准	评价结果（是/否）
1	养护计划	能使用计算机系统制定养护计划	
2	养护检查	能对中药进行养护检查 能填写养护检查记录表	
3	养护方法	能根据药材性质，使用正确方法进行养护	
4	养护档案表	能正确填写养护档案表 能对中药养护档案表汇总分析	
5	质量隐患中药	能处理有质量隐患的中药	

五、课后作业

1.影响中药储藏安全的外界因素有哪些？

2.某药店中药房购进一批某饮片生产公司生产的甘草100件，其中20件产品批号为2112066，20件产品批号是2201075，另外60件产品批号是2204033，对这100件甘草养护员应如何进行养护？

模块 D
药学顾客服务

任务 D-1
药店服务礼仪

能力点 D-1-1　能按照药学礼仪规范接待顾客

一、核心概念

1. 药学服务

药学服务是指药师运用专业的知识与技术，向公众提供负责任的、以达到提高患者生命质量这一既定目标的与药物治疗相关的服务。

2. 药学礼仪

作为一种职业礼仪，药学礼仪是药学相关从业人员在接待顾客过程中的行为规范和准则，体现了药学工作者的道德品质和职业素养。

二、学习目标

1. 能正确完成药店礼仪规范的展示。
2. 能按照药学礼仪规范接待顾客。

三、基本知识

1. 药学礼仪的重要性

药学礼仪是一种职业礼仪，是药学工作者素质、修养、行为、气质的综合反映，是影响从业人员在社会公众中总体印象的关键。从业人员能按照规范的药学礼仪接待顾客，有利于增加患者的舒适度、提高患者的忠诚度，在医药市场快速发展的潮流中提高行业竞争力。

2. 药学礼仪的基本原则

（1）平等原则　平等是指社会主体在社会关系、社会生活中处于同等的地位，具有相同的发展机会，享有同等的权利。服务对象不论老幼，不论贫富，不论是陌生人还是熟人，都应该一视同仁。

（2）守信原则　守信指保持诚信，遵守信约。讲信誉、重信用，信守诺言，“言必信，行必果”。

（3）律己原则　严于律己，严格要求自己，实现自我约束、自我控制。

（4）尊重原则　尊重是利益的情感基础，“礼者，敬人也”，要有同情心，对患者重视、恭敬、友好，急患者所急。

（5）适度原则　在接待过程中把握好分寸，既要彬彬有礼、热情大方，又不能低三下四、轻浮献媚。做到自尊不自负，坦诚不粗鲁，信任不轻佻，活泼不放纵。不越界，凡事适宜即可。

（6）宽容原则　宽容原则要求在服务过程中要宽以待人，多理解他人、体谅他人，多换位思考，站在对方的角度看问题，具有同理心。

（7）真诚原则　真诚指真心实意，坦诚相待，以从心底感动他人而最终获得他人的信任。在服务过程中要真诚待人、童叟无欺、言行一致、表里如一。

（8）从俗原则　在服务工作中，对本国或各国的礼仪文化、礼仪风俗以及宗教禁忌要有全面、准确的了解，才能够在服务过程中得心应手，避免出现差错。

3. 药学礼仪的基本内容

医药商品是防病治病、康复保健的特殊商品，与人的生命安全直接相关，从业人员应具有与其相适应的仪表仪态。药学礼仪是一种职业礼仪，是药店工作人员的职业形象，是药学工作者素质、修养、行为、气质的综合反映。药学礼仪包括仪容礼仪、表情礼仪、举止礼仪、服饰礼仪、语言礼仪等基本内容。

（1）仪容礼仪　仪容是一个人最重要的外在表现，是内在美、自然美和修饰美的统一，既能体现自尊自爱，又能表示对他人的尊重与礼貌。基本要求如下。

① 头发：头发要经常清洗和梳理，保持发丝干净整洁，发型美观大方，不留奇异发型，不染发、不烫发。男性头发不宜过长，头发前端不遮住额头，后端不超过衣领，鬓角不超过耳郭；女性长发用头花固定，刘海不超过眉毛。发型应自然大方，符合工作和社交场所的要求。

② 手部：手部不留长指甲，保持指甲干净、无污垢，不得涂指甲油。

③ 面部：男性不宜留胡须，应养成每日剃须的习惯；女士可适当化淡妆，妆容应给人清新、淡雅和自然的感觉，不宜浓妆艳抹，不宜使用味道浓烈的香水。

④ 口腔：口腔应保持清洁，避免异味，工作时间不能咀嚼口香糖。

（2）表情礼仪　表情可以反映一个人的思想、情感及心理活动变化，笑容和眼神是表情的重要体现形式。具体要求如下。

① 笑容：微笑是一种令人感觉愉快的面部表情，温馨、亲切的微笑会给对方留下轻松舒适的感觉。微笑是人际交往中的润滑剂，保持微笑可以给人自信、真诚、友善、积极、敬业的良好形象。工作时应该调整自己的情绪，保持微笑，精神饱满地投入工作。

② 眼神：在注视对方面部时，一般以注视对方的眼睛或眼睛到下巴之间的三角区域为宜，表示全神贯注和认真倾听。但是注视时间不宜过长，否则双方都会感到尴尬。当与服务对象相

距较远时，一般应以对方的全身作为注视点。

（3）举止礼仪　俗话说“站有站相，坐有坐相”，举止礼仪主要体现在待人接物时的站姿、走姿、坐姿等。具体要求如下。

① 站姿：站姿自然、挺拔，两脚跟着地，脚尖微向外，身体端正，腰背和胸膛自然挺直，头微微向下，两臂自然下垂，身体重心在两脚中间。工作中应避免倚靠柜台、双手抱肩、叉腰、插兜、左右摇摆或蹬踏柜台、嬉笑打闹等不良姿态。当只有一名药学服务人员时应站于柜台中央，有两名人员应分立柜台的两侧，有三名人员应均匀分开站立。

② 走姿：走路时表情自然，速度适中，头正颈直，上身挺直，挺胸收腹，双臂收紧并自然摆动。

③ 坐姿：坐姿应端正，双腿平行放好。要移动椅子时，应先把椅子放好位置，然后就座。

④ 递物接物：在递交药品、钱款、票据等物品时，应该双手递上。递送时面带微笑、正视对方，身体略微前倾。接受对方递送的物品时，应当双手接过，并点头致意或致谢。服务过程中要表现出训练有素，不慌慌张张、手忙脚乱，动作幅度不宜过大，应始终面带微笑，给顾客以大方、亲切、健康、有朝气之感。

⑤ 手势：面带微笑目视顾客，手指并拢，抬手角度适中，自然大方。

（4）服饰礼仪　职业装不仅是对服务对象的尊重，而且是职业自豪感、责任感和爱岗敬业精神的体现。规范穿着职业装的具体要求如下。

① 着装：工作服应定期清洗、更换，纽扣应完整无缺，服装无污渍、无皱褶、无开线，领口、袖口干净整洁。每年根据季节变化更换长袖、短袖工作服。男士短袖工作服内必须穿着背心或短袖衫，女士穿裙装时配肉色丝袜。不得佩戴首饰。不得将衣袖或裤脚卷起。鞋袜保持清洁，不得穿拖鞋。

② 工作牌：工作时间应按规定佩戴工作牌，工作牌表面应保持清洁，正面朝向顾客，内容齐全、无遮挡，不得背面向外。

（5）语言礼仪　语言往往能反映人的文化素养、知识水平和精神风貌，是沟通交流的重要工具。在与人交谈时，应该注意加强语言的修饰，讲究语言艺术，做到言谈清晰文雅，用语礼貌。常用的语言礼仪如下。

① 问候用语：“您好！请问有什么可以帮到您的？”

② 送别用语：“这是您的药，请保管好。”“请慢走，祝您早日康复。”

③ 请托用语：在向药店其他同事请求帮忙或是托付代劳时都要加上“请”字。

④ 致谢用语：当获得他人帮助、得到他人支持、赢得他人理解、感受到他人的善意、婉言谢绝他人或受到他人赞美时，要主动致谢。

⑤ 应答用语：在与顾客进行交流时，应答用语主要有“是的”“好”“请您稍等”“好的，我明白您的意思”等，可以让顾客感受到店员在认真倾听。

⑥ 道歉用语：常见的道歉用语有“抱歉”“对不起”“请原谅”等。在药店工作中，根据不同公司的规定，有些用语要慎重，比如“欢迎光临”“欢迎下次再来”等；有些属于禁语不可说，比如“这个病很麻烦的”“这是没有办法的事情”等。

四、能力训练

（一）操作条件

1.药学日常礼仪要求。

2.药店礼仪规范的展示。

3.按照药学礼仪规范接待顾客。

（二）注意事项

1.尊重患者，关爱生命，坚持以患者为中心，以注重患者健康为首位。

2.着装得体、举止得当，避免奇装异服。

3.坚持适度原则，与顾客保持距离，避免顾客产生不适感。

4.平等对待顾客，语言使用得当，不得出现侮辱性话语，避免产生冲突。

5.对于特殊人群应耐心、细致，服务周到，让人有宾至如归的感觉。

（三）操作过程

序号	实施步骤	操作流程/话术举例	注意事项/操作标准
1	穿戴整齐规范	（1）选择适宜的工作服，检查有无破损、是否干净，规范穿戴工作服 （2）在左胸佩戴好工作牌	（1）不得穿拖鞋 （2）不得佩戴首饰 （3）工作牌正面朝向顾客，不得遮挡
2	仪容得体大方	（1）头发保持干净整洁，不留奇异发型，不染发、不烫发，头发不宜太长 （2）指甲及时修理，不涂指甲油 （3）男性不留胡须，女性可化淡妆 （4）保持口腔清洁、口气清新	（1）工作时间不能咀嚼口香糖 （2）上班前不能喝酒或进食可能产生异味的食品 （3）不使用味道浓烈的香水
3	展现自然表情	（1）精神饱满热情，乐观向上 （2）眼神注视对方，保持微笑	（1）不要一直盯着对方，不要斜视、翻白眼等 （2）避免一直低着头或东张西望
4	行为举止得当	（1）站姿自然、挺拔，腰背、胸膛自然挺直，头微微向下 （2）走路时表情自然，速度适中，上身挺直，挺胸收腹，两臂收紧并自然摆动 （3）递交药品、钱款、票据等物品时应该双手递上，同时面带微笑、正视对方、身体略微前倾。接受对方递送的物品时应双手接过，并点头致意或致谢 （4）讲解时面带微笑，目视顾客，手指并拢，抬手角度适中，自然大方	（1）避免倚靠柜台、双手抱肩、叉腰、插兜、左右摇摆或蹬踏柜台、嬉笑打闹 （2）当只有一名药学人员时应站于柜台中央，有两名人员时应分立柜台的两侧，有三名人员时应均匀分开站立 （3）服务过程中要表现得训练有素，不慌慌张张、手忙脚乱，动作幅度不宜过大并始终面带微笑，给顾客以大方、亲切、健康、有朝气之感
5	使用规范语言	（1）顾客来时说："您好！请问有什么可以帮到您的？" （2）顾客走时说："这是您的商品，请您拿好。""请慢走，祝您早日康复。" （3）在与顾客交流时，说"是的""好""请您稍等""好的，我明白您的意思"等应答用语 （4）顾客较多时说："抱歉，让您久等了"	（1）热情迎客，主动招呼 （2）避免说"欢迎下次再来"等不适于药店场所使用的禁忌用语 （3）吐字清晰，语速适中

【问题情境一】

林某是某大药房的店员，该药店给每个员工制作了工作牌，但是林某觉得自己当时拍的照片不好看，就用贴纸贴住了自己的头像，请分析该店员的行为是否符合要求。

该店员的做法违反了服饰礼仪的要求，药店要求正确佩戴工作牌，应正面朝向顾客，不得遮挡，让顾客看清楚你是谁，但是林某故意贴住自己的头像，容易给顾客造成不良的印象，同时反映出林某不自信的心理，不符合药店礼仪规范，所以林某的行为不符合要求，应该及时改正。

【问题情境二】

张某是一位农民工，有一天他在工地干活的时候突然觉得肚子疼，顾不得回家换衣服，就决定先去附近的药店买药，于是他来到了××大药房咨询，请问店员小李应该怎么做?

首先店员小李应该平等对待顾客，给顾客足够的尊重。顾客来时，热情迎接并主动说：“您好，请问需要什么帮助？”询问时面带微笑、目光注视张某，问清楚病症后按实际情况推荐药品，双手递药并说：“这是您的药，请您拿好。祝您早日康复。”随后目视顾客离开。

（四）学习结果评价

序号	评价内容	评价标准	评价结果（是/否）
1	服饰礼仪	能规范穿戴工作服、正确佩戴工作牌	
2	仪容礼仪	能保持头发干净清爽，女性可化淡妆，男性不留胡须，保持口腔清洁	
3	表情礼仪	能面带微笑，双目有神	
4	举止礼仪	能站直、坐正，自然行走，双手递接物品	
5	语言礼仪	能清楚表达，音量和语速适中，使用文明用语	

五、课后作业

1.简述药学礼仪的基本原则。

2.结合不同年龄段顾客，药店常用的礼貌用语有哪些?

能力点 D-1-2　能正确使用药店服务用语

一、核心概念

1.文明用语

文明用语是服务性行业的从业人员向顾客表示意愿、交流思想感情和沟通信息的重要交际工具，是一种对顾客表示友好和尊敬的语言。

2.服务忌语

服务忌语是服务性行业从业人员在与顾客交流沟通过程中不适宜使用的语言，可能会引起顾客的误解、令顾客不愉快而影响服务质量，应避免使用。

二、学习目标

1.能正确使用药店服务用语。

2.能避免使用药店服务忌语。

三、基本知识

1.正确使用药店服务用语的重要性

语言应用能力关系到企业的形象、商品的正常销售，关乎药店的口碑和行业竞争力。药店从业人员能正确使用药店服务用语，有利于规范服务标准，强化服务理念，也有利于优化服务质量，提高服务水平。药店从业人员文明礼貌、落落大方、热情服务，让顾客有宾至如归的感觉，在该药店体验好，愿意下次再选择该店光顾，不仅提高了该门店的营业额，还树立了较好的门店形象，有助于企业快速发展。

2. 文明用语的分类

（1）打招呼用语　药店服务人员与顾客打招呼要落落大方，笑脸相迎，要主动、亲切，使得顾客有宾至如归的感觉，不能对顾客爱答不理。

① 欢迎用语

a. 先生 / 女士，早上好！

b. 先生 / 女士，您好！

c. 您好，有什么需要我帮忙的？

d. 您可以先看看，有需要的话跟我说。

e. 请稍等一下，我接待完这位顾客就来。

② 售中用语

a. 您先挑挑看，不合适我再给您换。

b. 先生 / 女士，您慢慢选，选好了叫我一声，我先接待其他顾客。

c. 请您就近挑选，别将商品拿太远，请谅解。

d. 我来帮您挑选好吗？

e. 请您这边看看。

③ 成交用语

a. 谢谢您，请走好！祝您早日康复！

b. 请拿好收银小票！请拿好发票和找零的钱！

（2）介绍用语　介绍商品要热情、诚恳、实事求是，突出商品特点，抓住顾客心理，当好参谋，不要哗众取宠、言过其实、欺骗顾客。

① 商品介绍

a. 这是 ×× 品牌产品，疗效好，价格合理，一向很受欢迎。

b. 这是新产品，它的优点……

c. 如果您需要的话，我可以帮您参谋一下。

d. 这种药品虽然价格偏高，但效果更好，您买回去试试。

e. 这种药品，几个品种都不错，您可以随便选。

f. 这药品不耐高温，使用时请注意。

g. 您回去使用时，请先看一下说明书。

h. 这种药品虽然实惠，但不适合您，您看呢？

② 缺货时

a. 对不起，您询问的药品我们刚卖完，但 ×× 与它是同样功效，我拿给您看。

b. 这种药品过两天会有，请您抽空来看看。

c. 这种药品暂时缺货，方便的话，请留下您的姓名及联系方式，一有货我们马上通知您，好吗？

③ 回答问题

a. 您想买的药品在那边，请往这边走（手势）。

b. 您想去的地方在××，可以乘××车到××站下。

（3）收款、找零用语　要唱收唱付，吐字清晰，交付清楚，将找款递送到顾客手中，不能扔、摔、重放。涉及的用语如下。

a. 收您××元钱。

b. 这是找您的××元钱，请收好。

c. 您买的东西共计××元，收您××元，找您××元钱，请点一下。

d. 您的钱数不对，请您重新点一下。

e. 您想兑换零钱？我来帮您换。

f. 请您再点一下，看看金额有无问题？

g. 请这边扫码，收您××元。

（4）包装商品用语　要求在包装过程中告知顾客注意事项，双手递给顾客，不要将药品扔给顾客不管，或者放在柜台上一推让顾客自己包装。涉及的用语如下。

a. 请稍候，我帮您包好。

b. 这是您的药品，请拿好。

c. 您买的药品是自己用还是送人，要不要包装讲究一些？

d. 如果需要礼品包装，请到服务台。

e. 药品都放进去了，请您带好。

f. 这药品外包装容易碎，请您小心拿好，注意不要碰撞。

g. 药品我已经帮您装好，注意不要倒置。

h. 请您带好随身物品。

（5）道歉用语　要求态度诚恳、语气温和，特别是接受顾客投诉时，要尽量争取顾客谅解，不能做错了事情不道歉，反而刺激顾客、伤害顾客。涉及的用语如下。

a. 对不起，让您久等了。

b. 对不起，因为刚才忙没听见您叫我，您需要什么？

c. 对不起，我拿错了型号，您要看哪种型号？

d. 对不起，让您多跑了一趟。

e. 对不起，这问题我实在不太明白，请您原谅。

f. 对不起，我把票开错了，我为您重开。

g. 刚才的误会，请您谅解。

h. 我会将您的意见反映给领导，以改进我们的工作，谢谢！

i. 对不起，我工作马虎了，今后一定努力改正。

j. 真对不起，那位营业员不在，我一定将您的意见转达给他。

k. 对不起，这个问题我解决不了，请您稍候，我请示一下领导。

（6）解释用语　要求委婉、细致，用语恰当，以理服人，使顾客心悦诚服，不要用生硬、刺激性的语言伤害顾客，不能漫不经心，要对顾客负责任。涉及的用语如下。

a. 对不起，这的确是药品质量问题，我给您退换。

b. 对不起，按国家有关规定，已出售的药品不属于质量问题，是不能退换的。

c. 对不起，您的药品已经使用过了，又不属于质量问题，实在不好给您退换。

d. 对不起，对这个药品的质量问题很难判断，请您到相关质检单位鉴定一下，如确属质量问题，我们承担相应责任。

（7）调节用语　要求和气待客，站在顾客的角度想问题、看问题、处理问题，不允许互相袒护、互相推诿、强词夺理、激化矛盾。

① 劝解纠纷

a.实在对不起，刚才那位××态度不好，惹您生气了，今后我们加强教育。

b.我是××，您有什么意见请对我说好吗？

c.有事好商量，我们尽量为您解决。

d.请您放心，我们一定解决好这件事情。

② 在收款、找款时发生纠纷

a.您别着急，我们大家回忆一下，我记得刚才收您的是×张×元面额的人民币，找您××元，请您再回忆一下，好吗？

b.实在对不起，由于我们疏忽，造成差错，这是多收您的×元，请原谅。

c.对不起，请稍等，我们先核对一下货款，好吗？

③ 有顾客故意为难或辱骂营业员时

a.您这样说就不太礼貌了，我们之间应相互尊重。

b.有意见可以提，骂人就不对了。

c.请您理解和支持我们的服务工作。

（8）道别用语　要求谦逊有礼、和蔼亲切，使顾客感觉愉快和满意，不要不做声，成交后，都应说谢谢。涉及用语如下。

a.谢谢您，请慢走，祝您早日康复！

b.这是您的东西，请拿好，多谢。

c.请您慢走。

d.不客气，这是我们应该做的。

e.不合适没关系，请到其他店看看，需要的话再回来。

3.服务忌语的分类

服务中最需注意的是不讲粗话、脏话，不讲讥讽、挖苦的话，不讲催促、埋怨的话，不讲与营业活动无关的话。需要练好语言基本功，不断提高语言应用技巧，用语言为顾客营造一个和谐、文明、礼貌的购物环境。

（1）蔑视语

a.一看就买不起。

b.你买得起就买，买不起就别买。

c.真啰嗦，少废话。

d.你以为你是谁？

（2）烦躁语

a.已经告诉过你了，你怎么还不明白？

b.到底要不要，想好了没有。

c.没看见我正忙着吗？着什么急？

d.要买快点，不买站边儿上去。

e.谁卖你的你找谁去！

f.没上班呢，等会儿再说。

（3）质问语

a.你问我，我问谁？

b.你到底有完没完，你想让我怎么样？

c.我怎么啦？哪里态度不好啦？

d.你想怎么样？

（4）否定语

a.不关我的事。

b.这不是我的错，没这回事。

c.又不是我卖的，关我什么事。

4.电话用语

（1）接电话　谦逊有礼，口齿清晰。

① 正常接到电话

a.您好，这是××单位，我是××，请问您找哪位？

b.您好，××为您服务，请问有什么可以帮到您？

② 无回答、听不清、打错等异常情况

a.重复两次“您好”，稍停后再说：您好，对不起，您的电话没有声音，请您换一个电话再打过来，再见。

b.对不起，××，您的电话听不清，请您大声点，好吗？

c.对不起，这里是×××，请您查正后再拨，再见。

（2）打电话　选择适宜的时间，事先准备好，内容精简，表现有礼。

a.您好，这是××单位，我是××，请问您是××吗？

b.您好，请问您是××单位吗？可以请××同志接一下电话吗？

c.请问您现在方便接电话吗？

d.非常感谢您的接听，再见。

四、能力训练

（一）操作条件

1.药店服务文明用语。

2.药店服务忌语。

3.正确使用药店服务用语接待顾客。

（二）注意事项

1.尊重患者，热情迎接，主动沟通。

2.平等对待顾客，使用文明服务语言接待顾客。

3.不得出现侮辱性话语，避免服务忌语。

4.避免使用轻蔑的语气，避免与顾客产生语言冲突甚至肢体冲突。

（三）操作过程

序号	实施步骤	操作流程 / 话术举例	注意事项 / 操作标准
1	顾客进门，向柜台走来	面带微笑，目视顾客并主动打招呼：“您好”或“您需要什么”等简短适宜的问候用语	要根据不同的顾客给予恰当的尊称，如“同志”“师傅”“先生”“女士”等，忌用“哎”“喂”等不礼貌用语

续表

序号	实施步骤	操作流程 / 话术举例	注意事项 / 操作标准
2	顾客在柜台前徘徊	（1）主动询问："您好！请问有什么能够帮您？" （2）在得到顾客确切答复后，再做出具体的服务或指导 （3）如果顾客答复仅是一般看看，应热情说："行，那您先看下"	（1）应依照先后次序接待顾客，并主动对后到顾客打招呼："对不起，请稍等" （2）如果业务忙时，后到的顾客等的时间长了，接待前应主动对后到顾客说："对不起，让您久等了"
3	顾客急于先办理业务	根据情况，预先征求先到顾客同意后再给予接待，然后向先到顾客致歉："对不起，耽误您时间了""谢谢您"	禁止对顾客说："急什么，后边等着去""没看见我忙着吗？""急啥，别人都能等，就你等不及了"
4	顾客询问	（1）应有问必答，答复后应说："不知道我说清楚没有" （2）对答复不了的问题，应向顾客致歉："对不起，这个问题我暂时回答不了，等我请教之后再给您答复可以吗？"	禁止说："你听明白没有""你听懂没有""不知道""到别处问去"
5	顾客购买处方药	（1）向顾客解释说："对不起，您购买的药品需医生处方或需有关部门批准才能购买" （2）对字迹不清的处方应有礼貌地对顾客说："对不起，您的处方字迹不清，请重新换个处方" （3）对有相悖、相畏和配伍禁忌的处方，应对顾客说："对不起，您的药有相悖、相畏、配伍禁忌，请您请医生复核后再来配药"	（1）禁止说："拿处方去"或"去审批去" （2）禁止说："换处方去""处方写的不清楚，不能配药" （3）禁止说："处方有问题，不能配药""处方有毛病"
6	顾客想购买的药品缺货	应对顾客说："对不起，您要买的药我们这里暂时无货，如您急用请到××处购买，如不急用请留下您的电话和地址，我们进货后给您送去或电话通知您"	禁止说："没货，到别处买去""不知道哪有卖的"
7	顾客付钱	（1）接受顾客现金或交还顾客药品和现金时，应坚持唱收唱付原则，并应礼貌地说："这是您买的药品和找您的钱，请您核对收好" （2）对于顾客付款中的残破币等不能继续使用的，应对顾客说："对不起，这张钱破损严重，请您换一张好吗？" （3）顾客使用移动支付时，应主动出示收款码。并说"一共××元，请扫这里" （4）当顾客付的货款有差错时，应对顾客说："对不起，你的钱与货款不符，请稍等一会"	（1）禁止说："这张钱太烂了，不收" （2）对于粘一下就能使用的钱不能拒收，禁止说："自己粘好去" （3）禁止拒绝衔接收款 （4）禁止说："钱不对（够），自己再点一下"
8	顾客离开	主动将药品递到顾客手上，并说："这是您的药，请拿好。祝您早日康复，请慢走"	保持微笑，目送顾客离开，避免一言不发
9	接打电话	口齿清晰，热情大方，主动自我介绍，使用"您好""稍等""再见"等礼貌用语	（1）禁止说："找谁，快说""找××干啥""听不见"等 （2）应等对方先挂电话

【问题情境一】

小张是××大药房的店员。有一天沈女士神色慌张地来到店里，表现出欲言又止、很着急的样子，但是这个时候小张还在接待另一位顾客。请问小张该如何处理？

首先小张观察到这位女士比较着急，可能发生了什么事情，鉴于情况比较紧急，小张可以先询问正在接待的顾客："请您稍等一下可以吗？我看那位女士很着急的样子，或许有什么急事。真不好意思，谢谢您。"在征得同意之后，先去接待沈女士："您好，女士，请问需要帮助吗？"

然后根据沈女士的诉求快速处理。处理完之后，对刚才的顾客致歉："对不起，耽误您的时间了。非常感谢您的理解，现在让我们继续……"表现出诚恳、细心、耐心且热心帮助顾客解决问题的态度，让顾客有较好的体验感。

【问题情境二】

张某来到××药店，想要买一盒金奥康，店员小李负责接待，但是正好没有这个药。在这个过程中，小李应怎么说？

首先张某来到药店时，小李应主动打招呼："您好，欢迎光临，有什么可以帮您。"当张某说"我想买一盒金奥康"时，小李应回答："好的，请稍等，我帮您找一下。"然后小李发现这个药卖完了，要向顾客解释："不好意思，您要买的药我们这里暂时无货。但是我们有另一种成分和功效相类似的药，卖的也挺好的，您是否需要？"如果顾客执意要买金奥康，小李应该说："那方便留下您的电话和地址吗？我们进到货后给您送去或电话通知您，您看可以吗？"顾客走时要说："先生/女士，带好物品，请慢走。"整个过程应该保持微笑，耐心解释，实事求是，诚恳道歉，体现药店服务人员的文明素养。

（四）学习结果评价

序号	评价内容	评价标准	评价结果（是/否）
1	顾客进门时用语	主动招呼，落落大方，笑脸相迎，尊重顾客，不对顾客视若无睹、爱答不理	
2	介绍药品时用语	热情、诚恳、实事求是，突出商品特点，抓住顾客心理，当好参谋，不要言过其实，更不要欺骗顾客	
3	顾客询问时用语	仔细倾听，耐心回答，解释简单易懂，吐字清晰	
4	顾客付钱时用语	要唱收唱付，吐字清晰，交付清楚，将找款递送到顾客手中，不能扔、摔、重放	
5	失误道歉时用语	态度诚恳，语气温和，特别是接受顾客投诉时，要尽量取得顾客的谅解，避免刺激顾客、伤害顾客	
6	顾客离开时用语	谦逊有礼、和蔼亲切，使顾客感觉愉快和满意，不要不做声，成交后应说谢谢	
7	接打电话用语	主动自我介绍，谦逊有礼，耐心倾听，口齿清晰	

五、课后作业

1.请分析药店工作人员为什么要使用正确的服务用语？

2.假如你遇到的顾客是一名80岁的老人，不会使用手机支付，这时候你应该怎么做？

任务 D-2

顾客服务

能力点 D-2-1　能根据服务流程接待顾客

一、核心概念

1. 接待顾客

接待顾客是药店营业员每天最基本的服务内容之一。只有认真接待好每一位顾客，熟练掌握并运用接待技巧，为顾客提供优质的服务，才能赢得顾客的信任，为企业带来更好的效益。

2. 药店服务流程

药店服务流程是指药店营业员从顾客进店开始，了解其心理变化而有针对性地接待顾客，在具备较强的亲和力和沟通能力的前提下满足顾客需求直到顾客离店的过程。

二、学习目标

1. 能按照标准服务流程正确完成药店顾客接待任务。
2. 能根据不同类型顾客选择不同接待技巧。

三、基本知识

1. 接待前准备

（1）个人方面

① 整理形象礼仪：形象礼仪是呈现在顾客面前的一种“无声”语言，妆容干净、衣着得体、举止优雅、谈吐清晰、动作利落直接影响着与顾客的交流，从而决定顾客是否具有购买的欲望。

② 调整个人情绪：营业员在工作期间应保持积极向上、乐观开朗的状态，以饱满的热情、充沛的精力微笑地面对顾客，决不能将负面的情绪带到工作中，以免影响与顾客的交流，阻碍商品成交。

（2）销售方面

① 商品准备：营业员在接待顾客之前应查看货柜上的商品是否齐全，如有缺货情况及时查看店内库存，及时补充上架，且检查标签是否与货物对应，做到货价相符。再者营业员要对店内所陈列的商品信息了如指掌，能准确找到顾客所说商品的陈列位置，以便为顾客提供优质服务。

② 清洁卫生：营业员每天在接待顾客前应将货架、台面、地面擦拭干净，物品摆放整齐，保证店内干净整洁明亮、无刺激性气味，为顾客营造一个舒适的购物环境，提供细致周到的服务。

2.接待顾客流程

（1）进店招呼　进店招呼是对顾客的基本礼貌，同时也是提醒其他营业员做好接待工作的口令。当顾客进店时，如上班人员都能齐声对顾客打招呼，如“先生/女士，您好，请问有什么可以帮助您的吗”，会让顾客感受到尊重，继而从心底对该药店产生好感，为促进成交奠定基础。不同企业对进店招呼各有特色，如在招呼词中加入几句促销词，则可让顾客在第一时间对目前正在促销的商品有初步的了解。

（2）问病荐药　在打完招呼后，如顾客直接指明要购买的商品，应首先满足顾客需求，然后营业员一边接近顾客，一边询问购买的原因，并进入问病荐药流程。

① 询问顾客的症状，如“请问您哪里不舒服”。

② 询问顾客的就医情况，了解顾客的既往史、疾病史、用药史或者过敏史，能明确顾客所患病症，避免推荐曾服用过但无效的药物或者可能导致过敏的药物。

③ 对症选药：根据顾客提供的疾病信息，初步判断顾客所患的疾病，并提供合理的用药方案，为顾客推荐对症药品，营业员或药师可将药品拿给顾客，一边介绍药品的功能主治，让其充分了解该药品，一边引导顾客作出购买决定。如顾客犹豫不决，营业员可适当揣摩其心理，帮助顾客解决问题所在。在此环节还可以进行关联销售，介绍与该药有关的其他药品或商品（保健食品、食品、日用品、医疗器械等），以满足顾客需求，增加疗效的同时，提高销售量。

④ 用药指导：告知顾客所购商品的用法用量、注意事项，提醒顾客按照说明书服用。还可为顾客提供一些简单的生活咨询或健康指导。

（3）收款、包装　顾客决定好购买的商品后，营业员可以引导顾客至收银台结账。

① 询问是否会员，若不是，积极邀请顾客入会，向其说明会员的权益。如“您好，请问您是我们店的会员吗？会员每月××号可以免费领取×××”。

② 再三确认身份，避免出错。如“请问是××先生/女士吗”。

③ 在等待期间为顾客介绍促销商品。如“我们店正在进行××商品促销活动，原价××，现价只需××，请问您有需要吗”。

④ 逐一扫码录入所购商品信息，唱收唱付，做到声音洪亮、清楚准确。如“您的商品一共是××元，请问怎么支付”“收您××元，找您××元”。

⑤ 将顾客所购商品装袋后双手递给顾客，并请顾客保留好小票，还可以进行简单的健康生活提示，以增强店方与顾客的感情联络。如“请核对并保留好小票，这是您的商品，有什么问题可以再来找我们咨询”。

（4）送客　送客的基本要求是亲切自然、用语恰当。当顾客准备离店时，一边提醒顾客带好随身携带的物品，一边陪同顾客至门口，有礼貌地送别顾客：“谢谢您，请慢走，祝您早日康复！”

3.接待顾客的原则及技巧

（1）主动热情，态度真诚　在接待中，要以顾客为中心，尊重顾客，将主动热情、态度真诚贯穿于整个接待过程。当顾客进店时，要主动走向前微笑着和顾客打招呼。在服务中，对于顾客提出的问题，都应尽心尽力解答。要耐心地倾听顾客诉求，细心地留意顾客举动，适时主动询问并上前服务，做到问不烦、拿不厌，培养主动、积极的服务态度是营业员应具备的必要条件。

（2）揣摩心理，合理接待　在药店接待过程中，不同年龄、不同类型顾客的个性、兴趣、需求都有所不同，因此对待不同的顾客应采取不同的方法。营业员要学会察言观色，从顾客的一举一动中分析顾客的购买心理，有的放矢，以满足顾客不同的需求，见表D-2-1。

表D-2-1　不同类型顾客的接待技巧

顾客类型	参考年龄段	特点	接待技巧
习惯型顾客	老年	有习惯性购买心理，倾向购买性价比较高的商品，对保健食品兴趣较大，要求方便、安全、有效	尊重顾客，记住他们的需求，态度要好，注意语气、语速、语调，认真细致，要有亲和力
理智、经济型顾客	中年	购物理性，挑选仔细，反复比较，有计划，有主见，强调商品性价比和实用性	态度真诚，耐心周到，问不烦、拿不厌，多关注其家庭成员，可推荐物美价廉的保健食品或促销品
冲动型顾客	青少年	进店直接购买目标商品或受广告宣传影响，存在跟风购买现象	对于进店直接购买的顾客，营业员拿商品动作要快，同时要介绍商品的信息；对于受广告影响的顾客，营业员要利用商品的直观形象向其介绍，满足其个性化需求
犹豫型顾客	年龄段不等	进店后没有明确的购买需求或因为价格等其他因素迟迟做不了决定	营业员要耐心地用专业知识介绍商品，当好顾客参谋，帮助他们选购商品。如因为价格问题，可多介绍几款性价比较高的同类产品任其挑选

（3）业务繁忙，接待有序　在顾客多、业务繁忙的情况下，要保持头脑清醒、沉着冷静，忙而不乱地做好接待工作。让顾客感受到营业员的专业，赢得顾客信任，从而提高销售机会。

① 按到店的先后顺序依次接待。

② 顾客太多而营业员较少的情况下可以采用“接一顾二招呼三”的方法接待，即在接待第一位顾客时，抽出空隙询问第二位顾客，并顺便向第三位顾客点头示意或招呼说：“请稍候”。必要时采用交叉售货，穿插进行接待。即将商品递给犹豫型顾客，让其慢慢了解商品，腾出时间去接待购买目的明确的顾客，力争快速接待，快速成交。

③ 灵活运用“四先四后”的原则。营业中在依次接待顾客时也要注意灵活运用“先易后难，先简后繁，先急后缓，先特殊后一般”的原则，使繁忙的交易做到井井有条。

④ 眼观六路，耳听八方。在同时接待多名顾客时，要做到眼快、耳快、脑快、嘴快、手快、脚快，身体各部位协调配合。既要准确快速地接待顾客，又要避免出现差错。

四、能力训练

（一）操作条件

1.模拟药店。

2.接待顾客的基本要求。

3.接待顾客的服务流程。

（二）注意事项

1.注意店内地面保持干燥，以免顾客滑倒受伤。

2.在接待顾客时要尊重顾客，不得以貌取人、背后议论顾客。

3.在接待顾客时注意力集中，不得出现闲聊、玩手机等现象。

4. 收银员有事临时走开时，务必将收银柜上锁，办完事尽快返回工作岗位。

（三）操作过程

序号	接待步骤	接待流程/接待用语	接待标准/注意事项
1	进店招呼	（1）“您好，今日店内消费满88元送6枚鸡蛋” （2）“请问有什么可以帮您”	（1）打招呼要积极主动、声音洪亮、热情有礼貌 （2）与顾客保持一定距离
2	问病荐药	（1）“请问您是哪里不舒服？多长时间了” （2）“有既往史、家族史吗” （3）“是否有就医” （4）“有医生诊断吗？服用过药物吗” （5）“根据您的症状，我推荐您服用××，为了效果更好，可以再搭配服用××” （6）“××药一次服用××，一天××次，饭后半小时服用” （7）“服药期间，饮食上注意……作息上注意……”	（1）顾客进店有直接购买品种的，营业员应迅速帮忙从货架上取出 （2）当顾客身体有明显不适，营业员应上前询问，给予关心并送上一杯温水，让其坐下休息片刻，不应无视顾客需求 （3）如顾客有就医情况或服药情况应进一步询问医生诊断和服药的品种及疗效，避免重复用药 （4）结合顾客的具体情况，提供合理的用药方案，要求能正确选择药品，对症选药，视情况进行关联销售 （5）告知顾客用法用量、注意事项，如忘记时可按照说明书服药，并提供简单的生活健康指导
3	收银、包装	（1）“您好，您是我们店的会员吗？” （2）“会员每月××号有免费××领取” （3）“是××先生/女士吗？” （4）“我们店现在××正在进行促销活动，原价××元，现价××元，需要带几盒吗？” （5）“您一共消费××元，请问怎么支付” （6）“这是您的商品和小票，您再核对一下”	（1）若顾客无会员，则邀请入会，告知会员权益 （2）对换购或促销活动的内容要清楚，介绍要通俗易懂 （3）如果顾客是现金支付应声音洪亮唱收唱付，如“收您××元，找您××元，您看钱对吗？” （4）将商品装袋，双手递给顾客
4	送客	（1）“谢谢，请慢走，有疑问再来咨询” （2）“祝您早日康复”	（1）微笑送客至门口，态度要好 （2）提醒顾客带好随身物品

【问题情境一】

今日上班店员小王异常兴奋，一大早就和店员聚在一起聊起她昨天追的新剧，欢声笑语不断从店内传出。一位顾客在门口看了看，推门进来，店员们看了顾客一眼，继续聊她们的话题，当顾客在开放式货架前停了下来，其中一位店员才不情愿地走过去问：“买什么？”顾客几次询问都被店员以简单的话语回复了，接待期间这位店员还时不时隔着货柜和同伴们聊天，于是顾客放下了手中的商品走出了药店。请思考：分析该药店的店员在接待顾客过程中存在什么问题？应该怎么做？

上述情境中顾客进入药店，店员没有及时打招呼，没有尊重顾客，服务态度散漫，面对顾客的询问敷衍了事，导致顾客的购买欲望极低。在接待顾客过程中店员应该加强自身素质的建设，提升服务理念和服务意识，要以顾客为中心，尊重顾客，将主动热情真诚的态度贯穿于整个接待过程。当顾客进店时，要主动走向前微笑着和顾客打招呼。在服务中，对于顾客提出的问题，店员应尽心尽力解答，适时主动询问并上前服务，培养主动、积极的服务态度。

【问题情境二】

一位女顾客带着孩子走进一家药店，靠近门口的店员说了句：“您好，女士，请问买点什么？”女士径直走到货架挑选商品，过了会听到孩子哭声，走过去一看，店员一边捡起地上的广告牌，一边瞪着孩子嘀咕：“你这孩子，干嘛乱动啊！”原来是孩子想玩广告牌，不小心掉地上了，顾客虽然觉得不好意思，但是也一脸不高兴地说了孩子一句：“谁让你乱动的！”冲着店员说了句：“不好意思。”拉着孩子就走了。请分析店员在接待过程中存在什么问题？是否有改进措施？

该情境中店员面对调皮的孩子，用瞪眼的方式回应，会给顾客留下不好的印象，可能从此不再选择这家药店，会给药店造成一定损失。针对这种情况，建议在跟顾客打完招呼后，别忘了也跟孩子打个招呼，可以亲切地说：“小朋友你好机灵啊！”此外由于女性细心，购买商品比较费时，店方可以选择一块地方布置一些便宜、耐用又整洁的玩具，吸引孩子的注意力，一来顾客可以安心挑选商品，二来店方也不会受到孩子的干扰，避免双方的尴尬。

（四）学习结果评价

序号	评价内容	评价标准	评价结果（是/否）
1	接待前准备	在接待顾客前能整理好自己的形象礼仪 能保持店内干净、整洁	
2	进店招呼	能热情饱满、声音洪亮、微笑着和顾客打招呼	
3	问病荐药	能耐心地听完顾客的主诉，有针对性地询问可能出现的其他症状 能根据症状推荐合适的用药方案 能准确介绍所推荐药品的适应证、用法用量及注意事项 能迅速找到药品的位置 能给顾客提供一些简单的健康指导	
4	收银结账	能主动邀请顾客参加换购或促销活动 能熟练地对顾客所购商品进行收银操作	
5	送客	能用规范语言送别顾客	
6	接待原则	能积极主动地为顾客提供服务，做到问不烦、拿不厌	
7	接待技巧	能合理接待不同类型顾客	

五、课后作业

1.接待顾客的原则及技巧有哪些？

2.一位戴着安全帽、穿着破旧安全服、满头是汗的顾客跑进来问：有没有藿香正气水？我头晕脑涨的。试扮演一名药店营业员，按标准的顾客接待流程接待这位顾客。

能力点 D-2-2　能正确处理顾客各类投诉

一、核心概念

1.顾客投诉

顾客投诉是指顾客对商品质量或服务存在不满而提出的书面或口头上的异议、索赔、抗议等，要求企业组织协调解决问题，保护其合法权益的行为。

2. 投诉处理

投诉处理是药店为了提高顾客服务质量，增加门店效益，通过倾听不同意见、处理顾客提出的不同事项，为药店发展提供保障。

二、学习目标

1. 能根据投诉的原因，选择正确的处理策略。
2. 能按照投诉处理流程正确处理各类投诉。

三、基本知识

1. 顾客投诉的原因及心理分析

（1）顾客投诉的原因

① 商品质量问题：好的商品质量是让顾客满意的直接因素。如果顾客所购买的商品质量存在问题，如品质没达到顾客期望或打开包装或使用时发现商品质量不好（碎片、霉变、洒漏、空包装等），顾客势必会觉得受到了欺骗，如果购买的商品效果与顾客的期待值相差太大，顾客除了抱怨可能从此不再光顾该企业，企业的利益将大打折扣。

② 药学服务问题：店员在接待顾客时因为各种原因对顾客态度不好、服务效率低、服务不到位、服务水平低、环境卫生差、服务制度缺失等问题，都会使顾客不满而产生投诉问题。

③ 商品数量问题：商品数量问题一般是顾客离开柜台后打开包装使用时发现数量有差别。导致数量有差别的原因表现在两个方面：一是店员在包装环节发生遗漏，二是顾客未及时清点复核。如果店方及时发现错误并主动联系顾客把商品补全，沟通期间态度良好，大多数顾客会理解并接受补全的处理结果；但是，如果顾客发现数量有差别，而店员没有意识到问题，可能会受到部分顾客的投诉。

④ 商品价格问题：目前各个药店出售的商品规格大多相似，顾客又对价格比较敏感，往往会因为所购买的商品价格比商圈其他药店的定价高而投诉店方。

服用/使用后发生的严重不良反应：由于每个个体的体质关系，或者某个阶段的身体素质不同，顾客在服用或使用某些商品后出现的不良反应各不相同，如果顾客在使用了某类商品后出现了严重的不良反应，顾客往往会认为自己所购买的商品存在问题而引起投诉。

⑤ 其他。

（2）顾客投诉的心理分析

① 尊重心理：有些顾客将自己不满的事提出来，为的是得到店方的重视，承认自己是对的，为此取得店方的同情与尊重。

② 发泄心理：当顾客感受到委屈或气愤时，一定会将其发泄出来。此时作为投诉接待者应认真、耐心地倾听，尽量不插话，因为顾客在诉说事情经过的同时也是发泄的过程，让顾客尽情倾诉对于平息顾客的怨气和火气是有益的。

③ 补偿心理：顾客通过投诉，希望店方承认自己所说的事实是正确的，并要求给予明确的表示，这种表示实际上就是给予顾客的一种补偿，这种补偿包含精神和物质两方面，具体采用何种补偿视情况而定。

2. 顾客投诉的处理原则

（1）顾客至上，服务至上　药店工作属于服务型行业，服务好顾客是服务行业的基本宗旨。

从业人员除了具备熟练的专业知识、专业技能外，还应端正自己的品行，不断学习现代服务理念，关注行业最新发展动态，以此提高自身的综合素质和业务水平，树立全心全意为顾客服务的原则。接待投诉者在面对愤怒的顾客时，一定要控制自己的情绪，避免感情用事，始终牢记自己代表的是店方的整体形象。

（2）有章可循　门店要制订相对完善的管理制度，完善门店内部文化、机制的建设，并确定专门人员处理顾客的投诉问题，使各种情况的处理都有章可循，同时也有利于统一和规范门店服务。另外，还要注意做好突击情况的预防工作，防患于未然，尽量减少顾客投诉。

（3）及时处理　处理顾客投诉时尽量不要拖延时间，更不能推卸责任。所有人都应全力合作，迅速做出反应，向顾客“稳重+清楚”地说明有关情况和事件的原因，并力争在最短时间内全面解决问题，给顾客一个满意的答复。拖延或推卸责任会进一步激怒投诉者，使事情更加复杂化。但是，有一种情况可以适当推迟处理：若不能当即给顾客一个满意的答复，可以先跟顾客说明情况，暂时搁置，有了满意的结论后再予以答复。

（4）分清责任　处理投诉过程中，不仅要分清造成顾客投诉的责任部门和责任人，还需要明确处理投诉的各部门、各类人员的具体责任与权限，以及顾客投诉得不到及时、圆满解决时的相关责任。

（5）留档分析　对每一起顾客投诉及其处理结果，要由专人负责进行详细的记录，内容包括投诉内容、处理过程、处理结果、顾客满意程度等。通过对记录的回顾，吸取教训，总结经验，为以后更好地处理顾客投诉提供参考。

3.顾客投诉的处理技巧

顾客投诉是每个行业都避免不了的问题，它是顾客对门店管理和服务不满的表达方式，也是门店有价值的信息来源。当顾客有异议、得不到满意的答复时，门店或店员有可能受到顾客投诉，因此需要我们正确妥善地处理顾客的投诉，一来督促我们提高服务及商品质量，二来提高顾客对我们的信任。反之，不但无益于顾客的药物治疗，也无益于提高自身的服务，同时对顾客的失信和伤害可能会产生链式反应，从而失去更大的顾客群。因此，在处理顾客投诉时，应掌握以下几点技巧。

（1）选择合适的地点　如投诉即刻发生（即刚接受服务后便发生投诉），应尽快将顾客带离现场，耐心地安抚顾客情绪，避免该事件对其他服务对象带来影响。处理顾客投诉一般可以选择在办公室、会议室等场所，邀请顾客坐下，倒上一杯温水，创造舒适的环境，有益于谈话和沟通。

（2）选择合适的人员　无论是即刻或事后发生的投诉，都建议由非当事人来接待顾客，以排除情感干扰。一般的投诉，可由当事人的主管或同事接待。事件比较复杂或顾客反映的问题比较严重时，则应由店长、经理亲自接待处理，再者可以联系门店质管部人员出面了解及解决。

（3）保持温和的态度　不论顾客态度多差，店员都要秉持着对顾客的尊重，始终面带微笑，不在顾客情绪激动的时候争辩，然后换位思考，等顾客情绪稳定后，利用恰当的语言和诚恳的态度，向其了解情况及适当解释，使顾客能站在店员或门店的立场上，理解、体谅其工作，使双方都在一个共同的基础上达成谅解。

（4）留存事件的证据　留存适当的有形证据，如处方、清单、病历、药历或电脑存储的相关信息，以应对顾客的投诉，必要时，需要保证证据和说辞的一致性。

4.顾客投诉的处理策略

顾客投诉的最终目的是为了得到满意的答复。下面就几种最常见的顾客投诉处理策略做详细介绍。

（1）商品质量问题　商品质量投诉是客观存在的，包括商品过期、变质、包装破损等。如果顾客在现场，先带领顾客来到安静的会议室或办公室，为其倒上一杯温水，真诚感谢顾客对门店的关心，对发生此事表示抱歉。同时，根据商品质量存在的问题进行调查分析，分清责任。若责任是门店，应及时上报，并对顾客提出赔偿或解释。若责任是顾客，应用诚恳的态度向顾客解释清楚。如果顾客通过电话投诉，则认真记录相关问题，并与顾客约定时间将商品带过来后一起解决。

（2）药学服务问题　服务质量投诉主要是关于店员服务的态度、技巧、规范等方面。由于服务质量的投诉偏主观化，当我们接到此类投诉时首先应感谢顾客对我们服务质量的监督，并仔细倾听顾客的投诉内容。在了解顾客需求中，安抚顾客情绪，并进行合理的解释，恳请顾客予以原谅。

（3）商品数量问题　首先应向顾客致歉，然后核对发票信息，确认商品数量，及时补全，必要时可赠送小礼品表达歉意。待顾客离开后，调查导致包装遗漏的原因，责任到个人，制定量化考核，避免再次出现此类投诉问题。

（4）商品价格问题　当顾客投诉商品价格时，应主动从疗效、厂家、规格、品牌等多方面进行合理的解释。若顾客对比了其他门店的价格，则友好地向其解释每个门店的调价制度不同，如果价格相差较大，则根据门店优惠政策进行处理（如内部员工折扣）。

5.顾客投诉的处理流程

（1）接受投诉　顾客投诉处理的第一步叫做“接受投诉”，要求店方迅速处理，绝不拖延。坚决避免对顾客说：“你等一下，我忙着呢。”因为你并不了解顾客的性格，当你没有及时接受其投诉需求时，很可能让店方处于“危机”当中。

（2）调整情绪　当顾客投诉时，作为药店店员首先应沉着冷静，告诉自己代表的是店方的形象，切勿与顾客争辩、发生口角。始终保持微笑，以良好的职业素养应对顾客。

（3）耐心倾听　当顾客向其讲述事情的经过时，作为药店店员态度要诚恳，耐心倾听并详细记录事件的关键点，做到不打断对方、不还嘴、不生气。

（4）安抚顾客情绪　面对顾客激动的情绪，药店店员首先应站在顾客的角度理解顾客并表示同情，如果是店方的责任应该主动道歉，不推卸责任；如果是顾客的责任，店员也应该用友好的态度向顾客解释清楚，直到顾客接受。

（5）提问了解需求　当顾客的情绪处理好之后，确保顾客在理智的情况下，通过开放式的问题引导顾客提出需求。如果店方还需要确认细节，则询问的语气要自然，不能让顾客觉得在找借口。

（6）探讨解决，采取行动　根据双方沟通的情况，店方要做出合理的解释或提出合适的解决方案。如果顾客满意，可以赠送小礼品表达歉意；如果顾客不满意，店方无法处理，则应登记报给上级部门，由企业领导出面解决，切勿瞒报。

四、能力训练

（一）操作条件

1.模拟药店。

2.顾客投诉的原因分析。

3.顾客投诉的处理流程。

（二）安全及注意事项

1.顾客投诉时一般都带有冲动性，店员要集中注意力，观察顾客的言行举止，避免受到伤害。
2.在处理顾客投诉过程中，态度务必要诚恳，不能表现出反感或不乐意处理的态度。
3.在倾听顾客讲述事件经过时，与顾客保持一定距离，避免被顾客无意的肢体动作伤到。

（三）操作过程

序号	处理步骤	处理流程/话术举例	处理标准/注意事项
1	接受投诉	（1）暂停或交接手上的工作，及时给予回应 （2）如“好的，我马上跟您沟通”	接到顾客投诉时，应及时回应，如手上有其他事可以招呼同事负责处理，避免拖延或无视顾客
2	调整情绪	（1）面带微笑，沉着冷静面对顾客 （2）如“先生/女士，我们可以先去会议室坐下说吗”	面对怒气满满的顾客，始终表现出专业的职业素养，切忌面无表情或不耐烦
3	耐心倾听	（1）“不好意思，您请说” （2）如在现场与顾客交流时保持一定距离，目光关切，耐心倾听顾客的抱怨 （3）适时点头回应“好的”“是的”“对的”“嗯，明白”	（1）如顾客在现场，待顾客坐下后倒上一杯温水，以示尊重 （2）处理过程中，态度一定要诚恳 （3）记录事件的关键点 （4）倾听过程中，不生气、不争辩、不打断顾客说话，耐心等待
4	安抚顾客情绪	（1）认同顾客的感受，对顾客表示理解，如“是的，的确是这样”。 （2）适时道歉，如“真是对不起”“抱歉了”	（1）交流过程中用语要规范，不得使用不礼貌用语 （2）如果是店方责任，务必诚恳道歉，不得争辩、推卸责任
5	提问了解需求	（1）“真是不好意思，您已经说得很清楚了，但我还想再确认下……” （2）根据获取的信息询问顾客未提到的细节 （3）尝试了解顾客投诉的需求。如“您看，我给您更换还是……”“我看要不…”	（1）询问细节时注意语气，不要让顾客觉得不被信任 （2）特别注意询问与药店有关的细节，比如药店店员的语言和动作
6	探讨解决，采取行动	（1）根据沟通情况，采取合理解释或提出合适的解决方案 （2）若顾客满意处理结果，可以赠送礼品表达歉意 （3）若顾客不满意处理结果，店方应登记相关信息，上报上级部门或领导，与顾客约定时间给予回复，并赠送礼品表达歉意	（1）在给出合理解释或解决方案前，有必要向在场店员了解事情经过 （2）若顾客不满意处理结果，店方也不能冷脸相迎，告知顾客会上报上级部门，由领导出面解决问题，决不瞒报

【问题情境一】

4月25日晚上21:30，某顾客在下班路上不小心摔倒，脚踝扭到，走路困难，看见一家药店门上贴着营业时间为8:00—22:00，于是瘸着脚走了进去，欲购买跌打损伤的药，刚好药店店员小李正在准备结账下班，见顾客想要买药，小李说：“我们要下班了，你明天再来买。”顾客称脚扭了，坚持要买，小李不耐烦地站起来拿了一瓶云南白药给她，嘴里还嘀咕：“这么晚了，都要下班了，还来药店买药，账又要重新做了。”小李收完钱后未给顾客小票，顾客索要小票时，小李生气地拿了张纸写了药品名称及价格，顾客问：“现在药店小票都是手写的嘛？这是小票吗？”小李没有回复。第二天，顾客来店投诉前一晚上班的店员服务态度差。

请问，小李的服务态度是否存在问题？如果你是处理这起投诉事件者，你该如何处理？

上述情境中小李的服务态度的确存在问题。顾客购买药品时，离下班时间还有半小时，却让顾客第二天再来买，当顾客坚持要买时，也是表现得很不耐烦，抱怨顾客来得太晚，影响其结账下班。也不给正规小票，顾客咨询也不答复顾客。如果我是处理者，我会微笑着招呼顾客，征得顾客同意，扶她先到门店后场安静的办公室坐下，给其倒上一杯温水，耐心听她讲述事情经过，并表示理解她的感受，向她确认店员小李的语气和态度，抽出时间向在场店员了解情况，确定确实是小李服务态度不好，则向顾客道歉，必要时联系小李向顾客道歉，最后确认顾客是否接受处理结果，如果满意则送上礼品表达歉意；如果不满意，则上报上级部门再进行处理，并感谢顾客对本店服务质量的监督。

【问题情境二】

一位顾客来店投诉。前一天因4岁的孩子咳嗽，在药店买了店员推荐的小儿化痰止咳口服液，当晚服药后第二天早上起来发现孩子发热，以前吃小儿消积止咳口服液不会出现发热的情况，怀疑是药店销售的药品存在质量问题。

请问，如果你是处理这起投诉的店员，你该如何处理？尝试两人一组分饰顾客和店员，模拟处理情境。

店员：您好，有什么可以帮您的？

顾客：（心情沉重）你们这个药质量有问题吧？

店员：（微笑着）请问您为何这么说呢？

顾客：我孩子昨天吃了你们推荐的小儿化痰止咳口服液，今早起床发热，以前咳嗽吃小儿消积止咳口服液不会出现发热的情况。

店员：（递上一杯温水）女士，您先坐下，我非常理解您现在的心情，为了更好、更快地解决这个问题，我能再了解几个情况吗？

顾客：好的。

店员：（态度诚恳，语气柔和）您孩子在咳嗽前有无流鼻涕等感冒症状？

顾客：有的，但是没发热。

店员：嗯，好的。那像您这样细心的妈妈肯定也知道发热是感冒本身存在的症状之一，如果感冒轻微，有的就没有表现出来，如果感冒加重，就会发热，而您买的小儿化痰止咳口服液是止咳化痰的功效，对发热不起作用，也不会引起发热。所以您家孩子发热跟这个药的质量没有直接关系。现在主要是解决宝宝发热的问题，您可以先给她服用一些退热药，如果温度很高，还是建议您带去医院看下呢（目光关切，态度诚恳）。

顾客接受了店员的解释，并拿着店员送的小礼品回家了。

（四）学习结果评价

序号	评价内容	评价标准	评价结果（是/否）
1	接受投诉	能及时回应顾客，不拖延或无视顾客	
2	调整情绪	能微笑地接待投诉顾客，不带有负面情绪	
3	耐心倾听	能耐心倾听顾客的抱怨，不打断、不争辩 能与顾客保持一定距离，并目光关切地看着对方 能适时点头示意自己明白了对方的表述	
4	安抚顾客情绪	能认同顾客的感受，给予同情 能适时道歉，让顾客感到被尊重	
5	提问了解需求	能用柔和的语气、诚恳的态度询问必要的细节 能判断顾客投诉的需求	

续表

序号	评价内容	评价标准	评价结果（是/否）
6	探讨解决，采取行动	能根据沟通情况，给予顾客合理的解释 能提供合适的解决方案 能根据顾客的满意程度采取不同的措施（满意送礼品，不满意上报上级部门并送礼品）	

五、课后作业

1.顾客投诉药店的常见原因有哪些？

2.某顾客在您上班的药店买了一包10g装的川贝母，花了90元，第二天顾客生气地跑进药店说：我要投诉你们！你们就是黑心药店，隔壁药店10g装的川贝母只要40元，你们卖90元，要么你们给我补差价，要么我就曝光你们！

面对该顾客的投诉，两人一组分饰顾客和店员，模拟处理情景。

能力点 D-2-3　能进行门店会员维护与服务

一、核心概念

1.会员制

会员制是指药店通过向特定的消费群体（个人或团体）发放会员卡，会员在购物时可以享受价格折扣、服务等方面优惠的经营形式，是药店常用的营销方式。

2.会员管理维护

是指对不同等级的会员提供分级特权、个性化服务、差异化营销等方式，提升各等级会员的黏度和忠诚度，打造忠诚的会员体系，并通过会员进行口碑及内容传播吸纳更多会员，使会员的价值最大化。

二、学习目标

1.能正确按要求完成会员的办理并说出会员权益。

2.能对会员进行动态管理。

三、基本知识

1.会员推行方式

推行会员能较好地避免价格战，建立和突出药店独特的品牌，会员是药店为了锁定客源、提升竞争能力而采用的服务方式。通常以传统会员卡和电子会员卡形式发放。

（1）传统会员卡　即实体会员卡，主要是指用各种材料制作成的附有会员个人信息的实物卡片。

（2）电子会员卡　即虚拟会员卡，把会员卡相关信息通过短信、微信、支付宝、淘宝等渠道发送到会员手机里，会员持该手机即可享受正常消费记录查询、积分兑换、优惠券使用、储值查询、支付等服务。电子会员卡具有使用方便、发放成本低等特点。

2.新会员开发

（1）鼓励员工积极办理会员卡，增加会员数量　让店员了解会员制的意义，能够正确帮助顾客办理会员卡，倡导店员向每一位顾客介绍会员卡的办理方法如手机扫码、填写纸质申请表等，介绍会员权益如会员优惠、消费积分、健康管理服务等，让更多的顾客通过办理会员卡了解药店，提高顾客对药店的信任度、忠诚度和黏性。另外可以制定相关奖励机制，激励店员运用技巧提高办卡效率，增加会员数量。

（2）开发团体会员　主动接洽企业、机关、学校等单位办理会员，合作单位之间的会员交换、共享、会员二次营销等，后续通过举办主题活动、健康讲座、个性化服务、定期回访、团购等建立友好合作单位来争取顾客。

3.会员关系维护

会员关系维护即客户管理，是维系药店和顾客关系的重要手段，通过管理和营销手段，积累长期有效的客户群体，降低营销成本。通过整理分析会员资料更好地服务会员顾客，增加老会员黏性与忠诚度，提升顾客满意度，稳定客源。定时进行会员关系维护更是帮助药店树立品牌、开展营销活动、辅助管理顾客与提升业绩的主要措施。

（1）建立会员档案管理

① 会员基本信息管理：会员的个人基本信息主要包括姓名、电话、身份证号、通讯地址、既往病史、过敏病史等。从顾客消费记录、接受服务等信息，有助于了解会员的需求特点，能够有针对性地开展药学服务和健康管理，通过设置不同会员级别，有利于药店的精准营销。会员级别举例见表D-2-2。

表D-2-2　会员级别举例

级别	注册级	普通级	尊贵级	钻石级
申请条件	关注药店公众号，填写姓名、生日、性别、电话等即可	（1）在注册级会员基础上年度累计消费满500积分 （2）或一次性消费满500元	（1）在普通级会员基础上年度累计消费满2万积分 （2）或一次性消费满2万元	（1）在尊贵级会员基础上年度累计消费满8万积分 （2）或一次性消费满8万元
会员权益	（1）购买商品享受会员价 （2）参与积分活动 （3）不定期获取品类优惠券 （4）获取免费健康资讯及营养知识	（1）生日月消费2倍积分 （2）积分兑换指定产品 （3）积分还礼首单免邮费 （4）每周一次免费测量血糖和血压	（1）购买正价产品9.5折 （2）生日月获赠专享红包100元 （3）生日月消费3倍积分 （4）优先获专享活动资讯 （5）“一对一”慢性病管理服务 （6）免费测量血糖和血压	（1）购买正价产品9折 （2）生日月获赠专享红包500元 （3）生日月消费4倍积分 （4）优先获专享活动资讯 （5）不定期高端会员回馈活动 （6）免费送药上门

② 会员消费信息：会员消费信息主要包括顾客购买的产品种类、消费的金额、消费的时间和频率、反馈的信息等。作为药店服务人员需充分了解会员的消费信息，从而衡量会员的消费偏好、购买力、品牌喜好等，根据顾客消费情况提供个性化服务。

③ 会员职业信息：会员的职业信息为选填项目。从职业信息可以基本判断会员的经济收入和购买力，为日后有针对性的销售工作打好基础。

④ 会员生活习惯：会员的生活习惯主要包括个人喜好、养生保健需求等。店员如能了解会员的喜好和养生保健需求，有助于决定关联销售的种类延伸方向，也有利于增加会员对药店及

店内经营品牌的忠诚度。

（2）实施会员动态管理　不断完善会员管理模式，实施会员动态管理，提升会员价值，是持续提高会员满意度和忠诚度的有效措施。

① 完善会员管理模式：在掌握会员基本信息的基础上，对会员进行细分，从会员拓展、会员保有、会员价值提升三个方面建立动态管理的会员制管理模式。其中，会员拓展主要是吸引潜在客户成为会员；会员保有是通过完善的服务提高会员的忠诚度；会员价值提升是通过有针对性的活动提升会员价值。

② 开展会员的动态管理：定期通过对会员的贡献度、年销售额、毛利额、消费频次等情况进行统计分析，及时了解不同级别会员的数量，了解用户消费习惯，及时调整会员细分，定制符合用户个性化的购买指导、用药服务等，确定会员价值提升方向。

③ 体现会员的服务与关怀：通过开展满足会员个性需求的特色服务，根据入会时间长短和会员级别进行电话跟踪，定期通过健康信息推送、生日祝福、健康讲座、联谊活动、亲子活动、关爱身边老人活动等多种形式，与顾客保持良好的沟通，精准锁定用户，让会员享受更多便利性，使其感受到特殊性、亲切感，体会到服务关怀，从而提高会员回头率，促进销售。

④ 提升会员的价值：根据会员级别分析不同会员的消费特性，针对不同特征的会员制定差异化服务，开展“一对一”的药师服务，比如针对有长期慢性病的会员，可以定期回访跟进用药情况，提供24小时用药指导服务，指导顾客正确地使用药品，正确地认识疾病，培养正确的饮食、运动习惯，最终实现帮助顾客进行健康管理和慢性病管理的目标。

⑤ 认真听取会员意见：对于顾客的投诉或抱怨，不管是因为服务不周还是承诺未兑现等，都应认真倾听，及时发现问题并加以改进，必要时可根据情况适当补偿顾客，重新建立顾客对药店的信任。

四、能力训练

（一）操作条件

1. 计算机会员管理系统。
2. 会员管理制度。

（二）注意事项

1. 注意保护会员隐私，不得随意泄露会员个人信息。
2. 在办理会员过程中要尊重顾客，遵循顾客自愿原则。
3. 在会员服务过程中，明确服务项目，告知服务内容和风险说明。

（三）操作过程

序号	会员服务步骤	会员服务流程/话术	会员服务标准/注意事项
1	询问顾客是否为药店会员	“您好，请问您是我们药店会员吗？”	询问要积极主动，使用尊称
2	邀请顾客办理会员卡	（1）介绍会员卡办理的方法 （2）介绍会员权益。如“您好，需要办理我们店的会员吗？会员享受×折优惠，每月××号可以享受免费的××或可以免费领取×××”	（1）邀请顾客办理会员要主动热情 （2）介绍会员权益时尽量用通俗易懂、简单明了的话术

续表

序号	会员服务步骤	会员服务流程/话术	会员服务标准/注意事项
3	指导办理会员卡	（1）“麻烦您先填写会员申请表” （2）“请您拿出手机微信扫一扫二维码完成注册，即可成为我们店的会员” （3）能熟练操作会员管理系统录入顾客信息	（1）如果顾客没有微信，可协助顾客填写纸质会员申请表 （2）如果是不会使用手机的老年顾客，可协助其完成注册
4	使用会员结算	（1）“请出示您的会员卡” （2）“积分已同步累计在您的会员卡上了” （3）能正确使用会员管理系统进行结算	使用会员卡结算后告知顾客原价××元，会员价××元，让顾客感受到会员的权益
5	送客	（1）“谢谢，请慢走，有疑问再来咨询” （2）“祝您早日康复”	（1）微笑送客至门口，态度要好 （2）提醒顾客带好随身物品

【问题情境一】

顾客王女士推门进来，询问店员后购买清开灵颗粒一盒，店员询问王女士：“您好！请问您是我们的会员吗？”王女士回答：“不是。”请思考：该药店的店员应该怎么做？

该情境中得知王女士非本店会员，店员应向王女士介绍会员卡办理方法及会员权益：“女士，您好，您需要办理本店会员吗？只要使用手机微信扫一扫药店二维码填写会员资料申请就能办理注册，注册成功后系统会自动发放三张优惠券，平时95折，每周三会员日88折，平时到店里免费测量血压和血糖，其中今天购买清开灵就可以使用5元优惠券呢。”在得到王女士确定办理的回答后，店员指导王女士办理会员后使用优惠券结算，并告知清开灵的服药方法，最后微笑着将顾客送至门口。

【问题情境二】

今天小李上晚班，隔壁小区一位老人第一次进到店内，询问是否可以免费测量血压和血糖。请问小李应该如何处理？

该情境中小李微笑地回答顾客：“可以的。”在测量的过程中。小李跟老人说：“您在我们店只要购买商品就可以免费办理会员，以后每周您都可以到我们店免费测量血压和血糖哦，免费获取健康资讯，尊享慢性病管理服务，还能免费送药上门。”老人思考后挑选了商品，并在小李指导下办理了会员。

（四）学习结果评价

序号	评价内容	评价标准	评价结果（是/否）
1	询问顾客是否为会员	能主动热情询问顾客是否为门店会员	
2	顾客办理会员	能主动热情邀请顾客进行会员办理 能向顾客清楚说出会员权益 能熟练指导顾客办理会员操作	
3	会员结算	能主动使用会员权益进行收银结算	
4	会员维护	能定期进行会员档案维护	
5	会员管理	能进行会员动态管理	

五、课后作业

1.请简述传统会员卡和电子会员卡的区别。

2.谢女士第一次到药店，从货架上取下一盒三七粉问：三七粉有没有会员价？试扮演一名药店营业员，按标准的会员办理流程接待这位顾客。

模块 E
用药咨询与指导

任务 E-1
用药指导

能力点 E-1-1　能介绍抗感染常用药物

一、核心概念

1. 抗感染药物

抗感染药物用于治疗各种病原体（细菌、真菌、衣原体、支原体、病毒、立克次体、螺旋体、原虫、蠕虫等）所致感染的药物。

2. 抗菌药物

抗菌药物（抗细菌药）是指对细菌有杀灭或抑制作用的药物，包括抗生素和其他合成或半合成的化学药。

3. 抗生素

抗生素是微生物如细菌、真菌、放线菌等在生活过程中产生的对病原体或肿瘤细胞具有抑制或杀灭作用的物质。

二、学习目标

1. 能根据药理作用和临床用途对抗感染药物进行正确归类。
2. 能介绍抗感染药物的具体作用机制。
3. 能介绍抗感染药物的常见不良反应、注意事项、禁忌。

4. 能指导抗感染药物合理用药。

三、基本知识

1. 抗生素分类及作用机制

（1）β-内酰胺类　该类药物均含有β-内酰胺环；可抑制细菌细胞壁合成，激活细菌自溶酶。其又可分为青霉素类、头孢菌素类、非典型β-内酰胺类和β-内酰胺酶抑制剂等亚类。因其对革兰氏阳性（G^+）菌、革兰氏阴性（G^-）菌及部分厌氧菌都有抗菌作用，且抗菌活性强、不良反应低、适应证广，所以临床较为常用。

（2）氨基糖苷类　作用于细菌核糖体70S、30S亚基，抑制蛋白质合成，破坏细菌细胞膜完整性，属静止期、浓度依赖性杀菌剂。目前仍是治疗需氧G^-杆菌严重感染的重要药物。常用者包括：链霉素、卡那霉素、庆大霉素、妥布霉素、阿米卡星、奈替米星、依替米星、西索米星、核糖霉素、异帕米星、达地米星、阿斯米星、地贝卡星和新霉素等。

其共同特点是抗菌谱广，抗G^-杆菌活性强于青霉素类和第一代头孢菌素类药物；对葡萄球菌属细菌有良好抗菌作用；与β-内酰胺类、万古霉素类合用可产生协同作用等；无抗厌氧菌活性；对链球菌作用差；有耳毒性、肾毒性。

（3）大环内酯类　作用于细菌核糖体50S亚基，抑制蛋白质合成。通常为速效抑菌剂，高浓度时对敏感菌为杀菌剂。对大多数G^+菌、部分G^-菌及一些非典型病原体如军团菌、螺旋体、肺炎支原体、衣原体、立克次体、弓形虫、非典型分枝杆菌感染也有良效。

第一代药物包括红霉素、琥乙红霉素、麦白霉素、交沙霉素、乙酰螺旋霉素、麦迪霉素等，目前已较少应用。第二代药物包括罗红霉素、克拉霉素、阿奇霉素，不良反应减少，疗效增加。但细菌对这类药物的耐药性已不断增多。泰利霉素和喹红霉素为第三代药，对前述耐药菌有良好作用，且抗菌谱更广，有较好的应用前景。

（4）四环素类　包括四环素、金霉素、土霉素及半合成的多西环素、美他环素和米诺环素。可作用于细菌核糖体30S亚基，抑制细菌蛋白质合成。抗菌谱广，对葡萄球菌属、链球菌属、大肠埃希菌、克雷伯菌属、布鲁菌属、不动杆菌属、嗜麦芽窄食单胞菌等，有良好的抗菌活性。

（5）喹诺酮类　可作用于细菌DNA旋转酶，阻断DNA复制。常用者包括诺氟沙星、氧氟沙星、环丙沙星、左氧氟沙星、莫西沙星等。其中左氧氟沙星、莫西沙星对G^+球菌、衣原体属、支原体属、军团菌、厌氧菌的作用强。

（6）林可酰胺类　包括林可霉素和克林霉素。可作用于细菌核糖体50S亚基，抑制蛋白质合成；并能清除细菌表面A蛋白和绒毛状外衣，使其易被吞噬和杀灭。对G^+菌及厌氧菌具良好活性，但肺炎链球菌等对其耐药性高。克林霉素的效果优于林可霉素，临床使用也更多。

（7）甘氨酰环素类　目前只有替加环素。其作用机制和抗菌谱与四环素类相似，但目前的耐药率较低。对耐多药的葡萄球菌属、肠球菌属、链球菌属、肠杆菌科细菌、不动杆菌具高度抗菌活性。对棒状杆菌、乳酸杆菌、明串珠菌属、厌氧菌、快速生长分枝杆菌、李斯特菌以及支原体等也敏感。对鲍曼不动杆菌、嗜麦芽窄食单胞菌体外具抗菌活性。但铜绿假单胞菌和变形杆菌属对其耐药。

目前美国食品与药品管理局（FDA）仅批准其用于治疗以上敏感菌所致的各类复杂性成人腹内感染、复杂皮肤和软组织感染以及社区获得性肺炎。但国内也用于某些特定细菌，尤其是多重耐药菌所致重症感染的治疗。为减少耐药细菌的出现，专家建议将其作为最后选择，并避免单用。

（8）氯霉素类　包括氯霉素、甲砜霉素，可作用于细菌核糖体50S亚基，抑制蛋白质合成。具广谱抗微生物作用，包括G^+菌、G^-菌、厌氧菌、立克次体属、螺旋体和衣原体属等。

（9）利福霉素类　包括利福平、利福霉素钠、利福喷汀及利福布汀等。抗菌谱广，对分枝杆菌属、G^+菌、G^-菌和不典型病原体有效。

（10）糖肽类　包括万古霉素、去甲万古霉素、替考拉宁等。可抑制细菌细胞壁合成，对胞质RNA也有作用，不易产生耐药。

（11）多黏菌素类　常用者为多黏菌素B和E。对需氧G^-杆菌包括铜绿假单胞菌作用强，肾毒性较明显，主要供局部应用；但近年又重新成为多重耐药G^-菌感染治疗的备选药物。

（12）磷霉素类　抗菌谱广，可影响细胞壁早期合成。与β-内酰胺类、氨基糖苷类合用有协同抗菌作用。

口服制剂包括磷霉素氨丁三醇和磷霉素钙，分别用于防治尿路及肠道感染。注射剂可用于治疗金葡菌、凝固酶阴性葡萄球菌（包括MRCNS株）和链球菌属、流感嗜血杆菌、肠杆菌科细菌和铜绿假单胞菌所致呼吸道、尿路、皮肤及软组织感染等。

（13）磺胺类　属广谱抗菌药，对G^+菌和G^-菌均具抗菌作用，但细菌对其耐药现象普遍。常见药物有磺胺多辛、复方磺胺甲噁唑、复方磺胺嘧啶、磺胺多辛、柳氮磺吡啶、磺胺嘧啶银等。

（14）硝基咪唑类　包括甲硝唑、替硝唑和奥硝唑等。

（15）呋喃类　包括呋喃妥因、呋喃唑酮和呋喃西林，其临床应用已逐渐减少，且不宜长期应用。

2.抗结核药的分类及作用机制

（1）抗结核的一线用药　药物有异烟肼、利福平、链霉素、吡嗪酰胺、乙胺丁醇；异烟肼是通过抑制分枝菌酸的合成使细胞丧失增殖能力而死亡，是一种全效杀菌药。利福平可以特异性抑制微生物的DNA依赖的RNA多聚酶，进而阻碍mRNA的合成，是一种广谱抗结核药。乙胺丁醇是干扰RNA的合成。

（2）抗结核的二线用药　药物有对氨基水杨酸、环丝氨酸、卷曲霉素、阿米卡星等。对氨基水杨酸是通过竞争性抑制二氢叶酸合成酶，进而抑制结核杆菌的繁殖生长。

3.抗真菌药的分类及作用机制

（1）多烯类　多烯类药物有两性霉素B、制霉菌素、曲古霉素、克念菌素、哈霉素、那他霉素等。此类药物与真菌细胞膜上的麦角固醇结合，使细胞膜通透性增加，细胞内容物外漏而死亡。

（2）唑类　酮康唑、克霉唑、咪康唑、益康唑、硫康唑、噻康唑、舍他康唑、联苯苄唑、伊曲康唑、氟康唑、伏立康唑、泊沙康唑、雷夫康唑、磷氟康唑、舍他康唑等。本类药物可抑制麦角甾醇合成，影响真菌细胞膜稳定性，导致细胞破裂而死亡。

（3）丙烯胺类　药物有萘替芬、特比萘芬、布替萘芬。此类药物竞争性抑制真菌角鲨烯环氧酶，使麦角甾醇合成受阻，细胞膜屏障功能受损导致死亡。

（4）棘白菌素类　棘白菌素类药物有卡泊芬净、米卡芬净和阿尼芬净。此类药物抑制真菌细胞壁中β-葡聚糖的合成，导致菌体破裂死亡。

（5）嘧啶类　药物有氟胞嘧啶。药物在真菌细胞内代谢为氟尿嘧啶，干扰真菌的嘧啶代谢与RNA和DNA合成及蛋白质合成等。

4.抗病毒药分类及作用机制

（1）抗DNA病毒的抗病毒药　药物有阿昔洛韦、更昔洛韦、阿糖腺苷。

（2）抗RNA病毒的抗毒药　药物有金刚烷胺、金刚乙胺、奥司他韦。

（3）广谱抗病毒药　药物有利巴韦林、干扰素等，主要通过抑制蛋白质的合成，抑制病毒脱壳及核酸转移等。

5.抗寄生虫药分类及作用机制

（1）抗疟疾药　控制症状的药物有氯喹、奎宁、甲氟喹、青蒿素、蒿甲醚、咯萘啶。青蒿素会产生自由基破坏疟原虫的生物膜、蛋白质等，导致虫体死亡。氯喹能抑制DNA复制和转录，同时干扰虫体内环境，使血红蛋白分解和利用减少，从而抑制疟原虫生长繁殖。主要用于控制复发和传播的药物有伯氨喹。主要用于病因性预防的药物有乙胺嘧啶，该药通过抑制二氢叶酸还原酶，影响原虫叶酸代谢，使其生长繁殖受到抑制。

（2）抗阿米巴病药　抗肠内外阿米巴病药有甲硝唑、替硝唑、奥硝唑、依米丁、去氢依米丁等。抗肠内阿米巴病药有氯碘羟喹、双碘喹啉、喹碘方、二氯尼特、尼龙霉素等。

（3）抗滴虫病药　药物有甲硝唑、乙酰胂胺。

（4）抗血吸虫病药　抗血吸虫病药有吡喹酮，通过5-HT受体使虫体痉挛性麻痹脱落而使血吸虫死亡。

（5）抗丝虫病药　抗丝虫病药代表药有乙胺嗪。

（6）抗肠线虫药　广谱类抗肠线虫药有甲苯达唑、阿苯达唑，可抑制线虫细胞内微管形成，干扰葡萄糖摄取和利用，使虫体内糖原耗尽而死亡。左旋咪唑可抑制虫体内延胡索酸还原为琥珀酸，虫体接触后神经节兴奋，肌肉持续收缩而麻痹。

（7）抗绦虫药　抗绦虫代表药有氯硝柳胺。

四、能力训练

（一）操作条件

1.常见的抗感染药物。

2.用药指导的基本要求。

3.用药指导的操作流程。

（二）注意事项

1.尊重患者，关爱生命，注重药学服务礼仪规范，不得有不礼貌的表情和语言。介绍药品时应注意与顾客保持一定的距离，给顾客留有空间。

2.进行用药与健康指导时不得夸大其词，不使用绝对化的语言，坚守药学职业道德，坚持以患者为中心。

3.对于一些特殊剂型如气雾剂、喷雾剂、缓（控）释制剂等，应教会患者正确使用。

4.可以提供用药指导单，即将药物的具体服药方法和注意事项写在指导单上，提醒顾客按时服药。

5.对于特殊人群需提供细致的药学服务。

（三）操作过程

序号	实施步骤	操作流程/话术举例	注意事项/操作标准
1	进店打招呼	“您好，请问有什么可以帮您的吗？”	语言清晰，礼貌用语
2	询问疾病	“请问您哪里不舒服？”	要求全面清楚

续表

序号	实施步骤	操作流程/话术举例	注意事项/操作标准
3	就医史及用药史	"请问您看过医生没有？有没有开具处方？"或"吃过什么药？"	（1）如果医院就诊过，询问医生诊断情况 （2）如有服用药物，则询问药物的疗效。避免重复用药 （3）询问既往史
4	用药依据	（1）"根据您的医生诊断是上呼吸道感染，医生开具的处方药阿莫西林胶囊和美扑伪麻片" （2）"阿莫西林属于广谱抗生素，具有抗菌杀菌、消炎的作用，用于治疗呼吸道感染。美扑伪麻片可以缓解鼻塞、咽痛等症状" （3）"您还可以搭配维生素C泡腾片一起服用，能够提高您的免疫力，效果会更好"	通过询问症状，根据医生的处方，进行关联导购，选择正确的药品，进而提高客单量
5	用药指导	"阿莫西林胶囊一次2粒，一日3次，口服；美扑伪麻片每6小时服1次，一次1片，饭后服用"	告知顾客用法、用量及注意事项，并提醒顾客按照说明书服药
6	温馨提示	"服药期间，多喝热水，清淡饮食，注意少吃辛辣刺激性食物"	提供一些简单的健康方式指导

【问题情境一】

王某，男，76岁，3天前因尿频、尿急去医院检查，诊断为细菌性膀胱炎，医生开具了头孢呋辛酯分散片。回到家后，王某忘记了医生交代的用法用量，说明书也看不懂，于是到药店咨询此药应如何使用。

头孢呋辛酯分散片，口服，或者加入适量的温开水中搅拌均匀，成人一日2次，一次2片，一般疗程为5～10天，如有不适，及时就医。

【问题情境二】

张某，男，4岁，5天前因腹痛到医院就诊，检查大便蛔虫阳性，诊断为蛔虫病，医生开具了阿苯达唑片。其奶奶担心药物不良反应，来药店咨询。

不良反应可见恶心、呕吐、腹泻、口干、乏力、发热、皮疹或头痛，一般症状轻微，停药后会自行消失，这个药在治疗蛔虫病时，会偶见口吐蛔虫的现象，但不一定都有这种症状，不要过于担心。如有其他不适，请及时就医。

（四）学习结果评价

序号	评价内容	评价标准	评价结果（是/否）
1	药品类型	能根据药品分类原则，指出药品属于哪种类型	
2	适应证	能正确说明药品适应证	
3	作用机制	能正确介绍药品药理与作用机制	
4	用法用量	能正确推荐用药剂量、给药次数、给药途径、特殊剂型的正确使用方法	
5	不良反应	能正确告知常见的和比较严重的药品不良反应	
6	注意事项和相互作用	能根据实训中患者的具体情况介绍相应的注意事项；应该告知顾客处方药需要凭医生处方来买药，并在医师的指导下使用，出现比较严重的不良反应时的处理方式	
7	禁忌证	能针对实训中患者的具体情况，提出用药禁忌	

续表

序号	评价内容	评价标准	评价结果（是/否）
8	相同疗效的药品推荐	能根据药物的化学结构或作用机制选用相同疗效的药物进行替代，应对患者已经出现的不良反应	
9	中成药	能推荐与实训中的化学药物联合用药，增强疗效	

五、课后作业

1.抗感染药物包括哪些？

2.王女士的女儿，12岁，5天前左胸肋部出现大块红斑，上面出现多个细小水疱，有瘙痒感，伴剧烈针刺样疼痛。到医院检查，被确诊为带状疱疹，医生为他开了阿昔洛韦乳膏，王女士不清楚如何使用，现到药店咨询如何使用。请对顾客进行用药指导。

能力点 E-1-2 能介绍呼吸系统和消化系统常用药物

一、核心概念

1.呼吸系统

呼吸系统是指机体与外界环境之间进行气体交换的器官系统的总称。

2.消化系统

消化系统是由消化管和消化腺两大部分组成。除消化和吸收营养物质，保证人体获得能量，维持生命外，还会分泌多种激素参与全身的生理功能调节。

二、学习目标

1.能够将药品按照药理作用和临床用途进行正确归类。

2.能简单介绍作用于呼吸系统的药物的具体作用机制及临床适应证。

3.能简单介绍作用于消化系统的药物的具体作用机制及临床适应证。

4.能介绍呼吸系统药物和消化系统药物的常见不良反应、注意事项、禁忌。

三、基本知识

（一）作用于呼吸系统的药物

1.镇咳药的分类及作用机制

（1）中枢性镇咳药　该类药可抑制咳嗽中枢，减少咳嗽反射的发生。成瘾性的镇咳药有可待因，非成瘾性镇咳药有右美沙芬、喷托维林等。适用于各种原因引起的频繁、剧烈干咳，但应注意不能用于多痰的患者。

（2）外周性镇咳药　外周性镇咳药对肺牵张感受器有选择性的抑制作用，阻断迷走反射，抑制咳嗽冲动而镇咳，麻醉性的外周性镇咳药有苯佐那酯，非麻醉性的有苯丙哌林。

（3）其他镇咳药　神经因子调节剂（巴氯芬、加巴喷丁）、P2X3受体拮抗剂等。

2. 祛痰药的分类及作用机制

（1）黏痰溶解药　黏痰溶解药破坏黏蛋白的二硫键，降低痰液黏度，使痰液稀易于排出。常见药物有乙酰半胱氨酸、羧甲司坦、厄多司坦、美司钠、半胱甲酯等。

（2）黏液调节药　黏液调节药主要作用于促使气管、支气管分泌度液低的分泌物，痰液由黏变稀，便于咳出。常见药物有溴己新、氨溴索。

3. 平喘药的分类及作用机制

（1）支气管扩张药　支气管扩张药是解除哮喘症状，以及治疗慢性阻塞性肺疾病（COPD）伴喘息型慢性支气管炎的手段，也是哮喘急性发作的首选药物，主要通过松弛支气管平滑肌使支气管扩张。常见药物有沙丁胺醇、特布他林、克伦特罗、丙卡特罗、沙美特罗、氨茶碱、异丙托溴铵等。

（2）抗变态反应平喘药　色甘酸钠是肥大细胞膜稳定药，抑制肥大细胞脱颗粒，减少过敏介质释放，预防哮喘相关的变态反应发生。酮替芬可抑制过敏介质释放，又有较强的抗组胺能力，用于预防多种哮喘的发作。对于儿童哮喘的疗效好。

（3）抗炎性平喘药　炎症是哮喘发作的关键因素，对于哮喘，抗炎治疗是重要的手段之一。常见的抗炎药包括糖皮质激素类药物（倍氯米松、布地奈德、奈多罗米钠等）和白三烯受体拮抗剂（孟鲁司特、扎鲁司特等），可显著抑制气道炎症反应，松弛支气管平滑肌。倍氯米松可用于轻、中、重度哮喘患者，不良反应有声音嘶哑、口咽部念珠菌感染等。白三烯受体拮抗剂临床上主要用于预防哮喘发作，不宜用于治疗急性哮喘。

（二）作用于消化系统的药物

1. 抗酸药与抑酸药分类及作用机制

抗酸药为弱碱性物质，口服后在胃内中和过多的胃酸，降低胃酸的酸度和胃蛋白酶的活性，减轻对胃黏膜的侵袭，缓解疼痛。常见的抗酸药有碳酸氢钠、氢氧化铝、铝碳酸镁、三硅酸镁等。含铝抗酸药长期使用后常见的不良反应主要为便秘、血铝升高等，含镁抗酸药可引起腹泻。

抑酸药作用于壁细胞上的特异性受体，通过不同机制而影响胃酸分泌，有利于胃黏膜溃疡的愈合。常见药物如下：H_2受体阻断药如西咪替丁、雷尼替丁、法莫替丁、尼扎替丁、乙溴替丁、米吩替丁等；质子泵抑制药如奥美拉唑、泮托拉唑、兰索拉唑、雷贝拉唑、艾司奥美拉唑等；选择性M_1受体阻断药如哌仑西平。

2. 胃黏膜保护药作用机制

胃黏膜保护药防治胃黏膜损伤，促进组织修复和溃疡愈合。如硫糖铝、枸橼酸铋钾、胶体果胶铋、胶体次枸橼酸铋，药物在胃内形成一种保护层，覆盖在溃疡部位促进愈合。

3. 助消化药作用机制

助消化药为消化液成分或促进消化液分泌的药物，能促进食物消化，有利于增进食欲。如胃蛋白酶、胰酶、乳酶生、卡尼汀等。

4. 解痉药与促进胃肠动力药作用机制

解痉药是通过松弛内脏平滑肌，进而解除内脏痉挛，缓解和消除内脏的绞痛，常见药物有阿托品、山莨菪碱、颠茄等。临床上主要用于胃肠道解痉。

促胃肠动力药是阻断胃肠道相应的受体，加强胃肠蠕动，促进和刺激胃肠排空，改善功能性消化不良等症状。如多巴胺受体阻断药甲氧氯普胺、多潘立酮，5-HT_4受体激动药莫沙必利等。

具有增强胃肠肌运动的作用，常用于治疗胃食管反流病、功能性消化不良，可缓解上腹饱胀不适或隐痛以及烧心等症状。

5.泻药与止泻药的分类及作用机制

泻药是指通过增加肠内水分，软化粪便或者润滑肠道，促进肠蠕动，加速排便的药物，一般包括容积性泻药（硫酸镁、硫酸镁、乳果糖）、接触性泻药（酚酞、比沙可啶、番泻叶）、润滑性泻药（开塞露、液体石蜡）、膨胀性泻药（聚乙二醇4000、羧甲纤维素）。

止泻药是通过减少肠道蠕动或保护肠道免受刺激而控制腹泻。适用于剧烈腹泻或长期慢性腹泻，防止过度脱水、水盐代谢失调。常见药物有蒙脱石散、药用炭、鞣酸蛋白。不良反应为长期服用会影响脂溶性维生素及钙、磷的吸收。

6.微生态药物

微生态药物可以调节机体微生态平衡，通过增强机体对肠道内有害微生物的抑制、促进机体生长或食物消化吸收进而发生作用。常见药物有地衣芽孢杆菌、乳杆菌、双歧杆菌、双歧杆菌三联活菌。注意应将此类药品置于冰箱冷藏保存，且不宜与抗菌药同服。

7.肝胆及辅助用药

肝胆用药指增强肝脏代谢、提升肝脏功能的药物，常见药物有联苯双酯、门冬氨酸钾镁、水飞蓟素。利胆药是促进胆汁分泌或者促进胆囊排空的药物，如熊去氧胆酸、苯丙醇、硫酸镁等。

四、能力训练

（一）操作条件

1.常见的作用于呼吸系统的药物。

2.常见的作用于消化系统的药物。

3.用药指导的基本要求。

4.用药指导的操作流程。

（二）注意事项

1.尊重患者，关爱生命，注重药学服务礼仪规范，不得有不礼貌的表情和语言。介绍药品时应注意跟顾客之间保持一定的距离，给顾客留有空间。

2.进行用药与健康指导时不得夸大其词，不使用绝对化的语言，坚守药学职业道德，坚持以患者为中心。

3.对于一些特殊剂型如气雾剂、喷雾剂、缓（控）释制剂等，应教会患者正确使用。

4.可以提供用药指导单，即将药物的具体服药方法和注意事项写在指导单上，提醒顾客按时服药。

5.对于特殊人群需提供细致的药学服务。

（三）操作过程

序号	实施步骤	操作流程/话术举例	注意事项/操作标准
1	进店打招呼	“您好，请问有什么可以帮您的吗？”	语言清晰，礼貌用语
2	询问疾病	“请问您哪里不舒服？”	要求全面清楚

续表

序号	实施步骤	操作流程/话术举例	注意事项/操作标准
3	就医史及用药史	“请问您看过医生没有？有没有开具处方？”或“吃过什么药？”	如果医院就诊过，询问医生诊断情况 如有服用药物，则询问药物的疗效。避免重复用药 询问既往史
4	用药依据	根据医生诊断支气管炎，医生开具的药物是阿莫西林胶囊和盐酸氨溴索口服液。阿莫西林属于广谱抗生素，具有抗菌杀菌、消炎的作用，用于治疗呼吸道感染。盐酸氨溴索口服液是一种黏液溶解剂，它可以降低黏液的黏稠度，利于痰液排出	通过询问症状，根据医生的处方进行关联导购，选择正确的药品，进而提高客单量
5	用药指导	“阿莫西林胶囊一次2粒，一日3次，口服；盐酸氨溴索口服液，一次10mL，一日3次，口服”	告知顾客用法、用量及注意事项，并提醒顾客按照说明书服药
6	温馨提示	“服药期间，戒烟酒，忌食辛辣等刺激性的食物，忌食油腻及黏滞的食物，宜多吃新鲜的蔬菜和易于消化的食物，宜多食甘凉润肺的食物”	提供一些简单的健康方式指导

【问题情境一】

王女士带13岁女儿来药店咨询。药师询问得知：王女士的女儿5天前因风寒感冒在医院进行治疗，经过治疗后病情基本好转，但是最近几天一直咳嗽，干咳痰少，嗓子有异物感、干痒，医生开具了氢溴酸右美沙芬糖浆。王女士担心会对女儿有不良反应，特来药店咨询。

氢溴酸右美沙芬糖浆是中枢性镇咳药，长期服用无成瘾性和耐受性，可以用于上呼吸道感染（如感冒和咽炎）、支气管炎等引起的咳嗽，口服；12岁以上儿童一次15mL，一日3次。不良反应会有头晕、头痛、嗜睡、食欲缺乏、便秘、恶心、皮肤过敏等，但不影响疗效。可放心服用。

【问题情境二】

吴阿姨，56岁，患有冠心病合并高血脂，医生开具了阿司匹林肠溶片，每日1次，每次1片，瑞舒伐他汀钙片调节血脂、预防血栓，服用了3年，最近经常出现反酸、胃灼热。医院胃镜检查发现是长期服用阿司匹林导致的胃黏膜损伤，诱发胃溃疡，医生让其加服奥美拉唑胶囊，吴阿姨不太清楚用法，故前往药店咨询。

阿司匹林肠溶片最常见的不良反应就是胃肠道反应，长期或大剂量服用可有胃肠道出血或溃疡。医生给开具的奥美拉唑用于胃溃疡、十二指肠溃疡、应激性溃疡、反流性食管炎和卓-艾综合征的治疗，所以医生给开具了奥美拉唑胶囊，可以缓解反酸、胃灼热的症状。

（四）学习结果评价

序号	评价内容	评价标准	评价结果（是/否）
1	药品类型	能根据药品分类原则，指出药品属于哪种类型	
2	适应证	能正确说明药品适应证	
3	作用机理	能正确介绍药品药理与作用机制	
4	用法用量	能正确推荐用药剂量、给药次数、给药途径、特殊剂型的正确使用方法	
5	不良反应	能正确告知常见的和比较严重的药品不良反应	

续表

序号	评价内容	评价标准	评价结果（是/否）
6	注意事项和相互作用	能根据实训中患者的具体情况介绍相应的注意事项；应该告知顾客处方药需要凭医生处方来买药，并在医师的指导下使用，出现比较严重的不良反应时的处理方式	
7	禁忌证	能针对实训中患者的具体情况，提出用药禁忌	
8	相同疗效的药品推荐	能根据药物的化学结构或作用机制选用相同疗效的药物进行替代，应对患者已经出现的不良反应	
9	中成药	能推荐与实训中的化学药物联合用药，增强疗效	

五、课后作业

1.简述平喘药的分类和作用机制。

2.刘某，女，4岁，因1天前喝冷饮之后出现腹泻症状，家人带至医院，医生诊断为急性肠炎，给开了蒙脱石散，其外婆不知道该如何服用蒙脱石散，故到药店咨询。

能力点E-1-3　能介绍循环系统和内分泌及代谢系统常用药物

一、核心概念

1.循环系统

循环系统是机体的细胞外液及其借助循环进而流动的管道组成的系统。

2.内分泌系统

内分泌系统是通过分泌特殊的化学物质来对机体进行调节和控制的系统。

二、学习目标

1.能根据药理作用和临床用途对药物进行正确归类。

2.能简单介绍作用于循环系统的药物的具体作用机制。

3.能简单介绍作用于内分泌系统的药物的具体作用机制。

4.能介绍循环系统药物和内分泌系统药物的常见不良反应、注意事项、禁忌。

三、基本知识

（一）循环系统药物

1.抗心律失常药的分类及作用机制

（1）Ⅰ类——钠通道阻滞剂　本类药物通过阻滞心肌细胞膜快Na^+通道，部分药物还可以抑制膜对K^+、Ca^{2+}的通透性，有膜稳定作用。又细分为3个亚类：Ⅰa类适度阻滞钠通道，如奎尼丁、普鲁卡因胺；Ⅰb类轻度阻滞钠通道，促进钾外流，如利多卡因、苯妥英钠、美西律；Ⅰc类明显阻滞钠通道，如普罗帕酮、氟卡尼等。

（2）Ⅱ类——β受体阻滞药　本类药物通过阻断心脏β受体，减慢传导，延长动作电位时程和有效不应期。药物有普萘洛尔、美托洛尔、艾司洛尔等。β受体阻滞药是唯一能降低心源性猝死而降低总死亡率的抗心律失常药。

（3）Ⅲ类——延长动作电位时程药　本类药物通过阻滞多种K^+通道，延迟复极，延长心肌组织的不应期。药物有胺碘酮、索他洛尔、溴苄胺等。胺碘酮可引起肺毒性，起病隐匿，另外，较为常见的不良反应为甲状腺功能减退。

（4）Ⅳ类——钙通道阻滞药　本类药物通过抑制Ca^{2+}内流，减慢房室结传导性，消除房室结区的折返激动。药物有维拉帕米、地尔硫䓬等。

2. 抗心绞痛药的分类及作用机制

（1）硝酸酯类　硝酸酯适用于各种类型心绞痛的治疗，主要作用机制：① 降低心肌耗氧量；② 扩张心外膜狭窄的冠状动脉和侧支循环血管，使冠脉血流重新分布，增加缺血区域尤其是心内膜下的血流供应；③ 降低肺血管床压力和肺毛细血管楔压，增加左心衰竭患者的每搏输出量和心排血量，改善心功能；④ 轻微的抗血小板聚集作用。常用药物有硝酸甘油、硝酸异山梨酯、戊四硝酯、单硝酸异山梨酯。对于发作频繁的心绞痛，宜采用静脉给药的方式。硝酸酯类耐药现象是困扰其临床使用的最主要问题，发生耐药对预后会产生不利影响。典型的不良反应主要是继发于其舒张血管作用，可引起搏动性头痛、面部潮红或有烧灼感、血压下降、反射性心率加快、晕厥、血硝酸盐水平升高等。但是持续使用一段时间后头痛可以减轻。偶见口唇轻度局部烧灼感或加重胃食管反流病。

（2）β受体阻滞药　β受体阻滞药通过拮抗儿茶酚类对心脏的作用，降低心肌收缩力和心率，减少心肌耗氧量。常用药物有普萘洛尔、吲哚洛尔、阿替洛尔、美托洛尔等。

（3）钙通道阻滞药（CCB）　CCB通过阻滞细胞膜钙通道，抑制Ca^{2+}进入血管平滑肌细胞内，从而扩张血管，减轻心脏负荷；抑制心肌收缩力，减慢心率；从而降低心肌耗氧、增加心肌血液供应、保护缺血心肌细胞，发挥抗心绞痛的作用。常用药物有硝苯地平、维拉帕米、地尔硫䓬及普尼拉明等。不良反应有心功能不全、低血压、面部潮红、头痛、下肢及踝部水肿、牙龈增生。

（4）其他　其他抗心绞痛药有双嘧达莫、尼可地尔等。

3. 抗心力衰竭药的分类及作用机制

（1）正性肌力药　强心苷对心脏有高度的选择性，能加强衰竭心肌的收缩力，强心苷类正性肌力药有地高辛、洋地黄毒苷及毒毛花苷K等；非强心苷类正性肌力药如氨力农、米力农、扎莫特罗等。

（2）血管扩张药　硝酸酯类如硝酸甘油、硝酸异山梨酯、硝普钠等。

（3）钙通道阻滞药（CCB）　如氨氯地平、非洛地平等。

4. 抗高血压药的分类及作用机制

（1）利尿药　利尿药早期通过排钠利尿作用降低血容量、减少心排血量，产生降血压作用。药物有氢氯噻嗪、吲达帕胺等。

（2）β受体阻滞药　β受体阻滞药主要的降压机制是阻断心肌β受体，减慢心率、减弱心肌收缩力和减少心排血量；药物有普萘洛尔、阿替洛尔、美托洛尔、比索洛尔等。

（3）血管紧张素Ⅰ转换酶抑制药（ACEI）　ACEI能抑制血管紧张素Ⅰ转换酶（ACE）的活性，减少血管紧张素Ⅱ（AngⅡ）生成及醛固酮分泌，同时抑制缓激肽的降解，扩张血管，降低血压。药物有卡托普利、依那普利、贝那普利、赖诺普利、雷米普利、培哚普利、西拉普利、福辛普利等。常见的典型不良反应有干咳、胸痛、上呼吸道症状（鼻炎）等。临床上使用时注意首剂低血压反应，监护肾毒性及干咳。

（4）血管紧张素Ⅱ受体拮抗药（ARB） ARB可以选择性阻断血管紧张素Ⅱ受体、水钠潴留、心血管细胞增生而降压，并逆转肥大的心肌细胞。药物有氯沙坦、缬沙坦、厄贝沙坦、替米沙坦、奥美沙坦等。常见典型不良反应为心悸、心动过速、妊娠毒性等。

（5）钙通道阻滞药（CCB） CCB通过选择性阻断细胞膜钙离子通道，抑制细胞外钙离子内流，降低细胞内钙离子浓度而松弛血管平滑肌，使血压下降。药物有尼群地平、卡维地洛、硝苯地平、非洛地平、氨氯地平、拉西地平等。

（6）其他

① α受体阻滞药如哌唑嗪、特拉唑嗪、多沙唑嗪等。

② 扩血管药如肼屈嗪、硝普钠，通过直接松弛血管平滑肌，降低外周阻力，使血压下降。

③ 交感神经抑制药如利血平、胍乙啶，通过作用于去甲肾上腺素能神经末梢，抑制递质再摄取，导致递质耗竭，从而使交感神经冲动受阻，血管扩张，心率减慢，血压下降。

（二）内分泌及代谢系统药物

1.降血糖药分类及作用机制

（1）胰岛素及类似物　胰岛素是由胰岛B细胞分泌的多肽类激素，能调节糖代谢，促进糖原的合成和贮存，加速葡萄糖的氧化和分解，促进组织对糖的利用及肝糖原形成，促进葡萄糖转变为脂肪，并能抑制糖异生以减少糖的生成，因而能使血糖降低。胰岛素还能促进脂肪的合成，抑制脂肪分解，使酮体生成减少。也可增加氨基酸的转运、促进蛋白质的合成，抑制蛋白质分解。加快心率，加强心肌收缩力和减少肾血流量。根据作用时间分为：超短效类如赖脯胰岛素、门冬胰岛素、赖谷胰岛素；短效类如胰岛素；中效类如低精蛋白锌胰岛素；长效类如蛋白锌胰岛素；超长效类如地特胰岛素、甘精胰岛素。用于胰岛素缺乏的各型糖尿病的治疗，常见的不良反应有低血糖症、过敏反应、胰岛素抵抗、脂肪萎缩和体重增加等。

（2）口服降血糖药

① 促胰岛素分泌药：通过刺激胰岛B细胞产生和释放胰岛素而降低血糖。磺酰脲类药物有甲苯磺丁脲、氯磺丙脲、格列本脲、格列吡嗪、格列齐特、格列波脲、格列美脲、格列喹酮等。非磺酰脲类有瑞格列奈、那格列奈。

② 双胍类：主要是减少肝葡萄糖的输出和改善外周胰岛素抵抗，增加胰岛素受体的结合和受体后作用，改善对胰岛素的敏感性而降低血糖。药物有二甲双胍，主要不良反应为胃肠道反应。

③ α-葡萄糖苷酶抑制药：通过竞争性抑制小肠内α-葡萄糖苷酶的活性，从而抑制寡糖分解为单糖，延缓单糖的吸收，控制餐后血糖水平。药物有阿卡波糖、伏格列波糖、米格列醇等，适用于以碳水化合物为主要食物成分和餐后血糖升高的患者。

④ 胰岛素增敏药：通过增强靶细胞对胰岛素的敏感性，提高细胞对葡萄糖的利用而发挥降低血糖作用，可明显降低空腹血糖及胰岛素和C肽水平，对餐后血糖也有降低作用。药物有吡格列酮、罗格列酮、曲格列酮、环格列酮、恩格列酮等，最常见的不良反应是体重增加和水肿。

⑤ 胰高糖素样肽-1（GLP-1）受体激动剂：以葡萄糖浓度依赖的方式增强胰岛素分泌、抑制胰高血糖素分泌，并能延缓胃排空，通过中枢性的食欲抑制来减少进食量。药物有依克那肽、利拉鲁肽，均需皮下注射。

2.抗痛风药分类及作用机制

痛风的药物治疗是控制症状、缓解病情、预防复发及减少发作的重要手段。控制痛风性关节炎急性发作的药物有抑制粒细胞浸润药，如秋水仙碱；抑制尿酸生成药物，如别嘌醇、非布索坦；促进尿酸排泄药物，如丙磺舒、苯溴马隆等。

3.影响骨代谢药分类及作用机制

根据骨质疏松症的发病机制，影响骨代谢药可分为两类：抑制骨吸收药如双膦酸盐类、雌激素类、降钙素等；促进骨形成药如氟制剂、甲状旁腺激素、生长激素、骨生长因子等。另外促进骨的钙化，对抑制骨的吸收、促进骨的形成起作用的有钙剂、维生素D及其活性代谢物（骨化三醇、阿尔法骨化醇）。

四、能力训练

（一）操作条件

1.常见的作用于循环系统的药物。

2.常见的作用于内分泌及代谢系统的药物。

3.用药指导的基本要求。

4.用药指导的操作流程。

（二）注意事项

1.尊重患者，关爱生命，注重药学服务礼仪规范，不得有不礼貌的表情和语言。介绍药品时应注意与顾客保持一定的距离，给顾客留有空间。

2.进行用药与健康指导时不得夸大其词，不使用绝对化的语言，坚守药学职业道德，坚持以患者为中心。

3.对于一些特殊剂型如气雾剂、喷雾剂、缓（控）释制剂等，应教会患者正确使用。

4.可以提供用药指导单，即将药物的具体服药方法和注意事项写在指导单上，提醒顾客按时服药。

5.对于特殊人群需提供细致的药学服务。

（三）操作过程

序号	实施步骤	操作流程/话术举例	注意事项/操作标准
1	进店打招呼	“您好，请问有什么可以帮您的吗？”	语言清晰，礼貌用语
2	询问疾病	“请问您哪里不舒服？”	要求全面清楚
3	就医史及用药史	“请问您看过医生没有？有没有开具处方？”或“吃过什么药？”	（1）如果曾去医院就诊，询问医生诊断情况 （2）如有服用药物，则询问药物的疗效。避免重复用药 （3）询问既往史
4	用药依据	“根据您的检查确诊为冠心病，医生让您在疼痛发作时舌下含化硝酸甘油片”	通过询问症状，根据医生的处方，进行关联导购，选择正确的药品，进而提高客单量
5	用药指导	“用量半片到一片。服用方法是舌下含服，每5分钟可以重复一片，直到疼痛能够自行缓解为止，如果15min之内总量达到三次仍没有见效就立即就医”	告知顾客用法、用量及注意事项，并提醒顾客按照说明书服药
6	温馨提示	“服药期间，忌烟酒，忌食辛辣等刺激性的食物，忌食油腻及黏滞的食物，忌食海腥及醋腌的食物，宜多吃新鲜的蔬菜和易于消化的食物，宜多食甘凉润肺的食物”	提供一些简单的健康方式指导

【问题情境一】

汪先生，68岁，退休工人，因患高血压医生开具依那普利片治疗，已连续服用7周。2天前出现刺激性干咳，服用止咳药效果不明显，汪先生与医生沟通后，医生将依那普利更换为厄贝沙坦。因为服用依那普利降压效果还不错，汪先生不明白为什么换药，担心厄贝沙坦药效不如依那普利，遂前来药店咨询。

依那普利是血管紧张素转换酶抑制剂，用于治疗原发性高血压，不良反应中有干咳，汪先生已出现刺激性的干咳，而且吃止咳药也不管用。厄贝沙坦属于ARB类，也是用于高血压的治疗，还没有干咳的不良反应。

【问题情境二】

刘女士，45岁，身高165cm，体重77kg，喜食肥肉。3个月前医院诊断为2型糖尿病，医生开具盐酸二甲双胍缓释片。5天前患者到医院复诊，根据血糖的控制情况，医生除开具盐酸二甲双胍缓释片外，增加了瑞格列奈片，刘女士因忘记如何服用瑞格列奈片来药店咨询。

瑞格列奈片应在餐前服用，通常在餐前15min内服用本药，服药时间也可掌握在餐前0～30min内（如一日2、3、4餐餐前）。患者误餐（或加餐）应针对此餐相应的减少（或增加）一次服药，一次一片，与二甲双胍同时服用。

（四）学习结果评价

序号	评价内容	评价标准	评价结果（是/否）
1	药品类型	能根据药品分类原则，指出药品属于哪种类型	
2	适应证	能正确说明药品适应证	
3	作用机理	能正确介绍药品药理与作用机制	
4	用法用量	能正确推荐用药剂量、给药次数、给药途径、特殊剂型的正确使用方法	
5	不良反应	能正确告知常见的和比较严重的药品不良反应	
6	注意事项和相互作用	能根据实训中患者的具体情况介绍相应的注意事项；应该告知顾客处方药需要凭医生处方来买药，并在医师的指导下进行使用，出现比较严重的不良反应时的处理方式	
7	禁忌证	能针对实训中患者的具体情况，提出用药禁忌	
8	相同类别的药品推荐	能根据药物的化学结构或作用机制选用相同疗效的药物进行替代，应对患者已经出现的不良反应	
9	中成药	能推荐与实训中的化学药物联合用药，增强疗效	

五、课后作业

1.简述口服降血糖药的分类及作用机制。

2.刘先生，57岁，体重70kg，患有1型糖尿病，每天晚餐时要注射地特胰岛素注射液控制血糖。某天，刘先生旅游前忘记携带该药品了，于是到旅游地的药店购买地特胰岛素注射液。请你为其做用药推荐。

能力点 E-1-4　能介绍泌尿系统和神经系统常用药物

一、核心概念

1.泌尿系统

泌尿系统是由肾、输尿管、膀胱及尿道组成，其主要功能是通过尿的生成，将血液中的代谢产物和多余的水分与无机盐向体外输送，进而维持人体内环境的相对稳定。

2.神经系统

神经系统是由中枢神经系统和外周神经系统组成，可以调节体内各种功能，使机体适应外界环境而生存。

二、学习目标

1.能根据药理作用和临床用途对药物进行正确归类。

2.能简单介绍作用于泌尿系统的药物具体作用机制。

3.能简单介绍作用于神经系统的药物具体作用机制。

4.能介绍泌尿系统药物和神经系统药物的常见不良反应、注意事项、禁忌。

三、基本知识

（一）作用于泌尿系统的药物

1.利尿药分类及作用机制

利尿药主要影响肾小管的重吸收，促进肾的电解质（钠离子为主）和水分排泄。用于治疗各种原因所致的水肿。

（1）袢利尿药　主要抑制髓袢升支粗段的Na^+-K^+-$2Cl^-$同向转运系统，减少NaCl的重吸收，降低肾的稀释和浓缩功能，排出大量尿液。利尿作用强大、迅速而短暂。常见药物如呋塞米、布美他尼、依他尼酸、托拉塞米、阿佐塞米和吡咯他尼等。最常见的不良反应是水与电解质平衡失调、耳毒性、高尿酸血症。

（2）噻嗪类利尿药　主要抑制远曲小管Na^+-Cl^-同向转运体，使NaCl的重吸收减少，可降低肾脏的稀释功能，但对浓缩功能没有影响，产生利尿作用。如氢氯噻嗪、环戊噻嗪、苄噻嗪、氯塞酮、美托拉宗等。本类药久用可以致低血钾、低血镁。

（3）保钾利尿药　主要作用于末端远曲小管及集合管。轻度如醛固酮受体阻断药螺内酯，抑制肾小管上皮细胞Na^+通道药如氨苯蝶啶、阿米洛利。常见的不良反应为高血钾、性激素样作用、胃肠道反应等。

（4）碳酸酐酶抑制药　作用于近曲小管，抑制碳酸酐酶的活性，进而减少Na^+-H^+交换及HCO_3^-的重吸收。如乙酰唑胺。主要用于治疗青光眼、急性高山病。常见的不良反应为变态反应、代谢性酸中毒、尿结石等。

（5）渗透性利尿药　又称为脱水药，作用于髓袢及肾小管其他部位，在体内不被代谢或代谢较慢，静脉给药后能升高血浆及原尿渗透压，稀释血液，易从肾小球滤过，但不被肾小管重吸收，可提高肾小管内渗透压产生利尿作用。如甘露醇、山梨醇、葡萄糖等。

2. 良性前列腺增生药分类及作用机制

主要包括α_1受体阻滞药如特拉唑嗪、坦洛新；5α-还原酶抑制药如非那雄胺。

3. 性功能障碍药分类及作用机制

主要有选择性5型磷酸二酯酶抑制药西地那非、伐地那非、他达拉非及育亨宾、阿扑吗啡。适用于勃起功能障碍患者。常见的不良反应为头痛、面部潮红、消化不良等。

（二）神经系统用药

1. 镇静、催眠、抗焦虑药的分类及作用机制

本类药物是抑制中枢神经系统的功能，产生镇静、催眠和抗惊厥等效应，小剂量引起安静或者嗜睡，较大剂量会引起睡眠。随着剂量的增加会产生抗惊厥和抗癫痫作用。

（1）苯二氮䓬类　苯二氮䓬类药的中枢作用主要是与药物加强中枢抑制性神经递质γ-氨基丁酸的功能有关。临床上用于抗焦虑、镇静催眠、抗惊厥、抗震颤以及中枢性肌肉松弛。药物有：短效类如三唑仑、奥沙西泮、溴替唑仑；中效类如替马西泮、劳拉西泮、氯硝西泮、艾司唑仑、阿普唑仑；长效类如地西泮、氯西泮、夸西泮、氟西泮。苯二氮䓬类安全范围大，毒性较小。其最常见的不良反应是嗜睡、头昏、乏力和记忆力下降。

（2）巴比妥类　巴比妥类药物对于中枢神经系统有广泛的抑制作用。临床上常用于镇静催眠、抗惊厥、抗癫痫及麻醉前给药。药物有：长效类如巴比妥、苯巴比妥；中效类如异戊巴比妥、戊巴比妥；短效类如司可巴比妥；超短效类如硫喷妥钠。催眠剂量的巴比妥类可致眩晕、困倦，精细运动不协调。长期服用巴比妥类药物，可产生精神依赖性和躯体依赖性。

（3）新型镇静催眠药　包括佐匹克隆、唑吡坦、雷美尔通、水合氯醛等。

2. 抗震颤麻痹药的分类及作用机制

（1）拟多巴胺类药　本类药物通过增强中枢多巴胺能神经功能发挥作用。按作用机制可分为：多巴胺前体药物，如左旋多巴；外周多巴脱羧酶抑制药，如卡比多巴、苄丝肼等；中枢多巴胺受体激动药，如溴隐亭、卡麦角林等。

（2）抗胆碱药　抗胆碱药可阻断纹状体内M胆碱受体，以恢复胆碱能神经与多巴胺能神经的功能平衡。常用药有苯海索。

（3）单胺氧化酶B抑制药　本类药物可选择性抑制B型单胺氧化酶，抑制纹状体中多巴胺（DA）降解，其结果是基底神经节中保存了多巴胺。常用药有司来吉兰。

（4）其他类　促使多巴胺能神经元释放多巴胺，抑制多巴胺的再摄取，直接激动多巴胺受体。常用药有金刚烷胺。

3. 抗癫痫药的分类及作用机制

（1）乙内酰脲类　本类药物通过减少钠离子内流，稳定神经细胞膜，限制钠离子通道介导的发作性放电的扩散。如苯妥英钠，为临床常用的控制大发作和局限性发作的药物。

（2）巴比妥类　巴比妥类药物可以提高周围正常组织的兴奋阈值，还能抑制病灶放电。如苯巴比妥、扑米酮、异戊巴比妥等，用于大发作治疗。

（3）琥珀酰亚胺类　本类药物有乙琥胺、甲琥胺、苯琥胺等，其中乙琥胺为失神小发作首选。

（4）三环类　本类药物阻滞离子通道的通透性，降低神经元的兴奋性和延长不应期，抑制癫痫病灶及周围神经的放电。临床常用的有卡马西平，作为癫痫部分发作一线药物，可单独或与其他抗惊厥药合并用药治疗癫痫部分发作。

（5）苯二氮䓬类　苯二氮䓬类药物为GABA激动药。如地西泮、氯硝西泮和硝西泮等，常用于癫痫持续状态。

（6）脂肪酸类　脂肪酸类药物的抗癫痫作用主要增强GABA神经元的突触传递功能。常用的有丙戊酸钠、丙戊酸镁等。丙戊酸钠对各类型的癫痫有效，因其具有肝脏毒性，一般不作为首选药。

4.抗抑郁药的分类及作用机制

（1）三环类　三环类是临床上治疗抑郁症最常用的药物之一，该类药物主要通过抑制突触前膜对5-羟色胺（5-HT）及去甲肾上腺素（NA）的再摄取，使突触间隙的5-HT、NA浓度升高，促进突触传递而发挥抗抑郁作用。常用药物有氯米帕明、阿米替林、丙米嗪、多塞平、度硫平、普罗替林等，此类药易出现不良反应，常见抗胆碱能效应。

（2）NA再摄取抑制药　本类药物主要通过抑制突触前膜NA的再摄取，从而增强中枢NA能神经功能而发挥抗抑郁作用。常用药物有地昔帕明、马普替林（四环类）。

（3）选择性5-羟色胺再摄取抑制药　本类药物主要通过选择性抑制5-HT的再摄取，增加突触间隙5-HT的浓度，从而增强中枢5-HT能神经功能而发挥抗抑郁作用。常用药物有帕罗西汀、氟西汀、舍曲林、西酞普兰、艾司西酞普兰等。较常见的不良反应是戒断反应。

（4）单胺氧化酶抑制药　本类药物主要抑制A型单胺氧化酶，减少NA、5-HT、DA的降解，增强NA、5-HT、DA能神经作用而发挥抗抑郁作用。代表药物有吗氯贝胺。

（5）其他类　其他类抗抑郁药有安非拉酮、文拉法辛、度洛西汀、曲唑酮等。

5.脑功能改善及抗记忆障碍药

（1）酰胺类中枢兴奋药　作用于大脑皮质，激活、保护和修复神经细胞，改善各种类型的脑损伤和脑缺氧，提高学习和记忆能力。药物有吡拉西坦、茴拉西坦、奥拉西坦等。

（2）乙酰胆碱酯酶抑制药　通过抑制胆碱酯酶活性，阻止乙酰胆碱的水解，提高脑内乙酰胆碱的含量，缓解记忆和认知功能障碍，如多奈哌齐、利斯的明、石杉碱甲。

（3）其他类　其他改善脑功能和抗记忆障碍药有胞磷胆碱钠、银杏叶提取物等。

四、能力训练

（一）操作条件

1.常见的作用于泌尿系统的药物。

2.常见的作用于神经系统的药物。

3.用药指导的基本要求。

4.用药指导的操作流程。

（二）注意事项

1.尊重患者，关爱生命，注重药学服务礼仪规范，不得有不礼貌的表情和语言。介绍药品时应注意与顾客保持一定的距离，给顾客留有空间。

2.进行用药与健康指导时不得夸大其词，不使用绝对化的语言，坚守药学职业道德，坚持以患者为中心。

3.对于一些特殊剂型如气雾剂、喷雾剂、缓（控）释制剂等，应教会患者正确使用。

4.可以提供用药指导单，即将药物的具体服药方法和注意事项写在指导单上，提醒顾客按时服药。

5. 对于特殊人群需提供细致的药学服务。

（三）操作过程

序号	实施步骤	操作流程/话术举例	注意事项/操作标准
1	进店打招呼	“您好，请问有什么可以帮您的吗？”	语言清晰，礼貌用语
2	询问疾病	“请问您哪里不舒服？”	要求全面清楚
3	就医史及用药史	“请问您看过医生没有？有没有开具处方？”或“吃过什么药？”	（1）如果曾去医院就诊，询问医生诊断情况 （2）如有服用药物，则询问药物的疗效。避免重复用药 （3）询问既往史
4	用药依据	“根据您的诊断是前列腺增生，医生开具的特拉唑嗪片”	通过询问症状，根据医生的处方进行关联导购，选择正确的药品，进而提高客单量
5	用药指导	“特拉唑嗪片，一日一片；睡前服用；以减轻低血压不良反应造成的伤害”	告知顾客用法、用量及注意事项，并提醒顾客按照说明书服药
6	温馨提示	“服药期间，戒烟酒，忌食辛辣等刺激性的食物，忌食油腻及黏滞的食物，忌食海腥及醋腌过的食物，宜多吃新鲜的蔬菜和易于消化的食物，宜多食甘凉润肺的食物”	提供一些简单的健康方式指导

【问题情境一】

吴某，67岁。因诊断为高血压，服用缬沙坦，服药3周后，到医院复诊，经测血压，收缩压150mmHg，舒张压80mmHg。医生在原有药物基础上加开了氢氯噻嗪片，要求患者联合用药。吴某因担心疗效问题，前来药店进行咨询。

缬沙坦是属于血管紧张素Ⅱ受体拮抗药，治疗高血压，氢氯噻嗪排钠利尿，可减少血液容量，增强血浆肾素活性，这两种药互补协同降压。缬沙坦还可以降低氢氯噻嗪相关的低钾血症风险。

【问题情境二】

王某，男，39岁，自媒体行业创业初期，因严重失眠、情绪躁动，严重影响了正常生活，特来医院就诊，诊断为抑郁症，医生开具了盐酸舍曲林分散片。来药店咨询用药问题。

舍曲林是选择性的5-羟色胺再摄取抑制药，舍曲林用于治疗抑郁症相关症状，包括伴随焦虑、有或无躁狂史的抑郁症，盐酸舍曲林分散片可含于口中吮服或吞服，也可将其加入适量水中，搅拌均匀后服用。每日一次，每次一片，早或晚服均可，可与食物同时服用，也可单独服用。服药7日内可见疗效，长期服用此药要遵医嘱。

（四）学习结果评价

序号	评价内容	评价标准	评价结果（是/否）
1	药品类型	能根据药品分类原则，指出药品属于哪种类型	
2	适应证	能正确说明药品适应证	
3	作用机制	能正确介绍药品药理与作用机制	
4	用法用量	能正确推荐用药剂量、给药次数、给药途径、特殊剂型的正确使用方法	

续表

序号	评价内容	评价标准	评价结果（是/否）
5	不良反应	能正确告知常见的和比较严重的药品不良反应	
6	注意事项和相互作用	能根据实训中患者的具体情况介绍相应的注意事项；应该告知顾客处方药需要凭医生处方来买药，并在医师的指导下进行使用，出现比较严重的不良反应时的处理方式	
7	禁忌证	能针对实训中患者的具体情况，提出用药禁忌	
8	相同类别的药品推荐	能根据药物的化学结构或作用机制选用相同疗效的药物进行替代，应对患者已经出现的不良反应	
9	中成药	能推荐与实训中的化学药物联合用药，增强疗效	

五、课后作业

1.简述抗抑郁药的分类和作用机制。

2.谢某，男，34岁，因诊断为抑郁症，医生开具了帕罗西汀片，忘记了医生说的如何服用，故到药店咨询。

能力点 E-1-5　能介绍解热镇痛抗炎药及骨关节病常用药物

一、核心概念

1.解热镇痛抗炎药

解热镇痛抗炎药是通过抑制合成前列腺素所需要的环氧化酶而发挥解热、镇痛、抗炎、抗风湿作用。

2.骨关节疾病

骨关节疾病是常见的关节处软组织挫伤、骨折、关节处骨质占位如肿瘤等一类疾病的总称。

二、学习目标

1.能根据药理作用和临床用途对药物进行正确归类。

2.能简单介绍解热镇痛抗炎药的具体作用机制。

3.能简单介绍骨关节疾病常用药物的具体作用机制。

4.能介绍解热镇痛抗炎药的常见不良反应、注意事项、禁忌。

三、基本知识

1.解热镇痛抗炎药的分类及作用机制

解热镇痛抗炎药主要抑制炎症细胞的花生四烯酸代谢物——环氧化酶，减少炎症介质，从而抑制前列腺素和血栓素的合成，本类药物的解热作用可能作用于下丘脑体温调节中枢，引起外周血管扩张，皮肤血流增加，出汗，使散热增加而起解热作用。按照化学结构分为以下几类。

（1）水杨酸类　常用药物有阿司匹林、贝诺酯类。阿司匹林最常见的不良反应是胃肠道反应，消化道出血患者禁用阿司匹林。

（2）乙酰苯胺类　常见药物有对乙酰氨基酚，是发热首选药物。

（3）芳基乙酸类　常见药物有吲哚美辛、双氯芬酸、奈美丁酮。

（4）芳基丙酸类　常用药物有布洛芬、萘普生等。

（5）昔康类　常用药物有吡罗昔康、美洛昔康等。

（6）选择性COX-2抑制药　常见药物有塞来昔布、依托考昔、尼美舒利、罗非昔布等。此类药可避免胃肠道的损害，但是会抑制前列腺素生成，使血管内的前列腺素和血小板中的血栓素动态平衡失调，导致血栓素升高，促进血栓形成，因而存在心血管不良反应的风险。12岁以下儿童禁用尼美舒利。

2.治疗骨关节炎药物的分类及作用机制

（1）基质补充药物　关节软骨是由细胞外基质和软骨细胞构成，骨关节炎时软骨细胞的合成与代谢失衡，会导致细胞外基质丢失，此类药物通过促进软骨基质合成，保护关节软骨，进而治疗骨关节炎。常用的药物有氨基葡萄糖类（包括硫酸氨基葡萄糖、盐酸氨基葡萄糖）和透明质酸。不良反应有休克、过敏反应、局部疼痛。

（2）缓解症状药物　非甾体抗炎药通过抑制环氧化酶阻断花生四烯酸转化为前列腺素，改善和消除炎症反应所引起的疼痛，从而发挥抗炎和镇痛作用，常见的药物有布洛芬、双氯芬酸、萘普生、塞来昔布、罗非昔布。严重的骨关节炎患者可考虑用曲马多或阿片类药物。

（3）糖皮质激素类药物　糖皮质激素经关节腔注射有良好的止痛和抗炎效果，与靶细胞受体结合，常局部注射。药物有倍他米松、地塞米松。

（4）免疫治疗药物　目前用于类风湿关节炎的免疫治疗药物有：① T细胞和B细胞抑制剂，如利妥昔单抗和阿巴西普；② 肿瘤坏死因子抑制剂，如英夫利昔单抗、依那西普和阿达木单抗：③ IL-6受体抑制剂，如托西珠单抗。

四、能力训练

（一）操作条件

1.常见解热镇痛抗炎药。

2.常见的作用于骨关节疾病的药物。

3.用药指导的基本要求。

4.用药指导的操作流程。

（二）注意事项

1.尊重患者，关爱生命，注重药学服务礼仪规范，不得有不礼貌的表情和语言。介绍药品时应注意与顾客保持一定的距离，给顾客留有空间。

2.进行用药与健康指导时不得夸大其词，不使用绝对化的语言，坚守药学职业道德，坚持以患者为中心。

3.对于一些特殊剂型如气雾剂、喷雾剂、缓（控）释制剂等，应教会患者正确使用。

4.可以提供用药指导单，即将药物的具体服药方法和注意事项写在指导单上，提醒顾客按时服药。

5. 对于特殊人群需提供细致的药学服务。

（三）操作过程

序号	实施步骤	操作流程/话术举例	注意事项/操作标准
1	进店打招呼	“您好，请问有什么可以帮您的吗？”	语言清晰，礼貌用语
2	询问疾病	“请问您哪里不舒服？”	要求全面清楚
3	就医史及用药史	“请问您看过医生没有？有没有开具处方？”或“吃过什么药？”	（1）如果曾去医院就诊，询问医生诊断情况 （2）如有服用药物，则询问药物的疗效。避免重复用药 （3）询问既往史
4	用药依据	（1）“根据您的医生诊断是急性上呼吸道感染，有发热症状，医生开具了酚氨咖敏片” （2）“酚氨咖敏片是一种复方制剂的感冒药，主要成分为对乙酰氨基酚、氨基比林、咖啡因、马来酸氯苯那敏。用于治疗呼吸道感染。美扑伪麻片可以缓解鼻塞、咽痛等症状” （3）“您还可以买点连花清瘟胶囊，清瘟解毒，宣肺泄热。用于治疗流行性感冒属热毒袭肺证，症见发热或高热，恶寒，肌肉酸痛，鼻塞流涕，咳嗽，头痛，咽干咽痛，舌偏红”	通过询问症状，根据医生的处方，进行关联导购，选择正确的药品，进而提高客单量
5	用药指导	“酚氨咖敏片，口服，一次1片，一日3次；连花清瘟胶囊，口服，一次4粒，一日3次”	告知顾客用法、用量及注意事项，并提醒顾客按照说明书服药
6	温馨提示	“服药期间，戒烟酒，忌食辛辣等刺激性的食物，宜多吃新鲜的蔬菜和易于消化的食物，宜多喝热水”	提供一些简单的健康方式指导

【问题情境一】

赵某，男，25岁，在校读博。2天前出现头痛、流鼻涕、全身乏力等症状，体温37.9℃，昨天到药店购买了对乙酰氨基酚，但是效果不明显，仍然发热、头痛，又来药店要求再购买泰诺和对乙酰氨基酚，药师推荐他只用泰诺。

泰诺适用于感冒、发热、头痛、周身四肢酸痛、流涕、咳嗽，是一种复合制剂，里面含有对乙酰氨基酚、盐酸伪麻黄碱、右美沙芬以及马来酸氯苯那敏。

【问题情境二】

曹先生2岁的女儿晚上出现高热，体温39.5℃，伴畏寒、发热，到儿保急诊就诊，经检查后，医生诊断为病毒性感冒，给患儿开具了小儿布洛芬栓剂和头孢克肟颗粒剂，因家长不会使用栓剂，到药店咨询如何使用。

直肠给药，3～6岁儿童，一次1粒（塞肛门内），手指带上一次性指套，顺着子弹头方向塞进肛门内。若持续疼痛或发热，可间隔4～6h重复用药1次，24h不超过4次。

（四）学习结果评价

序号	评价内容	评价标准	评价结果（是/否）
1	药品类型	能根据药品分类原则，指出药品属于哪种类型	
2	适应证	能正确说明药品适应证	
3	作用机理	能正确介绍药品药理与作用机制	

续表

序号	评价内容	评价标准	评价结果（是/否）
4	用法用量	能正确推荐用药剂量、给药次数、给药途径、特殊剂型的正确使用方法	
5	不良反应	能正确告知常见的和比较严重的药品不良反应	
6	注意事项和相互作用	能根据实训中患者的具体情况介绍相应的注意事项；应该告知顾客处方药需要凭医生处方来买药，并在医师的指导下进行使用，出现比较严重的不良反应时的处理方式	
7	禁忌证	能针对实训中患者的具体情况，提出用药禁忌	
8	相同类别的药品推荐	能根据药物的化学结构或作用机制选用相同疗效的药物进行替代，应对患者已经出现的不良反应	
9	中成药	能推荐与实训中的化学药物联合用药，增强疗效	

五、课后作业

1.简述解热镇痛抗炎药的分类和作用机制。

2.姚某，男，16岁，因晚间发热去医院急诊，医生诊断为急性上呼吸道感染，医生开具了阿奇霉素片和蓝芩口服液，但是患者不知道如何服用，故到药店咨询。

能力点 E-1-6　能介绍其他类常用药物

一、核心概念

1.维生素

维生素是维持生命正常代谢和功能所必需的一类低分子化合物。

2.生物制品

生物制品指以微生物、细胞、动物或人源组织和体液等为原料，应用现代的生物技术制成的成品，用于疾病的预防、诊断和治疗。

二、学习目标

1.能根据药理作用和临床用途对药物进行正确归类。

2.能简单介绍其他类常见药物的具体作用机制。

三、基本知识

1.维生素类药的分类

（1）脂溶性维生素　脂溶性维生素在肝脏内储存，易溶于大多数有机溶剂，不溶于水，脂类吸收减少时其吸收亦减少甚至缺乏。常见药物有维生素A、维生素D、维生素E和维生素K等。过量摄入会引起中毒。

（2）水溶性维生素　水溶性维生素易溶于水，常见药物有维生素B_1、维生素B_2、烟酸、维生素C、维生素B_6、叶酸和维生素B_{12}等。

2. 妇产科用药的分类和作用机制

（1）子宫兴奋药　子宫兴奋药可以兴奋子宫平滑肌而引起子宫收缩，分别用于产前催产、引产、产后止血或产后子宫的恢复，有些药物用于人工流产。包括垂体后叶制剂（缩宫素、卡古缩宫素）、麦角制剂（麦角新碱、双氢麦角碱、麦角胺）、前列腺素（米索前列醇）。

（2）其他类妇科药物

① 妇科炎症药：如念珠菌性阴道炎常用酮康唑、制霉菌素，滴虫性阴道炎常用甲硝唑、替硝唑等。

② 调经类药：常用的调经药有雌激素药和孕激素药。

3. 生物制品的分类及作用机制

（1）预防用生物制品　用于预防的生物制品，无论是来自细菌或病毒，国际上统称为疫苗。常用的有：伤寒疫苗、重组乙型肝炎疫苗、冻干人用狂犬病疫苗、麻疹减毒活疫苗、流感全病毒灭活疫苗、脊髓灰质炎减毒活疫苗、HPV疫苗、皮内注射用卡介苗、水痘减毒活疫苗等。

（2）治疗用生物制品　治疗用生物制品包括抗毒素及人血液制品等。常用的有：白喉抗毒素、破伤风抗毒素、抗蛇毒血清、人血白蛋白、人免疫球蛋白、乙型肝炎人免疫球蛋白、狂犬病人免疫球蛋白、注射用重组链激酶等。

（3）体内诊断试剂　如结核菌素纯蛋白衍生物等。

4. 解毒药的分类及作用机制

临床上用于解救急性中毒的药物称为解毒药。目前临床常用的解毒药包括以下几类。

（1）金属中毒解毒药　如谷胱甘肽、依地酸钙钠、二巯丙醇、青霉胺、去铁胺等。

（2）有机磷中毒解毒药　如碘解磷定、氯解磷定、阿托品、东莨菪碱等。

（3）氰化物中毒解毒药　如亚甲蓝、硫代硫酸钠、亚硝酸钠、亚硝酸异戊酯等。

（4）有机氟中毒解毒药　如乙酰胺。

（5）苯二氮䓬类中毒解毒药　如氟马西尼。

（6）吗啡类中毒解毒药　如纳洛酮、纳美芬等。

（7）其他解毒药　如乙酰半胱氨酸、亚叶酸钙等。

四、能力训练

（一）操作条件

1. 常见其他类常用药物。
2. 用药指导的基本要求。
3. 用药指导的操作流程。

（二）注意事项

1. 尊重患者，关爱生命，注重药学服务礼仪规范，不得有不礼貌的表情和语言。介绍药品时应注意与顾客保持一定的距离，给顾客留有空间。

2. 进行用药与健康指导时不得夸大其词，不使用绝对化的语言，坚守药学职业道德，坚持以患者为中心。

3. 对于一些特殊剂型如气雾剂、喷雾剂、缓（控）释制剂等，应教会患者正确使用。

4. 可以提供用药指导单，即将药物的具体服药方法和注意事项写在指导单上，提醒顾客按时服药。

5. 对于特殊人群需提供细致的药学服务。

（三）操作过程

序号	实施步骤	操作流程/话术举例	注意事项/操作标准
1	进店打招呼	“您好，请问有什么可以帮您的吗？”	语言清晰，礼貌用语
2	询问疾病	“请问您哪里不舒服？”	要求全面清楚
3	就医史及用药史	“请问您看过医生没有？有没有开具处方？”或“吃过什么药？”	（1）如果曾去医院就诊，询问医生诊断情况 （2）如有服用药物，则询问药物的疗效。避免重复用药 （3）询问既往史
4	用药依据	（1）“根据您的医生诊断是滴虫性阴道炎，医生给您开了甲硝唑片” （2）“甲硝唑片用于女性生殖系统感染，如滴虫性阴道炎” （3）“您还可以搭配妇炎洁一同使用，一个内服，一个外用，效果会更好”	通过询问症状，根据医生的处方进行关联导购，选择正确的药品，进而提高客单量
5	用药指导	“甲硝唑片，口服，一次1片，一日4次，疗程7日”	告知顾客用法、用量及注意事项，并提醒顾客按照说明书服药
6	温馨提示	“服药期间，伴侣同治，治愈前禁止性生活。注意可能发生的双硫仑样反应，故服用甲硝唑24h内应禁酒，多喝水”	提供一些简单的健康方式指导

【问题情境一】

杨女士6岁的儿子长时间食欲不好，经常口腔溃疡、体质瘦弱，杨女士来到药店购买健胃消食片，想助消化、提高食欲。经过药师询问，孩子平时就有明显的挑食、偏食现象，不喜欢食肉食，口腔易出现溃疡，常患口角炎，便向杨女士推荐健胃消食片和善存小佳维咀嚼片。

健胃消食片用于脾胃虚弱所致的食积，症见不思饮食，一次1片，一日3次，可嚼服。善存小佳维咀嚼片是一种复合维生素和微量元素的补充制剂，可以补充体内的微量元素，嚼服，每次2片，每日1次。

【问题情境二】

刘某，38岁，女，去医院检查发现盆腔内有少量积液，白带培养查出患有霉菌性阴道炎，医生开具了氟康唑片和克霉唑阴道栓。回到家后，记不太清如何用药，故来药店咨询。

氟康唑片口服，分别于第1、4、7天，每次3片顿服，阴道用克霉唑栓剂，连续3个月，再去医院复查。注意需要夫妻同治。

（四）学习结果评价

序号	评价内容	评价标准	评价结果（是/否）
1	药品类型	能根据药品分类原则，指出药品属于哪种类型	
2	适应证	能正确说明药品适应证	
3	作用机理	能正确介绍药品药理与作用机制	

续表

序号	评价内容	评价标准	评价结果（是/否）
4	用法用量	能正确推荐用药剂量、给药次数、给药途径、特殊剂型的正确使用方法	
5	不良反应	能正确告知常见的和比较严重的药品不良反应	
6	注意事项和相互作用	能根据实训中患者的具体情况介绍相应的注意事项；应该告知顾客处方药需要凭医生处方来买药，并在医师的指导下进行使用，出现比较严重的不良反应时的处理方式	
7	禁忌证	能针对实训中患者的具体情况，提出用药禁忌	
8	相同类别的药品推荐	能根据药物的化学结构或作用机制选用相同疗效的药物进行替代，应对患者已经出现的不良反应	
9	中成药	能推荐与实训中的化学药物联合用药，增强疗效	

五、课后作业

1. 简述维生素的分类。

2. 现在自媒体各大平台最近经常播放“科学补钙，关注中老年抽筋”的知识。65岁的王大爷最近频频出现夜间腿抽筋，且有明显驼背、行走困难，遂来到药店向店员咨询钙尔奇钙维生素D软胶囊。请你为他做用药推荐。

任务 E-2

用药咨询与问病售药

能力点 E-2-1　能依据感冒与流行性感冒的症状推荐用药

一、核心概念

1. 普通感冒

普通感冒又称伤风，是一种常见的急性上呼吸道感染性疾病，发病率高，影响人群面广，患者数量大，虽有自限性，但常常伴有并发症。

2. 流行性感冒

流行性感冒是由流感病毒引起的急性呼吸道传染病，发病有季节性，北方常在冬季，南方多在冬、春两季，主要通过飞沫及接触传播，传染性强，可引起大流行。

二、学习目标

1. 能够根据症状判断普通感冒和流行性感冒。
2. 能够根据中医基础理论判断感冒的证型。
3. 能对不同类型的感冒推荐用药，并能指导顾客合理用药。

三、基本知识

1. 病因和发病机制

（1）普通感冒　多为病毒性上呼吸道感染，常见的病毒是鼻病毒，其他病毒包括副流感病毒、呼吸道合胞病毒、埃可病毒、柯萨奇病毒等。感冒的诱因包括季节变化、环境、营养不良、应激、过度疲劳、失眠、免疫力低下等。当机体或呼吸道局部防御功能降低时，原先存在于上呼吸道或外界侵入的病毒迅速繁殖，引起感冒。

（2）流行性感冒　由流感病毒引起，流感病毒通常与呼吸道表面纤毛柱状上皮细胞的特殊受体结合而进入细胞，在细胞内进行复制。新的病毒颗粒被不断释放并播散继续感染其他细胞，被感染的宿主细胞则发生变性、坏死、溶解或脱落，产生炎症反应，从而出现发热、头痛、肌痛等全身症状。

2. 临床表现

（1）普通感冒　起病较急，一般潜伏期为1～3天，主要表现为鼻部症状，如喷嚏、鼻塞、流清水样鼻涕，也可表现为咳嗽、咽干、咽痒、咽痛或灼热感。2～3天后鼻涕变稠，常伴咽痛、流泪、味觉减退、呼吸不畅、声嘶等。一般无发热及全身症状，或仅有低热、不适、轻度畏寒、头痛，如无并发症，一般5～7天后痊愈。

（2）流感　潜伏期一般为1～7天，多数为2～4天。临床表现有以下几种情况。

① 单纯性流感：常突然起病，畏寒、高热，体温可达39～40℃，多伴头痛、全身肌肉关节酸痛、食欲减退等症状，常有咽喉痛、干咳，可有鼻塞、流涕、胸骨后不适等。颜面潮红，眼结膜外眦轻度充血。如无并发症呈自限性过程，多于发病3～4天后体温逐渐消退，全身症状好转，但咳嗽、体力恢复常需1～2周。轻症流感与普通感冒相似，症状轻，2～3天可恢复。

② 肺炎型流感：即流感病毒性肺炎，多见于老年人、儿童、原有心肺疾病的人群。主要表现为高热持续不退、剧烈咳嗽、咳血痰或脓性痰、呼吸急促、发绀、肺部可闻及湿啰音。胸部X线片提示双肺有散在的絮状阴影。痰培养无致病菌生长，可分离出流感病毒。严重的可因呼吸、循环衰竭而死亡。

③ 中毒型流感：表现为高热、休克、呼吸衰竭、中枢神经系统损害及弥散性血管内凝血（DIC）等严重症状，病死率高。

④ 胃肠型流感：除发热外，以呕吐、腹痛、腹泻为显著特点，儿童多于成人。2～3天即可恢复。

3. 诊断标准

主要结合流行病学史、临床表现和病原学检查。临床表现出现咽干、咽痒、打喷嚏、鼻塞、咳嗽、流泪、头痛等症状；血常规显示白细胞总数正常或降低，淋巴细胞比例升高；病毒核酸检测阳性，病毒抗原检测阳性，病毒特异性抗体IgG恢复期比急性期升高≥4倍，病毒分离培养阳性等。

4. 药物治疗

由于感冒症状复杂多样，采用单一用药不可能缓解所有症状，一般多采用复方制剂，主要包括解热镇痛药、减轻鼻黏膜充血药、镇咳药和抗组胺药这四种成分。

（1）非处方药治疗　《国家非处方药目录》中收录的感冒对症治疗西药主要有对乙酰氨基酚、布洛芬、酚麻美敏、美扑伪麻、双扑伪麻、氨酚伪麻、布洛伪麻等。

① 感冒伴有发热、头痛、关节痛、肌肉痛或全身酸痛可选用对乙酰氨基酚、布洛芬等或其复方制剂。

② 以鼻腔黏膜血管充血、打喷嚏、流泪、流涕等卡他症状为主的感冒患者可选服含有盐酸伪麻黄碱或氯苯那敏的制剂，如酚麻美敏、美扑伪麻、氨酚伪麻、伪麻那敏等复方制剂。

③ 含有马来酸氯苯那敏的制剂会有嗜睡的不良反应，对于白天需要工作、学习的患者，可以使用氨酚伪麻美芬片/氨麻美敏片Ⅱ、氨酚伪麻美芬片Ⅱ/氨麻苯美片等，白天不宜服用含氯苯那敏成分的复方制剂。

④ 对伴有咳嗽者可选服含有右美沙芬的复方制剂，如酚麻美敏、美酚伪麻、美息伪麻、双酚伪麻、伪麻美沙芬等。

⑤ 抗病毒可选服含有金刚烷胺的制剂，如复方氨酚烷胺咖敏、复方氨酚烷胺等。

（2）处方药治疗　临床确诊或高度怀疑流感且有发生并发症高危因素的患者，在医师指导下合理使用抗流感病毒药物。

① M_2离子通道阻滞药：如金刚烷胺、金刚乙胺。该类药物可阻滞流感病毒M_2蛋白的离子通道，从而抑制病毒复制，减轻临床症状，并防止病毒向下呼吸道蔓延导致肺炎等并发症。对亚洲A型流感病毒有抑制活性，但目前全球流行的H_1N_1甲型流感病毒对其有耐药性。

② 神经氨酸酶抑制药：为一类新型的抗流感药，如扎那米韦、奥司他韦。该类药物主要阻止病毒由被感染细胞释放和入侵邻近细胞，减少病毒在体内的复制，对甲型、乙型流感均具有作用，可用于流感的预防和治疗。神经氨酸酶抑制药宜及早用药，在流感症状初始48h内使用较为有效。

5.感冒的中医辨证论治

感冒主要以风邪兼夹寒、热而发病，因此首先要分清风寒与风热。

（1）风寒证

① 临床表现：恶寒，发热轻，无汗，头痛身疼，鼻塞、流清涕，喷嚏，舌苔薄白，脉浮紧。

② 治法：辛温解表，宣肺散寒。

③ 选药：感冒清热颗粒、正柴胡饮颗粒、风寒感冒颗粒等。

（2）风热证

① 临床表现：发热重，微恶风，头胀痛，鼻塞、流黄浊涕，咽痛咽红，咳嗽、咳痰黄稠，舌边尖红，苔白或黄，脉浮数。

② 治法：辛凉解表。

③ 选药：双黄连口服液、板蓝根颗粒、清开灵口服液、银翘解毒片、桑菊感冒片等。

（3）暑湿证

① 临床表现：身热，或热势不扬，微恶风，无汗或少汗，头昏胀痛，咳嗽痰黏，鼻塞、流浊涕，胸闷泛恶，舌苔薄黄而腻，脉濡数。

② 治法：清暑祛湿解表。

③ 选药：藿香正气水、六合定中丸、祛暑丸、十滴水、保济丸等。

（4）气虚证

① 临床表现：恶寒发热，或热势不盛，但觉时时恶寒恶风，自汗，头痛鼻塞，咳嗽痰白，气短懒言，倦怠乏力，舌淡苔白，脉浮无力。

② 治法：益气解表、调和脾胃。

③ 选药：玉屏风口服液、参苏丸等。

四、能力训练

（一）操作条件

1.常见的抗感冒药物。

2.问病荐药和健康指导的基本要求。

3.问病荐药和健康指导的操作流程。

（二）注意事项

1.尊重患者，关爱生命，注重药学服务礼仪规范，不得有不礼貌的表情和语言。注意与顾客保持一定的距离，给顾客留有空间。

2.进行用药与健康指导时不得夸大其词，不使用绝对化的语言，不得以营利为目的，坚守药学职业道德，坚持以患者为中心。

3. 对于一些特殊剂型如气雾剂、喷雾剂、缓（控）释制剂等，应教会患者正确使用。

4. 可以提供用药指导单，即将药物的具体服药方法和注意事项写在指导单上，提醒顾客按时服药。防止发生漏服、错服现象。

5. 对于特殊人群需提供细致的药学服务。

（三）操作过程

序号	实施步骤	操作流程/话术举例	注意事项/操作标准
1	进店打招呼	“您好，请问有什么可以帮您的吗？”	语言清晰，礼貌用语
2	详细询问症状	“请问您哪里不舒服？”	要求全面清楚
3	就医史及疾病史、用药史	“请问您看过医生没有？有没有开具处方？”或“吃过什么药？”或“有没有什么慢性病或长期服用什么药的？”	（1）如果曾去医院就诊，询问医生诊断情况 （2）如有服用药物，则询问药物的疗效。避免重复用药 （3）询问既往史
4	根据症状，判断和选用药物	（1）“根据您的症状，推荐您使用酚麻美敏片” （2）“医生给您的诊断是流感，给您开具了磷酸奥司他韦片和氨酚伪麻美芬片Ⅱ/氨麻苯美片” （3）“您还可以搭配维生素C泡腾片一起服用，能够提高您的免疫力，效果会更好”	通过询问症状，推荐非处方药物；或根据医生的处方进行调配；进行关联导购，选择正确的药品，进而提高客单量；推荐药物时注意顾客既往史等
5	用药指导	“酚麻美敏片一日3次，每次1片，饭后服用，每24h不得超过6片；磷酸奥司他韦片每日2次，每次1片，尽快开始服用并连服5天；氨酚伪麻美芬片Ⅱ/氨麻苯美片每日3次每次1片，饭后服用，白天吃白色药片，晚上吃黑色药片”	告知顾客用法、用量及注意事项，并提醒顾客按照说明书服药
6	健康指导	“感冒期间应注意保证休息时间，确保休息质量；多饮温开水；养成良好的生活习惯，避免过度疲劳和受凉；宜清淡饮食，进食易消化、富含维生素的食物，少吃过咸、过甜及油腻食物等，禁食辛辣食物，忌烟酒”	从作息、饮食等方面提供一些简单的健康方式指导

【问题情境一】

张某，男，25岁，自由职业者，2天前运动后没及时穿衣服，后出现头痛、鼻塞、咽痛、打喷嚏、流鼻涕等症状，自测体温37.8℃，想来药店购买一些药品。请推荐并指导其用药。

推荐酚麻美敏片，每日3次，每次1片，饭后服用。服药期间会有头晕、嗜睡、胃肠道不适等不良反应，但如轻微不影响服药，服药7天如症状无改善或加重则去医院就诊。

【问题情境二】

王某，男，45岁，2天前开始头痛、发热出汗、咽痛、流黄脓鼻涕，想要购买中成药。请推荐并进行用药指导。

根据辨证是风热感冒，推荐服用双黄连口服液，一日3次，每次2支，饭后服用。服药期间饮食宜清淡。

（四）学习结果评价

序号	评价内容	评价标准	评价结果（是/否）
1	疾病判断	能根据症状表现、检查指标，初步判断疾病	
2	用药推荐	推荐药品合理、正确，并能说明推荐理由	

续表

序号	评价内容	评价标准	评价结果（是/否）
3	用药交代	能正确交代用药剂量、给药次数、给药途径、特殊剂型的正确使用方法；能正确告知常见的和比较严重的药品不良反应及处理方式；能根据实训中患者的具体情况介绍相应的注意事项；应该告知顾客处方药需要凭医生处方来买药，并在医师的指导下进行使用；能针对实训中患者的具体情况，提出用药禁忌	
4	关联销售的药品推荐	能根据患者症状和主要用药，推荐关联销售药品	
5	中成药	能根据中医辨证，推荐对症的中成药	
6	健康指导	能从饮食、作息、情绪等方面提供合理、全面、准确的健康指导	

五、课后作业

1.感冒常用的非处方药治疗方案有哪些？

2.李某，男，50岁，主诉咽干、咽痒、咳嗽、头痛、流清涕，自测体温37.3℃，想服用中成药。请辨证推荐中成药并指导其用药。

能力点 E-2-2　能根据支气管炎和支气管哮喘症状推荐用药

一、核心概念

1.急性气管支气管炎

急性气管支气管炎是由感染、物理、化学刺激或过敏因素引起的气管、支气管黏膜的急性炎症。

2.慢性支气管炎

慢性支气管炎简称慢支，是指气管、支气管黏膜及其周围组织的慢性非特异性炎症。

3.支气管哮喘

支气管哮喘（简称哮喘）是由多种细胞（如嗜酸粒细胞、T淋巴细胞、肥大细胞、气道上皮细胞、中性粒细胞等）和细胞组分参与的气道慢性炎症性疾病。

二、学习目标

1.能够根据症状判断支气管炎和支气管哮喘。

2.能够根据中医基础理论判断喘病证型。

3.能对支气管炎和支气管哮喘推荐用药，并能指导顾客合理用药。

三、基本知识

1.病因和发病机制

支气管炎根据病程分急性气管支气管炎和慢性支气管炎。

急性气管支气管炎多由病毒感染所致，细菌、肺炎支原体和肺炎衣原体少见。冷空气、粉尘、各种变应原、刺激性气体或烟雾的吸入，均可引起气管、支气管黏膜的急性炎症。临床主要症状为咳嗽和咳痰，常发生于寒冷季节或突然降温时。

慢性支气管炎临床上以咳嗽、咳痰或伴有喘息及反复发作的慢性过程为特征。病情若缓慢进展，常并发阻塞性肺气肿，甚至肺动脉高压、肺源性心脏病。慢支的发病原因至今不清楚，一般认为分为感染性因素和非感染性因素两类，前者包括细菌或病毒等感染，后者包括大气污染、吸烟、过敏、自主神经功能失调、呼吸道局部防御及免疫功能降低等，慢支往往是多种因素共同作用的结果。

哮喘的病因复杂，许多因素参与其中，主要包括遗传因素和环境因素两方面。目前认为哮喘是一种有明显家族聚集倾向的多基因遗传疾病，其遗传率为70% ～ 80%。环境因素包括尘螨、花粉、动物毛屑、二氧化硫、氨气等各种特异性和非特异性吸入物，也包括感染、食物、药物、气候、运动、妊娠等因素。

哮喘的发病机制尚未完全阐明，目前可概括为免疫学机制、神经机制以及遗传因素三类。

2.临床表现

（1）急性支气管炎　起病较急，常先有上呼吸道感染症状，继而出现干咳或伴少量黏痰，痰量逐渐增多，咳嗽症状加剧，偶可痰中带血。咳嗽持续时间通常＜30天。全身症状较轻，可有轻中度发热，高热少见。双肺呼吸音多粗糙，部分可闻及干湿啰音。

（2）慢性支气管炎　慢性咳嗽，冬重夏轻，早晚重白天轻。咳痰多为白色黏痰或泡沫痰，早晚痰最多，在合并细菌感染时痰最增多，为黄色脓性痰，并有畏寒、发热。合并感染时，可伴喘息症状，又称为喘息型支气管炎。听诊可正常，或在双肺下部听到鼾音、湿啰音或哮鸣音，伴有胸闷。

（3）支气管哮喘　支气管哮喘常见症状有反复发作性喘息、胸闷、呼吸困难及咳嗽等。哮喘症状可在数分钟内发作，经数小时至数天，用支气管扩张药或自行缓解。在夜间及凌晨发作和加重是哮喘的特征之一。

3.诊断标准

急性气管支气管炎急性起病，主要症状为咳嗽，有至少一种其他呼吸道症状如咳痰、气喘、胸痛，并且对于上述症状无其他疾病原因可解释，即可对本病作出临床诊断。

慢性支气管炎为慢性或反复性咳嗽、咳痰或伴喘息，每年发病至少3个月，连续2年或2年以上。如每年持续不足3个月，而有明确客观依据（如X线表现、肺功能异常等）并在排除其他心肺疾病（如肺结核、哮喘、支气管扩张症、肺癌、心力衰竭等）后即可做出诊断。

支气管哮喘发作时在双肺可闻及散在或弥漫性以呼气相为主的哮鸣音，呼气相延长。反复发作喘息、气急、胸闷或咳嗽，常与接触变应原、物理或化学刺激、冷空气、病毒性上呼吸道感染及运动等有关。

4.药物治疗

针对支气管炎的药物治疗，主要有对症治疗和抗感染治疗两方面。

（1）对症治疗　① 解痉平喘：伴有支气管痉挛的患者可以选用β_2受体激动药如沙丁胺醇等，舒张支气管，缓解哮喘症状。② 去痰止咳：频繁咳嗽，可选用右美沙芬、喷托维林等镇咳药；对于慢性支气管炎患者应避免选择强镇咳药如可待因等。对痰多、不易咳出者要选用氨溴索、溴己新、标准桃金娘油、桉柠蒎等祛痰药。③ 气雾疗法：气雾湿化吸入可稀释气管内分泌物，有利于排痰。目前采用抗生素加祛痰药，以加强局部抗炎及稀化痰液的作用。

（2）抗感染治疗　常用的药物主要有青霉素类、头孢菌素类、大环内酯类、氨基糖苷类、喹诺酮类等。轻者可以口服，较重患者用肌注或静脉滴注。长期用药的慢性支气管炎患者可根据病原菌药物敏感试验来选择抗菌药物。

哮喘的治疗原则主要包括去除病因，控制发作，预防复发。常用药物如下。

① 糖皮质激素：抑制气道炎症形成过程中的诸多环节，是目前控制哮喘最有效的药物， 分为吸入、口服、静脉用药。吸入类糖皮质激素由于局部抗炎作用强、全身不良反应少，已成为哮喘长期治疗的首选。常用药物有倍氯米松、布地奈德、氟替卡松等。口服糖皮质激素常用于吸入激素无效或需要短期加强治疗的患者，常用泼尼松、泼尼松龙。重度或严重哮喘发作时应及早静脉给予激素，如甲泼尼龙、氢化可的松等。

② β_2受体激动药：分为短效（维持4～6h）和长效（维持10～12h），其中长效β_2受体激动药又可以分为快速起效（数分钟起效）和缓慢起效（30min起效）两种。短效β_2受体激动药是控制哮喘急性发作的首选药物，有吸入、口服、静脉三种制剂。首选吸入给药，常用的有沙丁胺醇、特布他林，采用按需间歇给药，不宜长期使用、单一使用。长效β_2受体激动药常用的有沙美特罗、福莫特罗等。与糖皮质激素联合应用是目前最常用的哮喘控制方案，联合制剂有氟替卡松-沙美特罗、布地奈德-福莫特罗等。

③ 白三烯调节药：通过阻断或抑制白三烯类炎症介质，减轻气道炎症和高反应性，是预防和治疗哮喘、减少使用激素的重要治疗药物，也是目前除糖皮质激素外唯一可单独使用的哮喘控制性药物。常用药物有孟鲁司特、扎鲁司特，尤其适用于阿司匹林哮喘、运动性哮喘和伴有变应性鼻炎哮喘患者的治疗。

④ 磷酸二酯酶抑制药（茶碱类）：此类药物除具有支气管扩张作用，还有抗炎、免疫调节和支气管保护作用。常用药物有氨茶碱、多索茶碱、二羟丙茶碱等。对于常规剂量的吸入性糖皮质激素无法控制的慢性哮喘患者，以及无法服用或吸入药物治疗效果不佳的患者，茶碱类药物仍是一种有用且价格低廉的药物。

⑤ 抗胆碱药：扩张支气管作用较吸入性β_2受体激动药弱，起效较缓慢。此类药物包括短效抗胆碱药异丙托溴铵、长效抗胆碱药噻托溴铵。前者多与β_2受体激动药联合应用，尤其适用于夜间哮喘及痰多的患者，后者持续时间更久（24h），目前主要用于哮喘合并慢阻肺以及慢阻肺患者的长期治疗。

⑥ 过敏介质阻滞药：主要作用是稳定肥大细胞膜，抑制过敏介质释放。代表药物有色甘酸钠、酮替芬。

⑦ 抗IgE类药：抗IgE单克隆抗体可应用于血清IgE水平增高的哮喘患者。目前主要用于经过吸入糖皮质激素和长效β_2受体激动药联合治疗后症状未控制的严重哮喘患者。

⑧ 其他治疗哮喘药物：如氯雷他定、氮䓬斯汀、曲尼斯特、瑞吡斯特等抗组胺药物。

5. 咳嗽的中医辨证论治

咳嗽是因邪犯肺系、肺失宣肃、肺气上逆所致的以咳嗽为主要症状的一组病证。咳嗽既是独立性的证候，亦是多种肺系疾病的一个症状：有声无痰为咳，有痰无声为嗽，一般多为痰声并见，难以截然分开，故以“咳嗽”并称。中医根据咳嗽的形成原因主要分为外感、内伤两大类，又因感邪性质不同及患者体质强弱，常有虚、实、寒、热之分。

（1）外感咳嗽——风寒袭肺

① 临床表现：咳嗽，咳少量稀白痰，气喘，微有恶寒发热，鼻塞，流清涕，喉痒，或见身痛无汗，舌苔薄白，脉浮紧。

② 治法：疏风散寒，宣肺止咳，化痰平喘。

③ 选药：通宣理肺丸、镇咳宁胶囊。

（2）外感咳嗽——风热袭肺

① 临床表现：咳嗽痰稠色黄，鼻塞流黄浊涕，身热，微恶风寒，口干咽痛，舌尖红苔薄黄，脉浮数。

② 治法：疏风清热，肃肺化痰，止咳平喘。

③ 选药：急支糖浆、蛇胆川贝枇杷膏。

（3）外感咳嗽——燥邪犯肺

① 临床表现：干咳，连声作呛，无痰或咳痰少黏，不易咳出，或痰中带血，口、唇、鼻、咽干燥。

② 治法：疏风清肺、润燥止咳。

③ 选药：二母宁嗽丸。

（4）内伤咳嗽——痰热壅肺

① 临床表现：咳嗽，咳痰黄稠而量多，胸闷，气喘息粗，甚则鼻翼扇动，或喉中痰鸣，烦躁不安，发热口渴，或咳吐脓血腥臭痰，胸痛，大便秘结，小便短赤，舌红苔黄腻，脉滑数。

② 治法：清热化痰，下气止咳。

③ 选药：清气化痰丸、橘红丸。

（5）内伤咳嗽——痰湿壅肺

① 临床表现：咳嗽痰多，质黏色白易咳出，胸闷，甚则气喘痰鸣，舌淡苔白腻，脉滑。

② 治法：清热化痰、肃肺止咳。

③ 选药：二陈丸、蛇胆陈皮液。

（6）内伤咳嗽——肺阴亏虚

① 临床表现：干咳、咳声短促，或咳少量黏痰，或痰中带有血丝、色鲜红，胸部隐隐闷痛，午后自觉手足心热，或见少量盗汗，皮肤干灼，口干咽燥，疲倦乏力，纳食不香，苔薄白、边尖红，脉细数。

② 治法：滋阴润肺。

③ 选药：养阴清肺膏、百合固金丸。

6. 喘病的中医辨证论治

喘病又叫喘证，是呼吸喘促，甚则不能平卧，喉间有哮鸣声为主要临床特征的疾病。喘病的中医辨证和治法要点如下。

（1）寒邪客肺

① 临床表现：咳嗽气喘，痰稀色白，畏寒肢冷等。

② 治法：宣肺散寒。

③ 选药：小青龙颗粒、桂龙咳喘宁胶囊。

（2）热痰阻肺

① 临床表现：发热，咳嗽、痰鸣，胸胀满闷，咳黄稠痰或痰中带血，甚则呼吸迫促，胸胁作痛，舌红，苔黄腻，脉滑数。

② 治法：清化痰热。

③ 选药：止嗽定喘口服液。

（3）肺肾阴虚

① 临床表现：咳嗽痰少或痰中带血，或声音嘶哑，腰膝酸软，形体消瘦，口燥咽干，骨蒸潮热，盗汗，颧红，男子遗精，女子经少，舌红，少苔，脉细数。

② 治法：滋阴，润肺，益肾。

③ 选药：蛤蚧定喘胶囊、百合固金丸。

（4）肾不纳气

① 临床表现：气短，气喘，动则喘甚而汗出，呼多吸少等吸气困难表现，面虚浮，脉细无力或虚浮无根。

② 治法：补肾纳气。

③ 选药：金水宝胶囊。

四、能力训练

（一）操作条件

1. 常见的止咳祛痰、抗感染、平喘药物。

2. 问病荐药和健康指导的基本要求。

3. 问病荐药和健康指导的操作流程。

（二）注意事项

1. 尊重患者，关爱生命，注重药学服务礼仪规范，不得有不礼貌的表情和语言。注意与顾客保持一定的距离，给顾客留有空间。

2. 进行用药与健康指导时不得夸大其词，不使用绝对化的语言，不得以营利为目的，坚守药学职业道德，坚持以患者为中心。

3. 对于一些特殊剂型如气雾剂、喷雾剂、缓（控）释制剂等，应教会患者正确使用。

4. 可以提供用药指导单，即将药物的具体服药方法和注意事项写在指导单上，提醒顾客按时服药。防止发生漏服、错服现象。

5. 对于特殊人群需提供细致的药学服务。

（三）操作过程

序号	实施步骤	操作流程/话术举例	注意事项/操作标准
1	进店打招呼	“您好，请问有什么可以帮您的吗？”	语言清晰，礼貌用语
2	详细询问症状	“请问您哪里不舒服？”	要求全面清楚
3	就医史及疾病史、用药史	“请问您看过医生没有？有没有开具处方？”或“吃过什么药？”；“有没有什么慢性病或长期服用什么药的？”	（1）如果曾去医院就诊，询问医生诊断情况 （2）如有服用药物，则询问药物的疗效。避免重复用药 （3）询问既往史
4	根据症状，判断和选用药物	（1）“根据您的症状，推荐您使用盐酸氨溴索片” （2）“医生给您的诊断是支气管哮喘，给您开具了沙丁胺醇气雾剂” （3）“您还可以搭配冬虫夏草一起服用，补肾益肺，止血化痰，效果会更好”	通过询问症状，推荐非处方药物；或根据医生的处方进行调配；进行关联导购，选择正确的药品，进而提高客单量 推荐药物时注意既往史等影响
5	用药指导	“盐酸氨溴索片一日3次，每次2片，饭后服沙丁胺醇气雾剂，有哮喘发作预兆或哮喘发作时喷雾吸入。每次吸入100～200μg，即1～2喷，必要时可每隔4～8h吸入一次，但24h内最多不宜超过8喷”	告知顾客用法、用量及注意事项，并提醒顾客按照说明书服药
6	健康指导	“有呼吸系统疾病的患者平时注意预防感冒，适当休息；饮食宜清淡，忌辛辣荤腥；戒烟；注意环境卫生；适当体育锻炼；定期检测疾病变化”	从作息、饮食等方面提供一些简单的健康方式指导

【问题情境一】

李大爷，65岁，有支气管哮喘病史，天气渐凉，想来药店购买用于预防哮喘发作的药品备用。请你推荐一个药品并指导其用药。

推荐孟鲁司特钠片，每日一次，每次一片（10mg），睡前服用。服药期间可能有轻微的头痛等不良反应，不影响用药。

【问题情境二】

王某，女，55岁，因反复咳嗽去医院就诊，医生诊断慢性支气管炎，并开处方氢溴酸右美沙芬糖浆、头孢呋辛酯片。但她忘记了如何服用，请你指导一下。

氢溴酸右美沙芬糖浆每天3次，每次15mL；头孢呋辛酯片每日2次，每次1片，饭后服用。

（四）学习结果评价

序号	评价内容	评价标准	评价结果（是/否）
1	疾病判断	能根据症状表现、检查指标，初步判断疾病	
2	用药推荐	推荐药品合理、正确，并能说明推荐理由	
3	用药交代	能正确交代用药剂量、给药次数、给药途径、特殊剂型的正确使用方法；能正确告知常见的和比较严重的药品不良反应及处理方式；能根据实训中患者的具体情况介绍相应的注意事项；应该告知顾客处方药需要凭医生处方来买药，并在医师的指导下进行使用；能针对实训中患者的具体情况，提出用药禁忌	
4	关联销售的药品推荐	能根据患者症状和主要用药，推荐关联销售药品	
5	中成药	能根据中医辨证，推荐对症的中成药	
6	健康指导	能从饮食、作息、情绪等方面提供合理、全面、准确的健康指导	

五、课后作业

1.支气管哮喘的治疗药物主要有哪些?

2.顾客李某，男，37岁，感冒之后出现咳嗽痰稠色黄，鼻塞流黄浊涕，口干咽痛，舌尖红，想服用中成药。请辨证推荐中成药并指导其用药。

能力点E-2-3　能根据鼻炎的症状推荐用药

一、核心概念

1.鼻炎

鼻炎是病毒、细菌、变应原、各种理化因子以及某种全身性疾病引起的鼻腔黏膜炎症。

2.变应性鼻炎

变应性鼻炎即过敏性鼻炎，是指特应性个体接触变应原后主要由IgE介导的介质（主要是组胺）释放，并有多种免疫活性细胞和细胞因子等参与的鼻黏膜非感染性炎性疾病。

二、学习目标

1. 能够根据症状判断变应性鼻炎。
2. 能够根据中医基础理论判断鼻渊病的证型。
3. 能对变应性鼻炎推荐用药，并能指导顾客合理用药。

三、基本知识

1. 病因和发病机制

鼻炎根据是否有变应性因素分为变应性和非变应性两类。非变应性鼻炎又分为萎缩性鼻炎、药物性鼻炎、干燥性鼻炎等。本能力点仅论述变应性鼻炎。

变应性鼻炎发生的必要条件有三个：特异性抗原即引起机体免疫反应的物质；特应性个体即所谓个体差异、过敏体质；特异性抗原与特应性个体二者相遇。变应性鼻炎是一个全球性健康问题，可导致许多疾病和劳动力丧失。

变应性鼻炎是一种由基因与环境互相作用而诱发的多因素疾病。变应性鼻炎的危险因素可能存在于所有年龄段。其发病原因与遗传因素、变应原暴露等因素有关，变应原主要分为吸入性变应原和食物性变应原。吸入性变应原是变应性鼻炎的主要原因，如螨、花粉、动物皮屑、真菌等。食物性变应原多见牛奶、大豆、花生、坚果、鱼、鸡蛋等。

2. 临床表现

变应性鼻炎的主要典型症状是鼻塞、流涕、鼻痒、打喷嚏。

鼻塞多呈间歇性或持续性，单侧或双侧，轻重程度不一；常有大量清水样鼻涕，有时可不自觉从鼻孔滴下，以急性发作期明显；阵发性鼻内痒，伴有嗅觉障碍、鼻塞，甚至有眼部、软腭、耳、咽喉痒及头痛，因鼻黏膜肿胀或息肉形成可引起嗅觉障碍，嗅觉障碍可为暂时性或持久性；打喷嚏每天数次阵发性发作，连续打喷嚏每次多于3个，多在晨起或夜晚或接触变应原后立刻发作，并有流水样或稀薄黏液样涕。

3. 诊断标准

打喷嚏、清水样涕、鼻塞、鼻痒等症状出现2项或以上，每天症状持续1h，可伴有眼痒、结膜充血等眼部症状。体征常见鼻黏膜苍白、水肿、鼻腔水样分泌物。变应原皮肤点刺试验阳性、血清特异性IgE阳性等。

4. 药物治疗

（1）抗组胺药　变应性鼻炎首选第二代抗组胺药如氯雷他定、西替利嗪等，具有H_1受体选择性高、无镇静作用、抗胆碱作用与抗组胺作用相分离的特点。第三代抗组胺药既具备第二代抗组胺药的特点，镇静作用少，同时心脏毒性的发生率低。第三代药物有左西替利嗪、地氯雷他定等。

（2）白三烯受体拮抗药　如孟鲁司特钠片，对二氧化硫、运动和冷空气等刺激及各种变应原如花粉、毛屑等引起的速发型和迟发型变态反应均有抑制作用。对于变应性鼻炎尤其是鼻塞严重的患者有效。孟鲁司特钠联合抗组胺药的疗效比两药单独使用的疗效好。

（3）糖皮质激素　对于任何类型的变态反应性疾病均有效，具有强大的抗炎作用与免疫抑制作用，被广泛用于治疗各种变态反应性疾病包括变应性鼻炎。要使药物直接到达病灶可以选用糖皮质激素类鼻喷剂如丙酸倍氯米松喷鼻剂、布地奈德鼻喷雾剂等，此类药物直接到达病灶、疗效显著，迅速缓解症状，是治疗变应性鼻炎的一线药物。

（4）减充血药　如麻黄碱滴鼻液、盐酸羟甲唑林喷雾剂，该药连续使用3～7天后，可能会造成药物性鼻炎或停药后症状反弹。所以一般都是短期使用（儿童不超过3天，成人不超过7天）缓解症状。

5. 鼻渊病的中医辨证论治

鼻渊为鼻科常见病证，以鼻塞、流黄涕或浊涕、量多，伴头痛、头昏、嗅觉减退或眉棱骨痛为主要特征。多因邪犯鼻窍，实内湿热蕴蒸，酿成痰浊所致。鼻渊病机有虚、实之分，实证多起病急、病程短，虚证则起病缓慢、病程较长，日久难愈。实证以肺经风热证、胆经郁热证多见。在治疗上，肺经风热证多以疏风清热、宣肺通窍为主；胆经郁热证多以清泻胆热、利湿通窍为主。鼻渊病的辨证荐药主要如下。

（1）肺经风热证　鼻炎片、鼻窦炎口服液。

（2）胆经郁热证　霍胆丸、鼻渊舒口服液。

四、能力训练

（一）操作条件

1. 常见的治疗鼻炎药物。
2. 问病荐药和健康指导的基本要求。
3. 问病荐药和健康指导的操作流程。

（二）注意事项

1. 尊重患者，关爱生命，注重药学服务礼仪规范，不得有不礼貌的表情和语言。注意与顾客保持一定的距离，给顾客留有空间。
2. 进行用药与健康指导时不得夸大其词，不使用绝对化的语言，不得以营利为目的，坚守药学职业道德，坚持以患者为中心。
3. 对于一些特殊剂型如气雾剂、喷雾剂、缓（控）释制剂等，应教会患者正确使用。
4. 可以提供用药指导单，即将药物的具体服药方法和注意事项写在指导单上，提醒顾客按时服药。防止发生漏服、错服现象。
5. 对于特殊人群需提供细致的药学服务。

（三）操作过程

序号	实施步骤	操作流程/话术举例	注意事项/操作标准
1	进店打招呼	“您好，请问有什么可以帮您的吗？”	语言清晰，礼貌用语
2	详细询问症状	“请问您哪里不舒服？”	要求全面清楚
3	就医史及疾病史、用药史	“请问您看过医生没有？有没有开具处方？”或“吃过什么药？”或“有没有什么慢性病或长期服用什么药的？”	（1）如果曾去医院就诊，询问医生诊断情况 （2）如有服用药物，则询问药物的疗效。避免重复用药 （3）询问既往史
4	根据症状，判断和选用药物	（1）“根据您的症状，推荐您使用氯雷他定片” （2）“医生给您的诊断是变应性鼻炎，给您开具了糠酸莫米松鼻腔喷雾剂” （3）“您还可以搭配维生素C泡腾片一起服用，能够提高您的免疫力，效果会更好”	通过询问症状，推荐非处方药物；或根据医生的处方进行调配；进行关联导购，选择正确的药品，进而提高客单量 推荐药物时注意既往史等影响

续表

序号	实施步骤	操作流程/话术举例	注意事项/操作标准
5	用药指导	"氯雷他定片一日一次，每次1片，睡前服用" "糠酸莫米松鼻腔喷雾剂每天一次，首先清洁双手，将食指与中指放在喷头的两侧，拇指放在瓶底以握紧药瓶，轻轻摇动药瓶，使药液充分混匀；用药前患者应擤净鼻涕，轻轻用鼻呼吸，保持头部直立，身体向前微微倾斜，用手指轻轻压住一侧鼻孔，将鼻喷雾器的喷头慢慢放入另一侧鼻孔中，保持瓶子直立，用鼻吸气，同时用手指按压瓶子喷出药液。用口呼气，将头后仰，以便药物能够流至鼻腔后部，用纸巾擦去鼻腔自然流出的液体，另一侧重复上述步骤，用完药后用纱布或纸巾将喷头擦拭干净，盖严瓶盖。将药品避光、干燥密闭保存，并放在儿童不易接触的地方"	告知顾客用法、用量及注意事项，并提醒顾客按照说明书服药
6	健康指导	"平时注意避免接触变应原，记录诱发自己过敏的各种可能变应原并尽量避免接触。用药期间宜清淡饮食，禁忌辛辣荤腥，戒烟戒酒。加强体质锻炼，增强身体抵抗力"	从作息、饮食等方面提供一些简单的健康方式指导

【问题情境一】

陈某，男，35岁。3天前楼下的花开了，随之陈某开始出现鼻塞、流清水涕、鼻痒、早上起来打喷嚏。来药店想购买一些药品。请推荐并指导其用药。

推荐西替利嗪片，每日一次，每次1片，睡前服用。服药期间会有头晕、嗜睡、胃肠道不适等不良反应，但如轻微不影响服药。服药3天症状无改善或加重应去医院就诊。

【问题情境二】

章某，男，50岁，2天前开始鼻塞、流黄涕且量多，伴头痛、头昏、嗅觉减退，想要购买中成药。请推荐并进行用药指导。

根据辨证，是肺经风热引起的鼻炎，推荐使用鼻炎片，每日3次，每次2片，服药期间饮食宜清淡。

（四）学习结果评价

序号	评价内容	评价标准	评价结果（是/否）
1	疾病判断	能根据症状表现、检查指标，初步判断疾病	
2	用药推荐	推荐药品合理、正确，并能说明推荐理由	
3	用药交代	能正确交代用药剂量、给药次数、给药途径、特殊剂型的正确使用方法；能正确告知常见的和比较严重的药品不良反应及处理方式；能根据实训中患者的具体情况介绍相应的注意事项；应该告知顾客处方药需要凭医生处方来买药，并在医师的指导下进行使用；能针对实训中患者的具体情况，提出用药禁忌	
4	关联销售的药品推荐	能根据患者症状和主要用药，推荐关联销售药品	
5	中成药	能根据中医辨证，推荐对症的中成药	
6	健康指导	能从饮食、作息、情绪等方面提供合理、全面、准确的健康指导	

五、课后作业

1.变应性鼻炎常用的治疗药物有哪些？

2.顾客方某，男，22岁，1周前家里开始养猫，后出现鼻塞、流涕、鼻痒、打喷嚏等症状，前来药店购药。请推荐药物并进行推荐用药及健康指导。

能力点 E-2-4　能根据消化不良和消化性溃疡症状推荐用药

一、核心概念

1.消化不良

消化不良是指由于胃肠蠕动减弱，食物在胃内停留时间过长等原因引起的胃部不适的总称。分为功能性消化不良和器质性消化不良。

2.消化性溃疡

消化性溃疡主要指发生于胃肠道黏膜的慢性溃疡，因溃疡形成与胃酸/胃蛋白酶的消化作用有关而得名。溃疡多位于胃和十二指肠球部。

二、学习目标

1.能够根据症状选择合适的治疗消化不良的药物。

2.能够根据患者症状判断消化性溃疡的类型。

3.能够根据不同类型的消化性溃疡进行合理用药指导。

三、基本知识

1.病因和发病机制

（1）消化不良的病因及发病机制至今尚未明确，大量研究提示主要与胃肠道运动功能障碍、内脏敏感性增高、对食物的容受性舒张功能下降以及精神心理等因素有关。

（2）消化性溃疡的形成与胃酸-胃蛋白酶的消化作用有关，一般是由胃及十二指肠局部黏膜损害（致溃疡）因素和黏膜保护（黏膜屏障）因素之间失去平衡所致。当损害因素增强和（或）保护因素削弱，可能出现溃疡。

致溃疡因素一般有以下三类：① Hp感染，该菌是消化性溃疡的主要病因，一般十二指肠球部溃疡患者的Hp感染率可达90%～100%。② 药物因素，长期服用非甾体抗炎药或者糖皮质激素。③ 其他因素，如吸烟、不良饮食习惯、精神因素、遗传、慢性疾病等。

2.临床表现

（1）消化不良　一般在进食或餐后感觉腹部不适、上腹发胀、早饱、恶心、呕吐、食欲不佳等，并常常伴有舌苔厚腻及上腹深压痛，上腹痛或不适，餐后加重。进食、运动或平卧后上腹正中有烧灼感或反酸，并可延伸至咽喉部。根据症状与进餐的相关性，可进一步分为两个亚型：餐后不适综合征和上腹痛综合征。餐后不适综合征以进餐诱发或加重早饱和餐后饱胀不适为特点；上腹痛综合征则以上腹痛、上腹烧灼痛为突出症状，与进餐可能相关或不相关。两种亚型可能同时存在。

此外，患者还可能有其他消化道症状，如嗳气、厌食、恶心、呕吐等。部分患者可重叠有下消化道症状，如腹泻、便秘等。

（2）消化性溃疡　每年春秋交际为高发季节。临床表现不一，少数患者可无症状。多数消化性溃疡表现为上腹部节律性、周期性疼痛，部分患者以出血、穿孔等为首发表现，或表现为恶心、厌食、纳差、腹胀等消化道非特异症状。根据溃疡发病的位置不同，分为胃溃疡和十二指肠溃疡。

① 胃溃疡（GU）：最典型症状就是节律性、周期性疼痛，表现为烧灼感、痉挛感。疼痛部位为剑突下正中或偏左，疼痛一般在餐后1h内出现，经过1～2h后逐渐缓解，直到下次进食后重新出现上述节律，较少发生于夜晚。以老年人多见。

② 十二指肠溃疡（DU）：典型症状也是节律性、周期性疼痛，但与GU不同的是疼痛表现为钝痛、灼痛或饥饿样不适感，疼痛部位为上腹正中或稍偏右，疼痛一般在餐后3～4h出现，直至下次进餐后缓解，常有夜间痛。以年轻人多见。

3.诊断标准

依据本病慢性病程、周期性发作及节律性上腹痛等典型表现，一般可作出初步诊断。需通过C^{13}/C^{14}呼气试验、钡餐X线和（或）内镜检查才能确诊。

消化不良临床表现餐后饱胀、早饱感、中上腹痛、中上腹烧灼感。消化性溃疡临床表现为节律性、周期性疼痛，目前胃镜检查为消化性溃疡确定的首选。C^{13}/C^{14}呼气试验可以确定有无幽门螺杆菌感染。

4.药物治疗

（1）消化不良　主要有促胃肠动力药、助消化药、微生态制剂等。

① 促胃肠动力药：如甲氧氯普胺、莫沙必利、多潘立酮等。甲氧氯普胺通过阻断胃肠道DA受体，增加胃肠蠕动，促进胃排空，用于胃肠功能失调所致的消化不良和胃胀气。莫沙必利通过激动5-HT4受体，促进胃肠蠕动，从而改善功能性消化不良。有餐后饱胀、早饱为主要症状的患者，可以选择促胃肠动力药多潘立酮。

② 消化酶制剂：如干酵母（酵母片）等可以改善与进食相关的上腹胀、食欲差等症状。

③ 微生态制剂：如乳酸杆菌片、双歧杆菌三联活菌胶囊。本类药物可以调节胃肠道，使胃肠道菌群达到生态平衡，能够防治消化不良、腹泻等疾病。

（2）消化性溃疡　主要有抗酸药、抑酸药、胃黏膜保护药、抗幽门螺杆菌药等。

① 抗酸药：又称中和胃酸药，是一类弱碱性药物，口服后能中和胃酸，从而降低胃酸浓度和胃蛋白酶的活性，减弱胃酸对溃疡面的刺激和腐蚀作用，缓解疼痛，有利于溃疡愈合。临床上常采用复方制剂，既能增强中和胃酸的能力，又能减轻或对抗铝盐、钙盐引起的便秘及镁盐引起的轻泻等不良反应，主要有氢氧化铝、铝碳酸镁等。

② 抑酸药：本类药物能有效抑制基础胃酸和各种刺激（如食物、组胺等）引起的胃酸分泌，主要用于治疗消化性溃疡、反流性食管炎、上消化道出血等。常用药物有H_2受体阻断药（如西咪替丁、雷尼替丁）；质子泵抑制药如奥美拉唑、雷贝拉唑等。质子泵抑制药是目前最常用治疗消化性溃疡的药物，也是抑制胃酸分泌作用最强的药物。主要通过抑制胃壁细胞的H^+-K^+-ATP酶，阻断了胃酸形成的最后步骤，使胃壁细胞的H^+不能转运到胃腔形成胃酸，使胃液中的胃酸大量减少，促进溃疡愈合，由于强烈改变了细菌原来生存的最佳pH，可以抑制幽门螺杆菌生长，与阿莫西林、克拉霉素等抗生素联合应用可用于杀灭幽门螺杆菌，明显降低复发率。

③ 胃黏膜保护药：如枸橼酸铋钾、硫糖铝。本类药物口服难吸收，在胃内酸性环境下形成凝胶，附着于溃疡表面形成保护膜，从而防止胃酸、胃蛋白酶、食物对溃疡面的损伤。

④ 抗幽门螺杆菌药：如阿莫西林、克拉霉素、庆大霉素、甲硝唑、呋喃唑酮等。幽门螺杆菌感染与消化性溃疡的发生和复发有密切联系，杀灭幽门螺杆菌不仅有助于溃疡愈合，且能减少复发。

5. 胃脘痛的中医辨证论治

胃脘痛主要由外邪侵入、饮食不节、情志失调等因素引起，因此要分清病因，对症下药。

（1）寒邪客胃证

① 临床表现：胃痛暴作，恶寒喜暖，得温痛减，遇寒加重；口淡不渴或喜热饮、舌淡、苔薄白等症状。

② 治法：温胃散寒，理气止痛。

③ 选药：附子理中丸、良附丸等。

（2）饮食伤胃证

① 临床症状：胃脘疼痛，胀满拒按，嗳腐吞酸，吐后痛减，不思饮食，大便不爽，舌苔厚腻，脉滑。

② 治法：消食导滞，和胃止痛。

③ 选药：保和丸、枳实导滞丸等。

（3）肝气犯胃证

① 临床症状：胃脘胀痛，牵涉至两胁，疼痛多随情绪波动而发作或加重，还可伴有胸闷嗳气、大便不畅，苔薄白，脉沉弦。

② 治法：疏肝理气，和胃止痛。

③ 选药：舒肝丸、气滞胃痛颗粒等。

（4）痰饮停胃证

① 临床症状：胃脘痞痛，呕吐痰涎，肢体沉重，口淡不饥，舌白厚腻，脉沉滑。

② 治法：温化痰饮、理气和胃。

③ 选药：参苓白术颗粒。

（5）湿热蕴胃证

① 临床症状：胃脘灼痛，脘闷嘈杂，口干口苦，口渴而不欲饮，纳呆恶心，头重如裹，小便色黄，大便不畅，舌红，苔黄腻，脉滑数。

② 治法：清化湿热，理气和胃。

③ 选药：连朴饮、平胃散等。

（6）瘀血阻胃证

① 临床症状：胃脘刺痛，痛处固定，按之痛甚，吐血，黑粪，舌质紫暗或有瘀斑，脉涩。

② 治法：活血化瘀，理气和胃。

③ 选药：元胡止痛片。

（7）胃阴亏虚证

① 临床症状：胃脘隐隐灼痛，似饥而不欲食，口燥咽干，手足心热，心烦，消瘦乏力，口渴思饮，大便干结，舌红少津，脉细数。

② 治法：养阴生津，益胃止痛。

③ 选药：养胃舒颗粒、阴虚胃痛颗粒等。

（8）脾胃虚寒证

① 临床症状：胃痛隐隐，喜温喜按，空腹痛甚，空腹痛甚，得食则缓，劳累或受凉后发作或加重，泛吐清水，精神倦怠，手足不温，大便溏薄，舌淡苔白，脉虚弱或迟缓。

② 治法：益气健脾，温胃止痛。

③ 选药：小建中合剂、香砂养胃丸等。

四、能力训练

（一）操作条件

1.常见的治疗消化不良和消化性溃疡药物。

2.问病荐药和健康指导的基本要求。

3.问病荐药和健康指导的操作流程。

（二）注意事项

1.尊重患者，关爱生命，注重药学服务礼仪规范，不得有不礼貌的表情和语言。注意与顾客保持一定的距离，给顾客留有空间。

2.进行用药与健康指导时不得夸大其词，不使用绝对化的语言，不得以营利为目的，坚守药学职业道德，坚持以患者为中心。

3.对于一些特殊剂型如气雾剂、喷雾剂、缓（控）释制剂等，应教会患者正确使用。

4.可以提供用药指导单，即将药物的具体服药方法和注意事项写在指导单上，提醒顾客按时服药。防止发生漏服、错服现象。

5.对于特殊人群需提供细致的药学服务。

（三）操作过程

序号	实施步骤	操作流程/话术举例	注意事项/操作标准
1	进店打招呼	“您好，请问有什么可以帮您的吗？”	语言清晰，礼貌用语
2	详细询问症状	“请问您哪里不舒服？”	要求全面清楚
3	就医史及疾病史、用药史	“请问您看过医生没有？有没有开具处方？”或“吃过什么药？”或“有没有什么慢性病或长期服用什么药的？”	（1）如果曾去医院就诊，询问医生诊断情况 （2）如有服用药物，则询问药物的疗效。避免重复用药 （3）询问既往史
4	根据症状，判断和选用药物	（1）“根据您的症状，推荐您铝碳酸镁咀嚼片” （2）“医生给您的诊断是十二指肠溃疡，给您开具了奥美拉唑肠溶胶囊、阿莫西林胶囊和克拉霉素片” （3）“您还可以搭配果胶铋一起服用，能够保护您的胃黏膜，加速溃疡愈合”	通过询问症状，推荐非处方药物；或根据医生的处方进行调配；进行关联导购，选择正确的药品，进而提高客单量 推荐药物时注意既往史等影响
5	用药指导	“铝碳酸镁咀嚼片一日3次每次1片，饭后1h嚼服” “奥美拉唑肠溶胶囊每日2次，每次1粒，早晨及睡前空腹服用，注意整粒吞服，不要嚼破；阿莫西林胶囊每日3次，每次1片，饭后服用，克拉霉素片每日2次，每次1片，饭后服用”	告知顾客用法、用量及注意事项，并提醒顾客按照说明书服药

续表

序号	实施步骤	操作流程/话术举例	注意事项/操作标准
6	健康指导	“溃疡活动期应注意保证休息时间，确保休息质量；保持心情愉快；养成良好的生活习惯，避免过度疲劳和受凉；宜清淡饮食，进食易消化、富含维生素的食物，禁食生冷、纤维过高的食物，禁食辛辣食物、咖啡及浓茶，忌烟酒”	从作息、饮食等方面提供一些简单的健康方式指导

【问题情境一】

沈女士，25岁，因为减肥所以从来不吃早饭，半个月前开始上腹部痛，于是到了医院检查，最后确诊为十二指肠球部溃疡伴有Hp（+），医生为她开了艾司奥美拉唑镁肠溶片、阿莫西林胶囊、克拉霉素片三种药物。她忘记医生嘱咐如何服用药物了，前来药店咨询。

这三种药联合应用是用于消化性溃疡伴有幽门螺杆菌的治疗。艾司奥美拉唑镁肠溶片需要空腹整片吞服，每日2次，每次1片。阿莫西林胶囊饭后服用，每日3次，每次1片。克拉霉素片饭后服用，每日2次，每次1片。平时注意三餐规律，不要进食生冷、过硬的实物，不要暴饮暴食，忌咖啡、浓茶。

【问题情境二】

宋阿姨，女，65岁，过生日与朋友聚餐，吃得过饱，2天前开始出现上腹隐痛、胀痛，想解大便但是解不出来。

根据症状分析宋阿姨为消化不良，经询问1个月前有过慢性腹泻病史，很有可能为菌群失调导致的消化不良。推荐保和丸，每日3次，每次8丸，饭后服用；双歧杆菌三联活菌胶囊，每日2次，每次2粒，饭后用40℃以下温水送服。

（四）学习结果评价

序号	评价内容	评价标准	评价结果（是/否）
1	疾病判断	能根据症状表现、检查指标，初步判断疾病	
2	用药推荐	推荐药品合理、正确，并能说明推荐理由	
3	用药交代	能正确交代用药剂量、给药次数、给药途径、特殊剂型的正确使用方法；能正确告知常见的和比较严重的药品不良反应及处理方式；能根据实训中患者的具体情况介绍相应的注意事项；应该告知顾客处方药需要凭医生处方来买药，并在医师的指导下进行使用；能针对实训中患者的具体情况，提出用药禁忌	
4	关联销售的药品推荐	能根据患者症状和主要用药，推荐关联销售药品	
5	中成药	能根据中医辨证，推荐对症的中成药	
6	健康指导	能从饮食、作息、情绪等方面提供合理、全面、准确的健康指导	

五、课后作业

1.消化性溃疡治疗药物有哪些？各举一代表药物。

2.陈某，女，30岁，自述近1个月来反复出现反酸，并出现上腹部烧灼饥饿样疼痛，吃几块饼干可以缓解，当肚子饿的时候又会出现不适，有时候还会伴有夜间痛。请根据症状推荐合理的药物并指导其合理用药。

能力点 E-2-5　能根据甲亢和甲减症状推荐用药

一、核心概念

1. 甲状腺功能亢进症

甲状腺功能亢进症（简称甲亢），是由于甲状腺合成释放过多的甲状腺激素，造成机体代谢亢进和交感神经兴奋，引起心悸、出汗、进食和便次增多、体重减少的病症。

2. 甲状腺功能减退症

甲状腺功能减退症（简称甲减），是由各种原因导致的低甲状腺激素血症或甲状腺激素抵抗而引起的全身性低代谢综合征。

二、学习目标

1. 能够根据症状判断甲亢和甲减。
2. 能对甲亢、甲减患者推荐用药，并能指导顾客合理用药。

三、基本知识

1. 病因和发病机制

（1）甲亢　甲状腺疾病有一定的遗传倾向，女性、有家族史、受到精神创伤和感染者发病率较高。甲亢的诱因包括：① 感染，如感冒、扁桃体炎、肺炎等；② 外伤、创伤；③ 精神刺激，如精神紧张、焦虑等；④ 过度疲劳；⑤ 妊娠早期可能诱发或加重甲亢；⑥ 碘摄入过多，如过多食用海带等海产品，或由胺碘酮等药物所诱发。

（2）甲减　根据病因和病变发生部位，甲状腺功能减退症可分为以下三种。

① 原发性甲减：由于甲状腺腺体本身病变引起的甲减，占全部甲减的95%以上，其中90%以上原发性甲减是由自身免疫、甲状腺手术和甲亢 ^{131}I治疗所致。

② 中枢性甲减：由下丘脑和垂体病变引起的促甲状腺激素释放激素（TRH）或者促甲状腺激素（TSH）产生和分泌减少所致的甲减。

③ 甲状腺激素抵抗综合征：由于甲状腺激素在外周组织实现生物效应障碍引起的综合征。

2. 临床表现

（1）甲亢

① 多食、消瘦、畏热、多汗、心悸、激动等高代谢症候群。

② 神经和血管兴奋性增强，如手颤、心动过速、心脏杂音，严重者可有心脏扩大、心房纤颤、心力衰竭等严重表现。

③ 不同程度的甲状腺肿大和突眼等特征性体征。

④ 严重者可出现甲状腺危象、昏迷甚至危及生命。

⑤ 少数老年患者高代谢症状不典型，仅表现为乏力、心悸、厌食、抑郁、嗜睡、体重明显减轻，称为“淡漠型甲亢”。

（2）甲减

① 一般表现：易疲劳、怕冷、体重增加、记忆力减退、反应迟钝、嗜睡、情绪低落、厌食、腹胀、便秘、月经不调、贫血等。

② 肌肉与关节：肌肉乏力，暂时性肌强直、痉挛、疼痛，咀嚼肌、胸锁乳突肌、股四头肌和手部肌肉可有进行性肌萎缩。

③ 心血管系统：心动过缓、心包积液和心脏增大。

④ 组织表现：皮肤干燥、无光泽、粗厚、发凉；毛发干枯、稀少、易脱落。

3. 诊断标准

（1）甲亢　血清游离甲状腺激素（FT_3、FT_4）水平增加，血清促甲状腺素（TSH）水平降低，血清促甲状腺素受体抗体（TRAb）阳性。放射性核素检查，甲状腺摄^{131}I率升高。

（2）甲减

① 中度正细胞正色素性贫血，血清三酰甘油、总胆固醇、LDL-C增高，HDL-C降低，同型半胱氨酸增高，血清肌酸激酶（CK）、乳酸脱氢酶（LDH）增高。

② 血清甲状腺激素和血清TSH增高，TT_4（血清总甲状腺素）、FT_4降低是诊断本病的必备指标。

③ 甲状腺自身抗体：血清甲状腺过氧化物酶抗体（TPOAb）和甲状腺球蛋白抗体（TgAB）阳性提示甲减是由于自身免疫性甲状腺炎所致。

④ X线检查：晚期病例可见心脏向两侧增大，可伴心包积液和胸腔积液。部分患者有蝶鞍增大。

4. 药物治疗

（1）甲亢药物治疗的主要目的是抑制甲状腺合成甲状腺激素，以减轻或消除甲亢症状。药物治疗疗效肯定，但疗程长，一般为1～2年，需定期随诊，停药后复发率较高。治疗药物主要有以下几类。

① 硫脲类：如丙硫氧嘧啶、甲巯咪唑、卡比马唑等；硫脲类药物能抑制甲状腺过氧化物酶活性，使进入甲状腺的碘化物不能氧化成活性碘，并阻止碘化酪氨酸缩合成T_3和T_4，从而抑制甲状腺激素的合成。硫脲类因不影响碘的摄取，也不能直接对抗已合成的甲状腺激素，故需待储存的甲状腺激素耗尽后才能显示作用。一般在用药2～3周后甲亢症状开始减轻，1～2个月基础代谢率才可恢复正常。丙硫氧嘧啶与其他硫脲类药物相比，较少通过胎盘，对胎儿的影响小，哺乳期妇女需停止哺乳。

② 碘和碘化物：常用的有碘化钾、碘化钠和复方碘溶液，主要用于甲状腺危象和甲亢术前准备。

③ β受体阻滞药：甲亢患者的交感神经活动增强，对心率加快者可选用β受体阻滞药，如普萘洛尔。

（2）甲减采用左甲状腺素（L-T_4）治疗，治疗目标是将血清TSH和甲状腺激素水平恢复到正常范围内，需要终生服药。

5. 甲亢的中医辨证论治

在中医里面一般把甲亢归为瘿病的范畴，也称为瘿气、瘿瘤等。中医认为甲亢主要有肝郁气滞、肝火旺盛、肝郁化火，也有阴虚火旺，根据不同的病情具体分析来辨证治疗。临床上中药主要有夏枯草，还有海藻、牡蛎、浙贝等可以治疗，中成药方有海藻玉壶汤，还有丹栀逍遥丸、滋水清肝饮等。

四、能力训练

（一）操作条件

1.常见的治疗甲亢和甲减药物。

2.问病荐药和健康指导的基本要求。

3.问病荐药和健康指导的操作流程。

（二）注意事项

1.尊重患者，关爱生命，注重药学服务礼仪规范，不得有不礼貌的表情和语言。注意与顾客保持一定的距离，给顾客留有空间。

2.进行用药与健康指导时不得夸大其词，不使用绝对化的语言，不得以营利为目的，坚守药学职业道德，坚持以患者为中心。

3.对于一些特殊剂型如气雾剂、喷雾剂、缓（控）释制剂等，应教会患者正确使用。

4.可以提供用药指导单，即将药物的具体服药方法和注意事项写在指导单上，提醒顾客按时服药。防止发生漏服、错服现象。

5.对于特殊人群需提供细致的药学服务。

（三）操作过程

序号	实施步骤	操作流程/话术举例	注意事项/操作标准
1	进店打招呼	“您好，请问有什么可以帮您的吗？”	语言清晰，礼貌用语
2	详细询问症状	“请问您哪里不舒服？”	要求全面清楚
3	就医史及疾病史、用药史	“请问您看过医生没有？有没有开具处方？”或“吃过什么药？”或“有没有什么慢性病或长期服用什么药的？”	（1）如果曾去医院就诊，询问医生诊断情况 （2）如有服用药物，则询问药物的疗效。避免重复用药 （3）询问既往史
4	根据症状，判断和选用药物	（1）“医生给您的诊断是甲亢，给您开具了甲巯咪唑片” （2）“您还可以搭配夏枯草膏一起服用，能够散结消肿，效果会更好”	通过询问症状，推荐非处方药物；或根据医生的处方进行调配；进行关联导购，选择正确的药品，进而提高客单量，推荐药物时注意既往史等影响
5	用药指导	“甲巯咪唑片一日3次，每次2片，饭后服用，疗程2年” “左甲状腺素钠片每天1片，于早餐前半小时、空腹、一次性用水送服”	告知顾客用法、用量及注意事项，并提醒顾客按照说明书服药
6	健康指导	“甲亢患者注意饮食均衡，避免过多摄入碘，保持良好生活习惯，按时作息，睡眠充足，劳逸结合，避免情绪波动。多饮水；戒烟戒酒，戒浓茶、咖啡等兴奋性饮料” “甲减患者每2～3个月监测1次TSH水平，甲状腺素替代治疗患者如出现感染、腹泻、手术等应激情况时，需咨询专科医师是否需要调整甲状腺素的剂量”	从作息、饮食等方面提供一些简单的健康方式指导

【问题情境一】

朱某，女，50岁，因多食、消瘦、多汗、心悸、易怒去医院就诊，医生诊断为甲状腺功能亢进症，开具处方丙硫氧嘧啶片。她想了解一下这个药的不良反应，请你指导一下。

丙硫氧嘧啶的主要不良反应有：① 粒细胞减少，故应定期检查血象，若患者有咽痛、发热等症状，必须立即停药去医院就诊；② 过敏反应多为痛痒、药疹等轻症反应，少数伴发热，停药后可自行消退。

【问题情境二】

王某，女，65岁，因甲状腺功能减退症长期服用左甲状腺素钠片。她想咨询下长期服用该药有哪些注意事项？

左甲状腺素钠片应于早餐前半小时、空腹、将全日剂量一次性用水送服；对老年患者、冠心病患者以及重度或长期甲状腺功能减退的患者，应特别注意在使用甲状腺素治疗的开始阶段选择较低的初始剂量，剂量增加的间隔要长，缓慢增加用量，定期监测血甲状腺素水平；个别病例由于对剂量不耐受或者服用过量，特别是由于治疗开始时剂量增加过快，可能出现甲状腺功能亢进症状，包括手抖、心悸、心律失常、多汗、腹泻、体重下降、失眠和烦躁，必要时需停药，直至不良反应消失后再从更小的剂量开始；服药期间如要同时服用其他药物应当咨询医生或药师。

（四）学习结果评价

序号	评价内容	评价标准	评价结果（是/否）
1	疾病判断	能根据症状表现、检查指标，初步判断疾病	
2	用药推荐	推荐药品合理、正确，并能说明推荐理由	
3	用药交代	能正确交代用药剂量、给药次数、给药途径、特殊剂型的正确使用方法；能正确告知常见的和比较严重的药品不良反应及处理方式；能根据实训中患者的具体情况介绍相应的注意事项；应该告知顾客处方药需要凭医生处方来买药，并在医师的指导下进行使用；能针对实训中患者的具体情况，提出用药禁忌	
4	关联销售的药品推荐	能根据患者症状和主要用药，推荐关联销售药品	
5	中成药	能根据中医辨证，推荐对症的中成药	
6	健康指导	能从饮食、作息、情绪等方面提供合理、全面、准确的健康指导	

五、课后作业

1. 甲亢的治疗药物主要有哪些？

2. 于某，女，55岁，因甲亢长期服用甲巯咪唑片，现在她想再配点针对甲亢的中成药一起服用，请你推荐一个中成药。

能力点 E-2-6　能根据缺铁性贫血症状推荐用药

一、核心概念

1. 贫血

贫血是指血液中的红细胞数目或血红蛋白含量低于正常值。一般包括小细胞低色素性贫血（缺铁性贫血）、巨幼红细胞贫血和再生障碍性贫血。

2. 缺铁性贫血

缺铁性贫血是由于人体内储存铁缺乏，影响血红蛋白合成而发生的一种小细胞低色素性贫血，是最常见的营养性贫血。

二、学习目标

1. 能介绍缺铁性贫血的病因及常用药物。
2. 能够为缺铁性贫血患者正确推荐药物并指导用药。
3. 能对缺铁性贫血患者进行健康指导。

三、基本知识

1. 疾病概述

人体内铁可分为功能状态铁和储存铁两部分。前者包括血红蛋白铁、肌红蛋白铁以及乳铁蛋白；储存铁以铁蛋白和含铁血黄素形式存在于单核巨噬细胞系统中。

（1）铁的来源　一方面为内源性铁，来源于衰老的红细胞释放出的铁，是机体铁的重要来源；另一方面是外源性铁，是从食物中摄取的，比如动物血或者动物肝脏、瘦肉、蛋黄、海带、菠菜、芝麻、大豆等。

（2）铁的吸收　人体铁的主要吸收部位在十二指肠和空肠。

2. 病因和发病机制

（1）铁丢失过多　长期慢性的铁丢失得不到纠正会导致缺铁性贫血，如月经过多、多次流产、频繁献血。一些慢性疾病也会导致体内血液丢失过多，导致缺铁而发生缺铁性贫血，例如胃肠道慢性失血，它是成年男性和绝经期妇女缺铁最常见的病因。

（2）铁吸收障碍　胃部分或次全切除术后，胃酸分泌不足且食物胃-空肠排空迅速，绕过铁的主要吸收部位十二指肠，可导致铁的吸收减少。此外，多种原因造成的胃肠道功能紊乱，例如长期不明原因腹泻、慢性肠炎、胃酸缺乏症、十二指肠疾病、服用抗酸药等均可因铁吸收障碍而引发缺铁性贫血。

（3）铁摄入不足　多见于婴幼儿、青少年、妊娠和哺乳期妇女。婴幼儿需要的铁量较大，由于乳汁中含铁量低，如未及时添加蛋类、肉类等含铁量较为丰富的辅食，容易导致缺铁。妊娠期妇女由于供给胎儿造血需要，加之分娩失血以及哺乳等原因，耗铁量增加，相对铁摄入不足，也会导致缺铁。

（4）饮食结构不合理　长期偏食、挑食、过度减肥，含铁丰富的食物摄入过少也会导致缺铁。

铁是人体必需的微量元素，人体内铁以Fe^{2+}形式存在，参与人体血红蛋白的组成。人体内铁分为功能铁和储存铁两部分。在血红蛋白的合成受到影响之前，体内的储存铁已耗尽，此时为缺铁。铁缺乏症包括开始时体内储存铁的耗尽，继之缺铁性红细胞生成，最终引起缺铁性贫血。

3. 临床表现

（1）贫血的症状　常见倦怠、乏力、头昏、头痛、心悸、面色萎黄或苍白、食欲缺乏，活动后出现气促、眼花、耳鸣等症状。

（2）组织缺铁的表现　精神行为异常，如烦躁、易怒、注意力不集中、异食癖；体力耐力下降；易感染；小儿生长发育迟缓、智力低下；口腔炎、萎缩性舌炎、吞咽困难、咽部异物感、口角炎；毛发干枯、脱落；皮肤干燥、皱缩，指（趾）甲缺乏光泽、脆薄易裂，重者指甲变平甚至凹下呈勺状（反甲）。

（3）缺铁的原发病表现　如消化性溃疡、肿瘤或痔疮导致的出血；肠内寄生虫感染导致的腹痛；妇女月经过多、恶性肿瘤疾病导致的消瘦；以及血管内溶血导致的血红蛋白尿等。

4. 诊断标准

（1）贫血诊断　正常成人血红蛋白量男性为120～160g/L，女性为110～150g/L；红细胞计数男性为（4.0～5.5）$\times 10^{12}$/L，女性为（3.5～5.0）$\times 10^{12}$/L。凡低于以上指标的即为贫血。

（2）贫血程度　血红蛋白在90～120g/L为轻度贫血，60～90g/L为中度贫血，小于60g/L为重度贫血。

（3）缺铁性贫血　急性失血时为正色素性贫血；慢性缺铁性贫血表现为小细胞低色素性贫血，可以从血常规报告单上快速判断，通常血红蛋白与红细胞计数之比约为3∶1（如血红蛋白量120g/L，红细胞计数4.0×10^{12}）；血涂片检查可见红细胞大小不等、中心浅染；血清铁、血清铁蛋白含量下降，总铁结合力升高。铁剂治疗有效（在补铁后第5～10天复查，网织红细胞升高至4%～10%）。

5. 药物治疗

（1）口服铁剂　如硫酸亚铁、富马酸亚铁、琥珀酸亚铁、多糖铁复合物等。口服铁剂价廉方便，效果良好，是治疗缺铁性贫血的首选方法。常用硫酸亚铁和富马酸亚铁，两者口服吸收良好，胃肠道刺激性小，铁利用率高。铁剂经口服吸收入血后，被分离进入细胞线粒体，与原卟啉形成血红素，血红素与珠蛋白合成血红蛋白，供血细胞携氧所用。此外，铁还是许多酶的组成成分，参与多种生物代谢。补充铁剂可使这些代谢恢复正常，缓解原先由缺铁所引起的一系列症状。

注意铁剂与药物食物的配伍禁忌。四环素类、考来烯胺等可在肠道与铁结合，影响铁的吸收；抗酸药可使二价铁转变成三价铁，减少铁的吸收；牛奶、蛋类、钙剂、磷酸盐、草酸盐等可抑制铁剂的吸收；茶和咖啡中的鞣质等易与铁形成不被吸收的盐而影响铁的吸收。肉类、糖果、氨基酸、脂肪可促进铁剂的吸收；维生素C作为还原剂可促进三价铁转变成二价铁，从而促进铁的吸收，故口服铁剂应同时应用维生素C。

（2）静脉铁剂治疗　主要有右旋糖酐铁和蔗糖铁。作用机制同口服铁剂，胃肠道反应严重或经胃肠不能吸收或需要快速补铁的情况下，可以选择静脉或肌注补铁。注意首次用药前应先给予试验剂量，并且应具备治疗过敏反应的应急措施，1h内无过敏反应者再给予足量治疗。

6. 贫血的中医辨证论治

中医认为贫血主要由于久病而生血不足或失血过多所致。症见面色萎黄或苍白、口唇及指甲苍白（没有红润颜色）、头晕、耳鸣、心悸、失眠及女性月经不调等。贫血的中医辨证施治一般有以下几种。

（1）脾血虚

① 临床表现：疲乏无力，纳差食少，心悸气短，健忘，失眠，面色萎黄，舌质淡，苔白薄，脉细缓。

② 治法：补脾养血。

③ 选药：归脾丸等。

（2）心血虚

① 临床症状：心悸怔忡，健忘，失眠，多梦，面色不华，舌质淡，脉细或结代。

② 治法：养血宁心。

③ 选药：人参归脾丸等。

（3）肝血虚

① 临床症状：头晕，目眩，胁痛，肢体麻木，筋脉拘急，女性月经不调（甚至闭经），面色不华，舌质淡，脉弦细或细涩。

② 治法：补血养肝。

③ 选药：酸枣仁颗粒等。

四、能力训练

（一）操作条件

1.常见的治疗缺铁性贫血药物。

2.问病荐药和健康指导的基本要求。

3.问病荐药和健康指导的操作流程。

（二）注意事项

1.尊重患者，关爱生命，注重药学服务礼仪规范，不得有不礼貌的表情和语言。注意与顾客保持一定的距离，给顾客留有空间。

2.进行用药与健康指导时不得夸大其词，不使用绝对化的语言，不得以营利为目的，坚守药学职业道德，坚持以患者为中心。

3.对于一些特殊剂型如气雾剂、喷雾剂、缓（控）释制剂等，应教会患者正确使用。

4.可以提供用药指导单，即将药物的具体服药方法和注意事项写在指导单上，提醒顾客按时服药。防止发生漏服、错服现象。

5.对于特殊人群需提供细致的药学服务。

（三）操作过程

序号	实施步骤	操作流程/话术举例	注意事项/操作标准
1	进店打招呼	“您好，请问有什么可以帮您的吗？”	语言清晰，礼貌用语
2	详细询问症状	“请问您哪里不舒服？”	要求全面清楚
3	就医史及疾病史、用药史	“请问您看过医生没有？有没有开具处方？”或“吃过什么药？”或“有没有什么慢性病或长期服用什么药的？”	（1）如果曾去医院就诊，询问医生诊断情况 （2）如有服用药物，则询问药物的疗效。避免重复用药 （3）询问既往史
4	根据症状，判断和选用药物	（1）“根据您的症状，推荐您琥珀酸亚铁片” （2）“医生给您的诊断是缺铁性贫血，给您开具了多糖铁复合物胶囊” （3）“您还可以搭配维生素C一起服用，可以促进铁的吸收”	通过询问症状，推荐非处方药物；或根据医生的处方进行调配；进行关联导购，选择正确的药品，进而提高客单量 推荐药物时注意既往史等影响
5	用药指导	“琥珀酸亚铁片每日2次，每次1片，饭后服用；多糖铁复合物胶囊每日1次，每次1粒，饭后服用。不要与牛奶、蛋类、浓茶、咖啡以及抗酸药一起服用，口服铁剂可能会出现黑粪，不用过于焦虑，但是要与消化道出血相鉴别”	告知顾客用法、用量及注意事项，并提醒顾客按照说明书服药

续表

序号	实施步骤	操作流程/话术举例	注意事项/操作标准
6	健康指导	“贫血患者除补铁外，合理膳食同样重要，应多进食动物肝、瘦肉类、蛋奶及豆制品等优质蛋白质食物；进食含铁丰富的食物，如动物肝脏、舌、乌贼、海蜇、虾米、蛋黄等动物性食品。提倡使用铁锅烹饪。忌饮浓茶、咖啡。不挑食、不偏食。每天适当运动增加抵抗力，并且保证充足的睡眠”	从作息、饮食等方面提供一些简单的健康方式指导

【问题情境一】

林某，女，45岁，孕30周，经常感觉头晕、疲倦乏力、食欲减退，有时会恶心呕吐，去医院检查后诊断为缺铁性贫血，医生根据病情为她开了琥珀酸亚铁、维生素C片、阿胶补血口服液三种药物，请你来说一说医生联合用药的原理是什么？并对其进行用药指导。

林女士为妊娠期间铁的需求量增加导致的贫血。医生三药合用，其中维生素C为还原剂，可以使三价铁还原成二价铁，促进琥珀酸亚铁的吸收，阿胶补血口服液为补益气血的中成药，可以改善贫血的症状。琥珀酸亚铁片服用方法为每日2次，每次1片，饭后服用。维生素C片每日3次，每次1片，饭后服用。服药期间会出现恶心、腹痛和上腹部不适，如轻微则不影响服药。注意需定期去医院复查血常规。

【问题情境二】

薛某，女，20岁，月经量大，1个月前劳累或活动后出现心慌、气喘、头晕，家人发现她面色不如从前红润，但能照常上班，到医院查血常规，结果显示血红蛋白60g/L，红细胞计数3.0×10^{12}/L。请你推荐一个药品并指导其用药。

根据症状分析薛某为月经过多引起的贫血，推荐服用多糖铁复合物胶囊，每日1次，每次1粒，饭后服用。服药期间可能有恶心、腹痛、上腹部不适等消化道症状，一般可以耐受，不影响用药。

（四）学习结果评价

序号	评价内容	评价标准	评价结果（是/否）
1	疾病判断	能根据症状表现、检查指标，初步判断疾病	
2	用药推荐	推荐药品合理、正确，并能说明推荐理由	
3	用药交代	能正确交代用药剂量、给药次数、给药途径、特殊剂型的正确使用方法；能正确告知常见的和比较严重的药品不良反应及处理方式；能根据实训中患者的具体情况介绍相应的注意事项；应该告知顾客处方药需要凭医生处方来买药，并在医师的指导下进行使用；能针对实训中患者的具体情况，提出用药禁忌	
4	关联销售的药品推荐	能根据患者症状和主要用药，推荐关联销售药品	
5	中成药	能根据中医辨证，推荐对症的中成药	
6	健康指导	能从饮食、作息、情绪等方面提供合理、全面、准确的健康指导	

五、课后作业

1.缺铁性贫血的病因有哪些？

2.李某，女，25岁，自述近1个月来出现头晕、乏力，家人发现其面色不如从前红润了，检查血常规后诊断为缺铁性贫血，医生开了硫酸亚铁片、维生素C片，药盒上写了药物服用方法，但是没有写明服药时间，她听说药物空腹吃吸收好，于是每天饭前服用，连续服药3天后出现恶心、呕吐、上腹部疼痛等消化道症状，甚至不能耐受继续服用药物。请你根据上诉案例分析原因并为她进行合理用药指导。

3. 中医对血虚的辨证有哪几种类型，并至少说出一种治疗药物。

能力点 E-2-7　能根据尿路感染症状推荐用药

一、核心概念

尿路感染是指各种病原微生物在尿路中生长、繁殖而引起的炎症性疾病，多见于育龄期和绝经后女性、老年男性、免疫力低下及尿路畸形者。

二、学习目标

1. 能够根据症状判断尿路感染。
2. 能对尿路感染患者推荐用药，并能指导顾客合理用药。
3. 能根据中医辨证判断尿路感染的证型并推荐合适的中成药。

三、基本知识

1. 病因和发病机制

尿路感染根据感染发生部位可分为上尿路感染（肾盂肾炎）和下尿路感染（膀胱炎和尿道炎）。临床又有急性和慢性之分。尿路感染的主要病因和发病机制有如下几种。

（1）致病菌　多为会阴部及肠内常见菌种，以大肠埃希菌为最多，其次为变形杆菌、葡萄球菌、粪链球菌、铜绿假单胞菌，偶见厌氧菌、真菌及原虫感染。

（2）细菌入侵途径

① 上行感染：为最常见的感染途径，致病菌经尿道口沿膀胱、输尿管上行达肾盂，此种感染多为大肠埃希菌。

② 血行感染：较上行感染少见。一般患者体内有感染病灶或败血症，细菌侵入血液，到达肾皮质引起多发性小脓肿，向下扩散至肾乳头、肾盏及肾盂，引起肾盂肾炎，多由金黄色葡萄球菌和大肠埃希菌引起。

③ 其他：淋巴道感染及直接感染极其少见。

（3）机体易感因素　一般情况下，人体的泌尿系统黏膜有一定的抗感染能力，可以将入侵的细菌杀死，但在易感因素的影响下，机体的抵抗能力会下降甚至失去，从而发生细菌感染，而且易感因素的存在也是肾盂肾炎反复发作久治不愈的重要原因。常见的易感因素如下。

① 尿路梗阻为最主要的易感因素。

② 膀胱输尿管反流。

③ 肾发育不良。

④ 机体抵抗力下降。

⑤ 其他如尿道内或尿道口附近有感染性病变、妊娠与分娩、前列腺炎等。

2.临床表现

（1）常见体征

① 尿液异常：尿路感染可引起尿液的异常改变，常见的有细菌尿、脓尿、血尿等。

② 排尿异常：尿路感染常见的排尿异常是尿频、尿急、尿痛，也可见到尿失禁和尿潴留。慢性肾盂肾炎引起的慢性肾衰竭的早期可见多尿，后期可出现少尿或无尿。

③ 腰痛：腰痛是临床常见症状，肾脏及肾周围疾病是腰痛的常见原因之一。

（2）临床特征　如患者有突出的全身表现，体温＞38℃，应考虑上尿路感染。分为急性、慢性。

① 急性肾盂肾炎：多数起病急骤，数小时至2天发展成本病。畏寒、发热，体温达38～40℃，常伴有头痛、全身酸痛和疲乏无力，可有食欲缺乏、恶心呕吐，或有腹胀和腹泻；泌尿系统多有尿急、尿频、尿痛等膀胱刺激症状，局部症状常有腰痛、肾区叩痛；尿液外观浑浊，呈脓尿、血尿表现。

② 慢性肾盂肾炎：大多由急性肾盂肾炎未彻底治疗反复发作所致。常有以下几种非典型性表现形式。a.无症状性细菌尿：致病菌多为大肠埃希菌，一般无尿路刺激症状，或仅有低热、易疲劳和腰痛，有细菌尿，临床呈隐匿表现。b.继发性高血压：主要表现为头痛、头昏、乏力、记忆力减退等高血压症状，尿检有多种异常，尿细菌（+）。c.发作性血尿：肉眼或镜下血尿为主，常伴有腰痛及尿路刺激征，血尿可自行缓解，但菌尿一直存在。d.长期低热：肾实质有活动性感染病灶，长期低热、乏力、体重下降，有脓尿、细菌尿，而缺乏尿路刺激征。

③ 膀胱炎：约占尿路感染的60%以上，致病菌多为大肠埃希菌，占75%以上。主要表现为尿频、尿急、尿痛和排尿不适、下腹部疼痛和排尿困难。尿液常浑浊、有异味，约30%可出现血尿，一般无全身感染症状。

3.诊断标准

（1）典型的尿路感染有尿路刺激征、感染中毒症状、腰部不适等，结合尿液改变和尿液细菌学检查。尿路感染定位：上尿路感染常有发热、寒战，伴明显腰痛，输尿管点和（或）肋脊点压痛、肾区叩击痛等。而下尿路感染常以膀胱刺激征为突出表现，一般少有发热、腰痛等。

（2）对于留置导尿管的患者出现典型的尿路感染症状、体征，且无其他原因可以解释，尿标本细菌培养菌落计数≥10^3/mL时，应考虑导管相关性尿路感染的诊断。

（3）无症状菌尿（ASB）是指患者无尿路感染症状，但中段尿培养连续两次（同一菌株）尿细菌数＞10^5菌落形成单位/mL。多见于老年女性和妊娠期妇女，发病率随年龄增长而增加。

4.药物治疗

（1）急性膀胱炎　短疗程疗法可选用磺胺类、喹诺酮类、半合成青霉素类或头孢菌素类等抗菌药物，任选一种药物连用3天，约90%的患者可治愈。

（2）肾盂肾炎　病情较轻者，可口服药物治疗10～14日，通常90%可治愈。常用药物有喹诺酮类、半合成青霉素类、头孢菌素类等。严重感染全身中毒症状明显者，需住院治疗静脉给药。

（3）妊娠期尿路感染　宜选用毒性小的抗菌药物（如阿莫西林、头孢菌素类、呋喃妥因等）。孕妇的急性膀胱炎治疗时间为3～7日。

5.淋证的中医辨证论治

尿路感染在中医上属于淋证的范畴，指以小便频数短涩，滴沥刺痛，欲出未尽，少腹拘急，或痛引腰腹为主要临床表现的一类病证。淋证的病理性质有实有虚，且多见虚实夹杂之证。临床上淋证有热淋、石淋、血淋、气淋、膏淋、劳淋之分，各种淋证各有特点，其中最常见的有热淋、石淋和膏淋。治疗上应遵循实则清利，虚则补益，虚实夹杂则补虚泻实的原则。

（1）热淋

① 临床表现：小便频数短涩，灼热刺痛，尿色黄赤，少腹拘急胀痛，或腰痛拒按，多伴发热、口苦、呕恶，或大便秘结。苔黄腻，脉滑数。

② 治法：清热、利湿、通淋。

③ 选药：热淋清颗粒、三金片等。

（2）石淋

① 临床表现：尿中可夹砂石，排尿涩痛，或排尿时突然中断，尿道窘迫疼痛，少腹拘急，一侧腰腹突发绞痛难忍，甚至牵及外阴，尿中带血，舌红苔薄黄，脉弦或带数。久病不愈可见面色无光，精神萎靡，少气乏力，腰腹隐痛，手足心热，舌红少苔。

② 治法：清热利湿，排石通淋。

③ 选药：排石颗粒、石淋通片等。

（3）膏淋

① 临床表现：分虚、实两种。实证可见小便浑浊，色乳白或如米泔水，尿道热涩疼痛，尿时阻塞不畅，口干，舌红苔黄腻，脉濡数。虚证可见淋出为脂，尿道热涩疼痛，尿时阻塞不畅，形瘦，眩晕，腰膝酸软之力，舌淡苔腻，脉细弱无力。

② 治法：实证清热利湿，分清泻浊；虚证补虚固涩。

③ 选药：萆薢分清丸、金砂五淋丸等。

四、能力训练

（一）操作条件

1. 常见的治疗尿路感染药物。
2. 问病荐药和健康指导的基本要求。
3. 问病荐药和健康指导的操作流程。

（二）注意事项

1. 尊重患者，关爱生命，注重药学服务礼仪规范，不得有不礼貌的表情和语言。注意与顾客保持一定的距离，给顾客留有空间。
2. 进行用药与健康指导时不得夸大其词，不使用绝对化的语言，不得以营利为目的，坚守药学职业道德，坚持以患者为中心。
3. 对于一些特殊剂型如气雾剂、喷雾剂、缓（控）释制剂等，应教会患者正确使用。
4. 可以提供用药指导单，即将药物的具体服药方法和注意事项写在指导单上，提醒顾客按时服药。防止发生漏服、错服现象。
5. 对于特殊人群需提供细致的药学服务。

（三）操作过程

序号	实施步骤	操作流程/话术举例	注意事项/操作标准
1	进店打招呼	“您好，请问有什么可以帮您的吗？”	语言清晰，礼貌用语
2	详细询问症状	“请问您哪里不舒服？”	要求全面清楚

续表

序号	实施步骤	操作流程/话术举例	注意事项/操作标准
3	就医史及疾病史、用药史	“请问您看过医生没有？有没有开具处方？”或“吃过什么药？”或“有没有什么慢性病或长期服用什么药的？”	（1）如果曾去医院就诊，询问医生诊断情况。 （2）如有服用药物，则询问药物的疗效。避免重复用药 （3）询问既往史
4	根据症状，判断和选用药物	（1）“医生给您的诊断是急性尿道炎，给您开具了氧氟沙星片” （2）“膀胱刺激征和血尿明显者，可口服碳酸氢钠片每次1片，一日3次，以碱化尿液、缓解症状、抑制细菌生长、避免形成血凝块，对应用磺胺类抗菌药物者还可增强药物的抗菌活性，并避免尿路结晶形成”	通过询问症状，推荐非处方药物；或根据医生的处方进行调配；进行关联导购，选择正确的药品，进而提高客单量；推荐药物时注意既往史等影响
5	用药指导	“氧氟沙星片一日2次，每次1片，饭后服用，连续服用3天” “阿莫西林胶囊一日3次，每次2粒，饭后服用，连续服用14天”	告知顾客用法、用量及注意事项，并提醒顾客按照说明书服药
6	健康指导	“尿路感染急性期注意休息，多饮水，勤排尿，注意会阴部清洁，饮食宜清淡”	从作息、饮食等方面提供一些简单的健康方式指导

【问题情境一】

王某，女，30岁，因头痛、恶心呕吐、尿急、尿频、尿痛、腰痛、尿液外观浑浊、血尿到医院就诊，医生诊断为急性肾盂肾炎，开具处方头孢呋辛酯片，已经服用了3天，症状有所缓解，想来问问还要不要继续服药。

病情较轻者，口服药物治疗10～14日，通常90%可治愈。然后去医院检查，如尿菌仍阳性，应参考药敏试验选用有效抗菌药物继续治疗4～6周。

【问题情境二】

蒋某，男，56岁，因小便频数短涩，灼热刺痛，尿色黄赤、口苦、大便秘结等，来药店想买点中成药服用，请你推荐一下。

以上症状符合热淋的表现，推荐服用热淋清颗粒，一日3次，每次1包。

（四）学习结果评价

序号	评价内容	评价标准	评价结果（是/否）
1	疾病判断	能根据症状表现、检查指标，初步判断疾病	
2	用药推荐	推荐药品合理、正确，并能说明推荐理由	
3	用药交代	能正确交代用药剂量、给药次数、给药途径、特殊剂型的正确使用方法；能正确告知常见的和比较严重的药品不良反应及处理方式；能根据实训中患者的具体情况介绍相应的注意事项；应该告知顾客处方药需要凭医生处方来买药，并在医师的指导下进行使用；能针对实训中患者的具体情况，提出用药禁忌	
4	关联销售的药品推荐	能根据患者症状和主要用药，推荐关联销售药品	
5	中成药	能根据中医辨证，推荐对症的中成药	
6	健康指导	能从饮食、作息、情绪等方面提供合理、全面、准确的健康指导	

五、课后作业

1.治疗淋证的中成药主要有哪些?

2.陈某，女，47岁，因尿频、尿急、尿痛和排尿不适、下腹部疼痛、尿液浑浊去医院就诊，医生诊断为膀胱炎，开具处方复方SMZ片和碳酸氢钠片，但她忘记如何服用了，想请你指导一下用药方法以及平时生活中有什么需要注意的。

能力点E-2-8 能根据皮肤病症状推荐用药

一、核心概念

1.接触性皮炎

接触性皮炎是由于皮肤或黏膜接触外源性物质后，在接触部位所发生的急性或慢性炎症反应。依据发病机制和临床表现可分为刺激性接触性皮炎和变态反应性接触性皮炎。

2.湿疹

湿疹是由多种内外因素引起的一种具有明显渗出倾向的炎症性皮肤病，伴有明显瘙痒，易复发，严重影响患者的生活质量。

3.荨麻疹

荨麻疹俗称风疹块，是由于皮肤、黏膜小血管扩张及渗透性增加出现的一种局限性水肿反应。

4.手足癣

手癣和足癣是指由皮肤癣菌引起的手足部浅表皮肤真菌感染，主要累及指(趾)间、手掌、足跖及侧缘，严重时可波及手、足背及腕、踝部。若皮肤癣菌仅感染足背和手背的皮肤，通常称为体癣。

5.痤疮

痤疮是一种毛囊皮脂腺单位的慢性炎症病变，以粉刺、丘疹、脓疱、结节、囊肿及瘢痕为特征。

二、学习目标

1.能够根据症状判断常见的皮肤病。

2.能对常见皮肤病患者推荐用药，并能指导顾客合理用药。

三、基本知识

1.病因和发病机制

(1)接触性皮炎　接触性皮炎的病因是皮肤或黏膜接触致病的外源性物质。能引起接触性皮炎的外源性物质很多，主要有动物性、植物性和化学性三种。动物性如毒毛、动物的毒素等;植物性如生漆、荨麻、补骨脂等;化学性如化妆品、镍、铬、塑料、香料、杀虫剂、染料等。按照发病机制，接触性皮炎多半由于变态反应引起，称为变态反应性(变应性)接触性皮炎，少数则由于化学物质对皮肤的直接刺激导致，称为刺激性接触性皮炎。刺激性接触性皮炎的共同特点是：① 任何人接触后均可发病；② 无潜伏期；③ 皮损多限于直接接触部位，边界清楚；④ 停止接触后皮疹可消退。变应性接触性皮炎为典型的Ⅳ型变态反应，其共同特点是：① 在特定潜伏期，首次接触后不发生反应，经过1～2周如再次接触同样致敏物才发病；② 皮损往往呈广泛性、对称性分布；③ 皮肤斑贴试验阳性。

（2）湿疹　湿疹的病因十分复杂，机体内因包括免疫功能异常（如免疫失衡、免疫缺陷等）和系统性疾病（如内分泌疾病、营养障碍、慢性感染、肿瘤等）以及遗传性或获得性皮肤屏障功能障碍；外因如环境或食品中的变应原、刺激原、微生物、环境温度或湿度变化、日晒等均可引发或加重湿疹。社会-心理因素如紧张、焦虑也可诱发或加重本病。

（3）荨麻疹　急性荨麻疹常可找到病因，但慢性荨麻疹的病因多难以明确。通常将病因分为外源性和内源性。外源性因素多为暂时性，包括物理刺激（摩擦、压力、冷、热、日光照射等）、食物（动物蛋白如鱼、虾、蟹、贝壳类、蛋类等，植物或水果类如芒果、杏子、胡桃等，腐败食物和食品添加剂）、药物（免疫介导的如青霉素、磺胺类药、血清制剂、各种疫苗等，或非免疫介导的肥大细胞释放药如吗啡、可待因、阿司匹林等）、植入物（人工关节、骨科钢板、钢钉及妇科的节育器等）以及运动等。内源性因素多为持续性，包括肥大细胞对IgE高敏感性、慢性隐匿性感染、劳累或精神紧张、炎症性肠病等。慢性荨麻疹很少由变应原介导所致。

（4）手足癣　足癣是最常见的浅表真菌感染，如混穿鞋袜，裸足在公共浴室、健身房、游泳池等场所行走，密切接触病原菌都可能被感染。浅表真菌感染在患者不同部位之间也会自身传播，如足癣可引起手癣、体股癣及甲癣，如约1/3足癣患者常伴有甲真菌病。环境因素在浅表真菌感染的发病中也起一定作用，湿热地区和高温季节是皮肤癣菌感染高发的促发因素。手足多汗、穿不透气的鞋子或免疫功能受损亦是重要的易感因素。足癣复发率高，约84%的患者每年发作2次以上。

皮肤癣菌在底物的诱导下产生多种蛋白水解酶，进一步分解各种蛋白，为其生长代谢提供所需的养分，并向周围组织扩散及侵入更深的组织。此外，真菌的代谢产物作为抗原可刺激机体产生抗体和致敏淋巴细胞，并与其发生反应，引起皮损。

（5）痤疮　痤疮发生的原因很多，发病机制也很复杂。其中，内分泌影响及皮脂分泌增加、毛囊皮脂腺导管的异常角化和微生物如丙酸杆菌的作用是痤疮的重要病因。此外，遗传、高脂肪、高糖及刺激性饮食、情绪紧张和某些药物的应用如异烟肼、糖皮质激素等亦可诱发痤疮的发生。

2.临床表现

（1）接触性皮炎

① 刺激性接触性皮炎：接触物本身对皮肤具有直接的刺激作用，任何人接触后均可发生。刺激性接触性皮炎又分为急性刺激性和累积性刺激性两种。皮肤接触强刺激剂后，迅速出现红斑、水疱、大疱、糜烂甚至坏死、溃疡；皮肤反复接触弱刺激性物质可出现红斑、鳞屑、皮肤干燥或皲裂等，也可呈湿疹样改变。皮损边界较清，形状与接触物范围一致，分布不一定对称。皮损好发于暴露部位，手最常受累，患者自觉瘙痒、烧灼或疼痛感。

② 变应性接触性皮炎：初次接触变应原后不立即发病，需要4～20天潜伏期（平均7～8天），使机体先致敏，再次接触该变应原后可在12～64h发生皮炎。常发生在变应原直接接触的皮肤部位和远离部位，也可在接触变应原多年无症状后突然发病。急性期皮炎的皮损为红斑、丘疹、水疱或大疱、糜烂、渗出、结痂且边界清楚。慢性期则为暗红环、皮肤增厚、苔藓样变、皲裂，好发于暴露部位。当接触物为粉尘、气体或机体高度敏感时，皮损可泛发而无一定的鲜明界限。自觉瘙痒、烧灼感或胀痛感，严重病例可有全身反应，如发热、畏寒、头痛、恶心等。

（2）湿疹　根据湿疹的临床表现可以分为急性、亚急性及慢性三期。

① 急性期：表现为红斑、水肿基础上粟粒大小的丘疹、丘疱疹、水疱、糜烂及渗出，病变中心往往较重，并逐渐向周围蔓延。外围有散在丘疹、丘疮疹，故边界不清。

② 亚急性期：表现为红肿和渗出减轻，糜烂面结痂、脱屑。

③ 慢性期：主要表现为粗糙肥厚、苔藓样变，可伴有色素改变，手足部湿疹可伴发指（趾）甲改变。皮疹一般对称分布，常反复发作，自觉症状为瘙痒，甚至剧痒。

（3）荨麻疹　荨麻疹主要临床特征为风团及不同程度的瘙痒，少数患者可合并血管性水肿。急性荨麻疹患者在皮损处会突然出现大小不一的、鲜红色或苍白色的“风团”，呈现圆形、椭圆形或不规则形，以孤立、散在或融合成一片状态出现，病情严重者还可出现心悸、恶心、呕吐，以至于呼吸困难、血压降低或过敏性休克。结合病史和体检，将荨麻疹分为自发性和诱导性。根据发生频率及时间， 前者又可分为急性和慢性。慢性荨麻疹是指风团每周至少发作2次， 持续≥6周者。

（4）手足癣　根据皮损形态，手癣和足癣临床上可分为水疱型、间擦糜烂型和鳞屑角化型，但临床上往往几种类型同时存在。

① 水疱型：以小水疱为主，成群或散在分布，疱壁厚，内容物澄清，干燥吸收后出现脱屑，常伴瘙痒。

② 间擦糜烂型：以4 ～ 5趾间和3 ～ 4趾间最为常见，多见于足部多汗、经常浸水或长期穿不透气鞋的人，夏季多发。皮损表现为趾间糜烂、浸渍发自，除去浸渍发白的上皮可见其下红色糜烂面，可有少许渗液。患者痛痒明显，局部容易继发细菌感染，可导致下肢丹毒或蜂窝织炎。

③ 鳞屑角化型：皮损多累及掌跖，呈弥漫性皮肤粗糙、增厚、脱屑、干燥。自觉症状轻微，冬季易发生皲裂、出血、疼痛。

手癣和足癣临床表现大致相同，但分型不如足癣明确。损害初起时常有散在小水疱发生，而后常以脱屑为主，病久者呈现角化增厚。损害多限于一侧，常始于右侧拇指、掌心、第二、第三或第四指掌处，渐累及整个手掌，自觉症状不明显，常伴有鳞屑角化型足癣，呈现特征性的“两足一手综合征”，致病菌常以红色毛癣菌为主。

（5）痤疮　痤疮皮损初起多为与毛囊一致的圆锥形丘疹，如白头粉刺（闭合性粉刺）及黑头粉刺（开放性粉刺），前者为黄色皮脂角栓，后者为脂栓被氧化所致；皮损加重后可形成炎症丘疹，顶端可有小脓疱；继续发展可形成大小不等的红色结节或囊肿，挤压时有波动感，甚至可化脓形成脓肿，破溃后常形成窦道和瘢痕。本病一般自觉症状轻微，炎症明显时可有疼痛。病程慢性，时轻时重，多数患者病情至中年期逐渐缓解，部分可遗留红色印记和色素沉着、肥厚性或萎缩性瘢痕。

3.诊断标准

（1）接触性皮炎　接触性皮炎的诊断依据如下。

① 常有明确的刺激物或致敏物接触史。

② 皮损大多局限或初发于接触部位，边界清楚，患者自觉瘙痒、灼痛。

③ 皮损形态较为单一，急性期皮损为红斑、丘疹、水疱，慢性期为皮肤干燥、脱屑、苔藓样变、皲裂。

④ 去除接触物并做适当处理，皮损很快消退，再次接触可复发。

⑤ 斑贴试验可用于确定变应性接触性皮炎的变应原。

（2）湿疹　湿疹的诊断主要根据临床表现，如瘙痒剧烈、多形性、对称性皮损，急性期有渗出倾向，慢性期有苔藓样变皮损等特征，同时结合必要的实验室检查或组织病理学检查。

（3）荨麻疹　根据发生及消退迅速的风团、消退后不留痕迹等临床特点，本病不难诊断。但确定病因较为困难，应详细询问病史、生活史及生活环境的变化等。

（4）手足癣　结合典型手足癣病例，依据皮损特征和真菌学检查及培养，可明确诊断。

（5）痤疮　患者多为15～30岁年轻人，皮损好发于颜面，其次是胸部、背部等皮脂腺丰富部位，多为对称性分布，各型皮损包括粉刺、丘疹、脓疱、结节及囊肿等。轻度的以粉刺为主；轻至中度除粉刺外，还有中等数量的炎性丘疹；中度除粉刺外，还有大量丘疹和脓疱，偶见大的炎性皮损，分布广泛；重度有结节性囊肿性或聚合性痤疮，伴有疼痛。

4.药物治疗

常见的皮肤病药物治疗方案通常根据临床表现和程度等，包括局部治疗和系统治疗两种，详见表E-2-1。

表E-2-1　常见皮肤病药物治疗方案

疾病名称	局部治疗	系统治疗
接触性皮炎	以干燥、收敛、消炎、止痒、预防感染为主 急性期：有红斑、水肿、小水疱、无糜烂渗出时，选用炉甘石洗剂或哈西奈德溶液；有渗出时则选用0.1%乳酸依沙吖啶溶液或3%酮酸溶液、复方锌铜溶液湿敷 亚急性期：皮损红肿减轻，渗出减少，可选用氧化锌软膏、复方醋酸地塞米松乳膏（皮炎平）、醋酸氟轻松（肤轻松）乳膏等 慢性期：皮肤有浸润、肥厚时，选用醋酸曲安奈德（去炎松）尿素乳膏、布地奈德乳膏、丙酸倍氯米松乳膏、丙酸氯倍他索软膏（恩肤霜）、曲安奈德新霉素贴膏（肤疾宁）等	抗组胺药如赛庚啶、特非那定、阿司咪唑、氯雷他定、地氯雷他定、西替利嗪、咪唑斯汀等，以上药物任选1～2种 维生素C每次0.2g，每日3次 急性期可用钙剂如葡萄糖酸钙静注，也可应用甘草酸铵或甘草酸二铵肌注，重者静滴 皮损较重或广泛时可选用泼尼松或地塞米松，继发细菌感染者应加用抗生素
湿疹	急性期：无水疱、糜烂、渗出时，建议使用炉甘石洗剂、糖皮质激素乳膏或凝胶；大量渗出时应选择冷湿敷，如3%硼酸溶液、0.1%盐酸小檗碱溶液、0.1%依沙吖啶溶液等；有糜烂但渗出不多时可用氧化锌油剂 亚急性期：皮损建议外用氧化锌糊剂、糖皮质激素乳膏 慢性期：皮损建议外用糖皮质激素软膏、乳剂或酊剂等，可合用保湿剂及角质松解剂，如20%～40%尿素软膏、5%～10%水杨酸软膏等 钙调神经磷酸酶抑制药如他克莫司软膏、吡美莫司乳膏对湿疹有治疗作用，且无糖皮质激素的不良反应，尤其适合头面部及间擦部位湿疹的治疗	抗组胺药：可根据患者情况适当选择，作用为止痒抗炎 抗生素：对于伴有广泛感染者建议系统应用抗生素7～10天 维生素C、葡萄糖酸钙等：有一定抗过敏作用，可以用于急性发作或瘙痒明显者 糖皮质激素：可用于病因明确、短期可以去除病因的患者，如接触因素、药物因素引起者或自身敏感性皮炎等；对严重水肿、泛发性皮疹、红皮病等，为迅速控制症状也可以短期应用，但必须慎重，以免发生全身不良反应及病情反跳
荨麻疹	局部治疗常外涂炉甘石洗剂、氧化锌洗剂	首选第二代非镇静或低镇静抗组胺药，包括西替利嗪、左西替利嗪、氯雷他定、地氯雷他定、非索非那定、阿伐斯汀、依巴斯汀等 常规剂量使用1～2周后不能有效控制症状，考虑到不同个体或荨麻疹类型对治疗反应的差异，可更换品种或在获得患者知情同意情况下增加2～4倍剂量；联合第一代抗组胺药，包括异丙嗪、氯苯那敏、苯海拉明、赛庚啶、酮替芬等

续表

疾病名称	局部治疗	系统治疗
手足癣	抗真菌药：常用咪唑类抗真菌药物包括克霉唑、益康唑、咪康唑、酮康唑、联苯苄唑等，一般每日外用1～2次，一般疗程需要4周；丙烯胺类抗真菌药物包括萘替芬、特比萘芬和布替萘芬，在体外对皮肤癣菌的抗菌活性较强，每日1～2次外用，一般疗程2～4周 角质剥脱剂：水杨酸等角质剥脱剂可联合抗真菌药物，主要用于鳞屑角化型手足癣患者	对于局部治疗无效或者顽固病例，如顽固鳞屑角化型损害，可口服特比萘芬、伊曲康唑、氟康唑
痤疮	外用维A酸类药物是轻度痤疮的单独一线用药，中度痤疮的联合用药以及痤疮维持治疗的首选药物。目前常用的外用维A酸类药物包括第一代维A酸类药物如0.025%～0.1%全反式维A酸霜（凝胶）和异维A酸凝胶，第三代维A酸类药物如0.1%阿达帕林凝胶 过氧化苯甲酰可以减少痤疮丙酸杆菌耐药的发生，如患者能耐受，可作为炎性痤疮的首选外用抗菌药物之一，本药可以单独使用，也可联合外用维A酸类药物或外用抗生素 外用抗生素：常用的外用抗生素包括红霉素、氯霉素、林可霉素及其衍生物克林霉素等，近年来发现外用夫西地酸乳膏对痤疮丙酸杆菌有较好的杀灭作用及抗炎活性，且与其他抗生素无交叉耐药性，也可作为外用抗生素用于痤疮的治疗。由于外用抗生素易诱导痤疮丙酸杆菌耐药，故不推荐单独使用，建议和过氧化苯甲酰或外用维A酸类药物联合应用 2.5%二硫化硒洗剂具有抑制真菌、寄生虫及细菌的作用，可降低皮肤游离脂肪酸含量。洁净皮肤后，将药液略加稀释均匀地涂布于脂溢显著的部位，3～5min后用清水清洗	口服异维A酸：具有显著抑制皮脂腺脂质分泌、调节毛囊皮脂腺导管角化、改善毛囊厌氧环境并减少痤疮丙酸杆菌的繁殖、抗炎和预防瘢痕形成等作用，是目前最有效的抗痤疮药物，有明确适应证如重度痤疮、结节囊肿型痤疮的患者宜尽早服用 抗生素类药物：痤疮丙酸杆菌在痤疮炎症反应中发挥重要作用，抗菌治疗是治疗痤疮特别是中重度痤疮常用的方法之一。首选四环素类如多西环素、米诺环素等 激素：由雌激素和孕激素构成的避孕药是抗雄激素治疗中最常用的药物。雌激素、孕激素可以对抗雄激素的作用，还可以直接作用在毛囊皮脂腺，减少皮脂的分泌和抑制粉刺的形成。目前常用的避孕药包括炔雌醇环丙孕酮和雌二醇屈螺酮等。服避孕药的起效时间需要2～3个月，通常疗程＞6个月

5. 皮肤病的中医辨证论治

皮肤病的中医证型主要有脚湿气、湿毒疮、瘾疹等。辨证与用药如下。

（1）脚湿气

① 湿热下注：症状特点是足底或趾间密集水疱，糜烂流水，浸淫成片，瘙痒疼痛或发热，并伴有腥臭，夏日尤甚。舌红，苔腻，脉滑数。常用药物有复方土槿皮酊、癣灵药水、癣湿药水等。

② 血虚风燥：症状特点是足跖或趾间、侧缘皮肤增厚，粗糙干裂，瘙痒，不流水。舌红，苔薄，脉细。常用药物有愈裂贴膏等。

（2）湿毒疮

① 湿热浸淫：症状特点是发病急，病程短，初起皮肤潮红灼热，轻度肿胀，继而粟疹成片或水疱密集，破后糜烂流津，瘙痒无休，常伴有身热、心烦、口渴，大便秘结、小便短赤，舌质红，苔薄白或黄，脉滑数。常用药物有二妙丸、皮肤康洗液等。

② 脾虚湿蕴：症状特点是发病较缓慢，皮疹色暗，渗出较少，瘙痒不重，常伴纳呆、身倦等症，大便不干或稀溏，小便清长。苔白或白腻，脉濡缓。常用药物有参苓白术散。

③ 血虚风燥：症状特点是病程较长，反复发作，皮肤粗糙肥厚，瘙痒明显，可见抓痕、血痂颜色暗或见色素沉着，伴口干不欲饮、纳差、腹胀。舌质淡胖，苔白，脉缓或滑。常用药物

有湿毒清胶囊等。

（3）瘾疹

① 风热瘾疹：症状特点是发病急骤，疹块色红，灼热剧痒，可伴见发热、恶寒、咽喉肿痛或呕吐腹痛，遇热则皮疹加重。舌质红，苔薄黄，脉浮数。常用药物有防风通圣丸、荨麻疹丸、肤痒颗粒等。

② 风寒瘾疹：症状特点是皮疹色白，遇风遇冷加重，遇热则缓解或减轻，发病多在冬季。舌质淡，苔薄白，脉浮缓。常用药物有荆防颗粒等。

③ 血虚瘾疹：症状特点是皮疹反复发作，多伴有皮肤干燥，午后或夜间加重，可延续数月或数年，常伴有口干，手足心热，面色不华，神疲乏力。舌红少津，脉沉细。常用药物有润燥止痒胶囊、乌蛇止痒丸、湿毒清胶囊等。

四、能力训练

（一）操作条件

1.常见的治疗皮肤病药物。

2.问病荐药和健康指导的基本要求。

3.问病荐药和健康指导的操作流程。

（二）注意事项

1.尊重患者，关爱生命，注重药学服务礼仪规范，不得有不礼貌的表情和语言。注意与顾客保持一定的距离，给顾客留有空间。

2.进行用药与健康指导时不得夸大其词，不使用绝对化的语言，不得以营利为目的，坚守药学职业道德，坚持以患者为中心。

3.对于一些特殊剂型如气雾剂、喷雾剂、缓（控）释制剂等，应教会患者正确使用。

4.可以提供用药指导单，即将药物的具体服药方法和注意事项写在指导单上，提醒顾客按时服药。防止发生漏服、错服现象。

5.对于特殊人群需提供细致的药学服务。

（三）操作过程

序号	实施步骤	操作流程/话术举例	注意事项/操作标准
1	进店打招呼	“您好，请问有什么可以帮您的吗？”	语言清晰，礼貌用语
2	详细询问症状	“请问您哪里不舒服？”	要求全面清楚
3	就医史及疾病史、用药史	“请问您看过医生没有？有没有开具处方？”或“吃过什么药？”或“有没有什么慢性病或长期服用什么药的？”	（1）如果曾去医院就诊，询问医生诊断情况 （2）如有服用药物，则询问药物的疗效。避免重复用药 （3）询问既往史
4	根据症状，判断和选用药物	（1）“医生给您的诊断是荨麻疹，给您开具了咪唑斯汀片” （2）“根据您的症状描述，可能是足癣，推荐您使用联苯苄唑乳膏” （3）“您还可以搭配维生素C片一起服用，能增强抵抗力，促进恢复，效果会更好”	通过询问症状，推荐非处方药物；或根据医生的处方进行调配；进行关联导购，选择正确的药品，进而提高客单量；推荐药物时注意既往史等影响

续表

序号	实施步骤	操作流程/话术举例	注意事项/操作标准
5	用药指导	（1）“咪唑斯汀一日1次，每次1片，睡前服用” （2）“联苯苄唑乳膏使用前洗净双手和患处，并擦干；挤出大约2cm药膏，均匀涂抹在患处；破损、溃烂、渗液的部位不要涂抹；涂布部位如有红肿、瘙痒等应停用；涂敷后轻轻按摩，涂层不易过厚；不宜用于口腔、眼结膜”	告知顾客用法、用量及注意事项，并提醒顾客按照说明书用药
6	健康指导	“注意个人卫生，保持患处清洁，避免与他人共用毛巾、脸盆等生活用品；避免接触变应原；饮食宜清淡，避免辛辣、刺激、鱼虾海鲜、油腻食物，戒烟戒酒；保持心情愉悦，规律作息，适当多运动”	从作息、饮食等方面提供一些简单的健康方式指导

【问题情境一】

小俞，女，20岁，因面部粉刺、脓疱、丘疹去医院就诊，医生诊断为痤疮，开具处方异维A酸软胶囊。她想了解一下这个药的不良反应，请你指导一下。

异维A酸常见的不良反应包括：① 口唇及皮肤干燥，唇炎、脱屑、疼痛、皮疹、皮肤脆性增加、掌跖脱皮、瘀斑，还可出现继发感染等。② 结膜炎，严重者角膜混浊、视力障碍、视盘水肿、头痛、头晕、精神症状、抑郁、良性脑压增高。③ 毛发疏松，指甲变软。④ 骨质疏松、肌肉无力、疼痛、胃肠道症状、鼻衄等。⑤ 妊娠服药可导致自发性流产及胎儿发育畸形。如有严重不良反应，请及时咨询药师或去医院就诊。

【问题情境二】

沈某，男，32岁，1周前因家里装修刷涂料，之后出现手部皮肤红斑、丘疹、水疱和瘙痒等现象，想来药店买点药，请你推荐一下。

根据症状，可能是接触性皮炎，推荐使用炉甘石洗剂，每天使用3次，用前摇匀，用棉签蘸取，涂抹在患处。

（四）学习结果评价

序号	评价内容	评价标准	评价结果（是/否）
1	疾病判断	能根据症状表现、检查指标，初步判断疾病	
2	用药推荐	推荐药品合理、正确，并能说明推荐理由	
3	用药交代	能正确交代用药剂量、给药次数、给药途径、特殊剂型的正确使用方法；能正确告知常见的和比较严重的药品不良反应及处理方式；能根据实训中患者的具体情况介绍相应的注意事项；应该告知顾客处方药需要凭医生处方来买药，并在医师的指导下进行使用；能针对实训中患者的具体情况，提出用药禁忌	
4	关联销售的药品推荐	能根据患者症状和主要用药，推荐关联销售药品	
5	中成药	能根据中医辨证，推荐对症的中成药	
6	健康指导	能从饮食、作息、情绪等方面提供合理、全面、准确的健康指导	

五、课后作业

1.简述湿疹的药物治疗方案。

2.邓某，男，72岁，因脚上长出数个小水疱，水疱破溃流出澄清液体，干燥吸收后出现脱屑，并伴有瘙痒，前来药店咨询是什么原因？可以使用什么药？

能力点 E-2-9　能根据痛经症状推荐用药

一、核心概念

1.痛经

痛经是指妇女在经期前后或行经期间出现小腹疼痛、坠胀甚至痛及腰骶部，并有全身不适，严重影响日常生活。

2.原发性痛经

原发性痛经又称功能性痛经，指生殖器官无明显病变的痛经。以青少年女性多见，多在初潮后6～12个月发病。

3.继发性痛经

继发性痛经又称器质性痛经，指由盆腔内器质性病变引起的痛经。首次发病常发生在初潮后数年，生育年龄多见。

二、学习目标

1.学习痛经的发病机制及原因、症状。

2.能够对痛经患者进行用药指导及生活指导。

3.能够根据中医对痛经的分型合理联合应用药物。

三、基本知识

1.病因和发病机制

不同类型的痛经病因不同，主要分为原发性痛经和继发性痛经。

（1）原发性痛经　原发性痛经的发生除体质、精神因素和生活习惯外，主要与患者分泌期子宫内膜前列腺素（PG）含量过高有关，因此痛经常发生在月经周期。人前列腺素F2a（PGF2a）在孕激素作用下的分泌期子宫内膜内合成，其受体在子宫肌壁，月经期子宫内膜破碎，PGF2a即被释放出来，刺激子宫肌壁强烈收缩，使子宫内压力增高，局部血流量减少，缺血缺氧从而引起痛经。原发性痛经一般在结婚、分娩后可自行减轻或消失。

（2）继发性痛经　继发性痛经多由器质性病变引起，如子宫内膜异位症、子宫腺肌症、子宫畸形等。

2.临床表现

（1）疼痛多在下腹部，出现阵发性绞痛或下坠感，可放射到腰骶部和大腿内侧。疼痛多在经期前1～2日开始或月经来潮后第1日疼痛剧烈，持续2～3日，逐渐缓解。

（2）全身症状有腰酸、头痛、胃痛、头晕、乳胀、尿频、便秘、稀便、腹泻、失眠、易激等，严重者可出现面色苍白、畏寒、出冷汗、四肢冰冷、恶心、呕吐，甚至发生昏厥。

（3）精神症状常有紧张、焦虑、恐惧和抑郁等。

3. 诊断标准

依据患者的病史、来潮时小腹疼痛的特点一般可作出初步诊断，通过妇科B超检查；腹腔镜、宫腔镜检查；子宫输卵管造影术等可以进一步确诊。

4. 药物治疗

（1）非甾体抗炎药　如对乙酰氨基酚、布洛芬、双氯芬酸等。本类药物通过抑制前列腺素合成酶的活性，减少前列腺素的产生，防止子宫过强收缩和痉挛，降低子宫压力，从而达到治疗的目的。对乙酰氨基酚的镇痛作用较弱但缓和而持久，不良反应较少；布洛芬的镇痛作用较强，作用持久，对胃肠道的不良反应较轻。

（2）子宫平滑肌松弛药　如氢溴酸山莨菪碱、颠茄浸膏片等。本类药物通过缓解子宫平滑肌痉挛而止痛。氢溴酸山莨菪碱片为M受体阻断药，具有松弛平滑肌、解除血管痉挛、改善微循环以及镇痛作用，但扩瞳和抑制腺体分泌的作用较弱且极少引起中枢兴奋症状。

（3）调节自主神经功能药　如谷维素，对伴有精神紧张者可以使用此类药物。

（4）甾体激素避孕药　如雌激素、孕激素复合避孕药，可通过减少前列腺素的产生和抑制排卵而缓解痛经，常用于对应用非甾体抗炎药治疗无效或有避孕要求的患者。

5. 痛经的中医辨证论治

痛经在中医又称“行经腹痛”，中医认为痛经是女子胞感寒湿热邪气或气血不调所致，根据致病因素的性质不同，中医痛经辨证分为五种证型，以达到治本的效果。

（1）气滞血瘀证

① 临床表现：经前或经期小腹胀痛拒按，经行不畅，色紫暗，有血块，块下痛减，经前乳房胀痛，舌暗红或有瘀点、瘀斑，苔薄白，脉弦。

② 治法：理气活血，化瘀止痛。

③ 选药：元胡止痛片、血府逐瘀胶囊等。

（2）寒凝血瘀证

① 临床症状：经前或经期小腹冷痛，得热痛减，色暗，有血块，平素带下量多，质清稀，畏寒肢冷，舌暗或有瘀点、瘀斑，苔白或腻，脉沉紧。

② 治法：温经散寒，化瘀止痛。

③ 选药：少腹逐瘀胶囊、艾附暖宫丸等。

（3）湿热瘀阻证

① 临床症状：经前或经期小腹疼痛或胀痛拒按，有灼热感，或痛连腰骶，色暗红，质黏稠，平素带下量多，色黄、质稠、有味，或低热起伏，小便黄赤，舌红苔黄腻，脉滑数或弦数。

② 治法：清热除湿，化瘀止痛。

③ 选药：妇科千金片、金刚藤片等。

（4）肝肾亏损证

① 临床症状：经期或经后小腹绵绵作痛，伴腰骶部酸痛，经淡量少质稀，头晕耳鸣，失眠健忘，或伴潮热，舌淡苔薄白，脉细弱。

② 治法：补养肝肾，调经止痛。

③ 选药：六味地黄丸等。

（5）气血虚弱证

① 临床症状：经期或经后小腹隐隐坠痛，喜按，或小腹及阴部空坠，经淡量少质稀，面色无华，神疲乏力，舌淡苔薄白，脉细无力。

② 治法：补气养血，调经止痛。

③ 选药：女金胶囊、复方阿胶浆、八珍益母丸、乌鸡白凤丸等。

四、能力训练

（一）操作条件

1. 常用治疗痛经的药物。
2. 问病荐药和健康指导的基本要求。
3. 问病荐药和健康指导的基本流程。

（二）注意事项

1. 尊重患者，关爱生命，注重药学服务礼仪规范，不得有不礼貌的表情和语言。注意与顾客保持一定的距离，给顾客留有空间。

2. 进行用药与健康指导时不得夸大其词，不使用绝对化的语言，不得以营利为目的，坚守药学职业道德，坚持以患者为中心。

3. 对于一些特殊剂型如气雾剂、喷雾剂、缓（控）释制剂等，应教会患者正确使用。

4. 可以提供用药指导单，即将药物的具体服药方法和注意事项写在指导单上，提醒顾客按时服药。防止发生漏服、错服现象。

5. 对于特殊人群需提供细致的药学服务。

（三）操作过程

序号	实施步骤	操作流程/话术举例	注意事项/操作标准
1	进店打招呼	“您好，请问有什么可以帮您的吗？”	语言清晰，礼貌用语
2	详细询问症状	“请问您哪里不舒服？”	要求全面清楚
3	就医史及疾病史、用药史	“请问您看过医生没有？有没有开具处方？”或“吃过什么药？”或“有没有什么慢性病或长期服用什么药的？”	（1）如果曾去医院就诊，询问医生诊断情况 （2）如有服用药物，则询问药物的疗效。避免重复用药 （3）询问既往史 （4）育龄妇女询问排除妊娠
4	根据症状，判断和选用药物	（1）“根据您的症状，推荐您对乙酰氨基酚片” （2）“医生给您的诊断是原发性痛经，给您开具了消旋山莨菪碱片” （3）“您还可以搭配元胡止痛片一起服用，标本兼治”	通过询问症状，推荐非处方药物；或根据医生的处方进行调配；进行关联导购，选择正确的药品，进而提高客单量；推荐药物时注意既往史等影响
5	用药指导	“对乙酰氨基酚片每日3次，每次1片，饭后服用；因有胃肠道刺激症状，连续服药不宜超过5日” “消旋山莨菪碱片每日3次，每次1片，饭后服用；天热服用可能会使机体闭汗，引起体温升高”	告知顾客用法、用量及注意事项，并提醒顾客按照说明书服药

续表

序号	实施步骤	操作流程/话术举例	注意事项/操作标准
6	健康指导	（1）“可适当进行体育锻炼，以增强体质；注意生活规律、劳逸结合及充足睡眠；注意经期卫生，经血较多或痛经剧烈时避免剧烈运动和过度劳累，注意保暖。同时可通过月经生理知识的宣传教育，以消除患者的恐惧、焦虑及精神负担” （2）“注意饮食均衡，多吃蔬菜、水果、肌肉、鱼肉，并尽量少量多餐，经期忌食生冷瓜果及刺激性食物。适当补充钙、钾、镁等矿物质，也能帮助缓解痛经” （3）“保持外阴清洁，每日用温水洗1～2次，勤换护垫”	从作息、饮食等方面提供一些简单的健康方式指导

【问题情境一】

梁某，女，23岁，每个月来潮第一天都会小腹疼痛，面色苍白，严重时伴有恶心、呕吐，经色暗红，有小血块，持续1～2天，随着经血增多，血块流出疼痛减轻，月月如此已经严重影响了工作。请你从中医的角度进行辨证，并为她推荐合理的药物。

小梁每月来潮疼痛，而且疼痛比较剧烈，所以应该先治标，推荐使用布洛芬缓释胶囊，每日2次，每次1片，饭后服用。从中医的角度辨证梁某属于气滞血瘀证，可以服用中成药元胡止痛胶囊来活血化瘀、理气止痛，服用方法为每日3次，每次2粒。两药合用可起到标本兼治的作用。

【问题情境二】

侯女士，33岁，已婚。近2年来出现痛经，月经第1～2天为重并伴有腰骶部酸胀，严重时出现恶心、呕吐，每次需服用止痛药止痛，可是近来发现止痛药效果越来越差，换了几个药物都不能完全止痛，于是去了医院，经B超检查诊断为子宫内膜异位症，医生开了去氧孕烯炔雌醇片（妈富隆）和中成药桂枝茯苓丸，她忘记医院嘱咐如何服用药物了，前来药店咨询。

去氧孕烯炔雌醇片是雌激素、孕激素复合物，可通过抑制排卵，使异位内膜发生退行性变，继而坏死、吸收；在月经周期第一天开始吃，每天1片，饭后服用，连续服药21天，再停药7天。桂枝茯苓丸活血化瘀的中成药，每天1次，每次4g，饭后服用。平时注意忌食生冷、刺激性食物，注意保暖，保证充足睡眠。

（四）学习结果评价

序号	评价内容	评价标准	评价结果（是/否）
1	疾病判断	能根据症状表现、检查指标，初步判断疾病	
2	用药推荐	推荐药品合理、正确，并能说明推荐理由	
3	用药交代	能正确交代用药剂量、给药次数、给药途径、特殊剂型的正确使用方法；能正确告知常见的和比较严重的药品不良反应及处理方式；能根据实训中患者的具体情况介绍相应的注意事项；应该告知顾客处方药需要凭医生处方来买药，并在医师的指导下进行使用；能针对实训中患者的具体情况，提出用药禁忌	
4	关联销售的药品推荐	能根据患者症状和主要用药，推荐关联销售药品	
5	中成药	能根据中医辨证，推荐对症的中成药	
6	健康指导	能从饮食、作息、情绪等方面提供合理、全面、准确的健康指导	

五、课后作业

1.痛经的治疗药物有哪些？

2.王某，18岁，自述每月经前一天开始小腹疼痛，严重时伴有恶心、呕吐，甚至昏厥过一次，今天突然感到小腹疼痛并有坠胀感，算了下日子正好快要来月经了，请你为她推荐一个合适的药品。

3.中医对痛经的辨证有哪几种类型，并至少说出一种治疗药物。

任务 E-3

慢性病患者用药

能力点 E-3-1　能对糖尿病患者进行用药服务

一、核心概念

糖尿病是一组以慢性高血糖为共同特征的代谢异常综合征，是由于胰岛素分泌和（或）作用缺陷引起碳水化合物、脂肪、蛋白质、水和电解质等代谢紊乱的一种疾病。

二、学习目标

1.能为患者建立糖尿病管理档案。

2.能指导患者自测血糖和使用胰岛素笔注射。

3.能根据糖尿病治疗需要、治疗的用药指导原则及各类降血糖药的相关知识协助指导患者用药。

4.能为糖尿病患者提供用药健康宣教服务。

三、基本知识

1.糖尿病概述

糖尿病的病因可能与遗传、环境、肥胖等因素有关。临床上将糖尿病分为1型即胰岛素依赖型糖尿病、2型即非胰岛素依赖型糖尿病、其他特殊类型糖尿病和妊娠糖尿病四种类型，前两型多见。1型糖尿病多发生于幼年或青少年时期，由于胰岛B细胞功能丧失、胰岛素绝对缺乏所致。该型患者起病急，血糖波动较大，症状明显，易发生酮症酸中毒，依赖胰岛素维持治疗。2型糖尿病多发生于成年人，由于胰岛B细胞功能减弱、胰岛素相对缺乏，伴有一定程度的胰岛素抵抗引起。大多数患者体型肥胖，起病缓，血糖波动较小，症状较轻，但在一定诱因下也可发生酮症酸中毒或高渗性昏迷。

2.糖尿病并发症

（1）慢性并发症　随着疾病的发展，可逐渐出现眼、肾、心脏、神经、血管等组织器官慢性进行性病变，导致并发症。① 动脉硬化、冠心病等；② 视网膜病变、糖尿病性肾病等微血管病变；③ 缺血性脑卒中、周围神经炎、自主神经功能紊乱等神经系统病变；④ 糖尿病足（严重时足部缺血、溃疡、坏死）及白内障、青光眼等其他眼部并发症；⑤ 各种感染，如结核病、体癣、肾盂肾炎等。

（2）急性并发症　糖尿病酮症酸中毒和糖尿病非酮症高血糖高渗性昏迷。

3. 糖尿病诊断标准

根据中国 2 型糖尿病防治指南（2020 版），糖尿病诊断标准如表E-3-1。

表E-3-1　糖尿病诊断标准

诊断标准	静脉血浆葡萄糖或HbA1c水平	
典型糖尿病症状	加上随机血糖	≥11.1mmol/L
	或加上空腹血糖	≥7.0mmol/L
	或加上OCTT 2h血糖	≥11.1mmol/L
	或加上HbA1c	≥6.5%
无糖尿病典型症状者，需改日复查确认		

注：1. OGTT为口服葡萄糖耐量试验；HbA1c为糖化血红蛋白。
2. 典型糖尿病症状包括烦渴多饮、多尿、多食、不明原因体重下降。
3. 随机血糖指不考虑上次用餐时间，一天中任意时间的血糖，不能用来诊断空腹血糖受损或糖耐量减低。
4. 空腹指至少8h没有进食。

4. 治疗药物的药理作用、临床用途、不良反应、注意事项

（1）口服降血糖药

① 磺酰脲类：常用药物有格列本脲、格列吡嗪、格列齐特、格列美脲、格列喹酮等。

【药理作用】属于胰岛素促泌剂，通过刺激胰岛B细胞分泌胰岛素，改善外周组织对胰岛素敏感性，而降低血糖。

【临床用途】临床用于单用饮食疗法不能控制的、胰岛功能尚存的轻中度2型糖尿病。肾功能轻度不全的患者，宜选择格列喹酮，空腹血糖较高者宜选用长效的格列齐特和格列美脲，餐后血糖升高者宜选用短效的格列吡嗪、格列喹酮。

【不良反应】主要是低血糖反应，可诱发冠心病患者的心绞痛和心肌梗死、脑血管意外。严重而持久的低血糖反应可引起患者昏迷甚至死亡。除此以外，还可能表现为食欲缺乏、恶心、腹泻、肝功能损害、胆汁淤积性黄疸等消化道反应，偶见中毒性肝炎。少数引起皮疹、药物热、荨麻疹，罕见严重过敏。

【注意事项】肝肾功能不全、慢性心功能不全、有酮症倾向及对磺胺类药物过敏者禁用。1型糖尿病患者不可单独使用磺酰脲类药。对磺胺类过敏者禁用。糖皮质激素、噻嗪类利尿药、巴比妥类药物可降低磺酰脲类的降糖作用，水杨酸钠、吲哚美辛等可增强该类药物的降糖作用，合用易引起低血糖反应。一般服药时间在餐前30min。

② 双胍类：是2型糖尿病的一线药物和联合用药中的基础用药。常用药物为二甲双胍。

【药理作用】降糖尿病患者血糖，但对正常人几乎无作用。通过抑制肠道对葡萄糖的吸收；加速外周组织对葡萄糖的摄取和利用；抑制肝糖原异生；抑制胰高血糖素的释放，降血糖。

【临床用途】主要用于轻中度2型糖尿病，尤其对胰岛素耐受的肥胖患者疗效较好。与胰岛素合用于中重度糖尿病，可增强疗效，减少胰岛素的用量。

【不良反应】单独使用不易引起低血糖。常见胃肠道不良反应，表现为恶心、呕吐、腹泻、口中有金属味等，停药后症状可减轻或消失。发生巨幼红细胞贫血可能与抑制维生素 B_{12} 在肠道

的吸收有关。严重者发生乳酸性酸中毒可危及生命。

【注意事项】肝肾功能不全、慢性心功能不全及酮体阳性者禁用。不宜用于慢性充血性心力衰竭的糖尿病患者。建议餐中或餐后服用，或者从小剂量开始服用，胃肠道反应不见缓解需立即停药并马上就医。服药期间应禁酒。

③ 葡萄糖苷酶抑制药：常用药物有阿卡波糖、米格列醇。

【药理作用】通过小肠内竞争抑制葡萄糖苷酶，延缓食物分解为可吸收的葡萄糖、果糖的过程，从而降低餐后血糖。

【临床用途】单独使用不会引起低血糖，可作为2型糖尿病患者的一线用药。用于轻中度2型糖尿病，尤其适用于老年患者。

【不良反应】常见为胃胀、腹胀、排气增加、肠鸣音等，多在继续用药中消失。发生低血糖时使用葡萄糖纠正。

【注意事项】宜在用餐前整片吞服或进餐时与第一口食物同时嚼服。用药期间应增加饮食中碳水化合物的比例，减少单糖的摄入量，不进餐不服药。

④ 胰岛素增敏药：常用药物有罗格列酮、环格列酮、吡格列酮、曲格列酮、恩格列酮等。

【药理作用】通过增强肌肉和脂肪组织对胰岛素的敏感性，改善胰岛素抵抗而降低血糖，并减少发生低血糖的危险；纠正胰岛素依赖者的脂质代谢异常；改善胰岛B细胞功能，对正常胰岛素分泌无影响。可明显降低空腹血糖，对餐后血糖亦有降低作用。

【临床用途】适用于其他降血糖药疗效不佳的2型糖尿病，尤其是有胰岛素抵抗的糖尿病。罗格列酮起效缓慢，需要治疗8 ～ 12周后评价疗效和调整剂量。

【不良反应】最常见是呼吸道感染、头痛；严重不良反应是肝毒性，尤以曲格列酮明显；可引起可逆性心脏肥大，有诱发心力衰竭的危险；还可有轻度贫血、体液潴留、体重增加和肌痛。

【注意事项】服药时间尽量固定，每日1次。该类药起效较慢，需坚持正确服药。

⑤ 促胰岛素分泌药：常用药物主要有瑞格列奈和那格列奈。

【药理作用】快速促进胰岛B细胞释放胰岛素，与磺酰脲类相比作用更迅速，而且代谢极快，可以灵活地与食物同时服用，主要用于控制餐后血糖。

【临床用途】主要适用于2型糖尿病，亦适用于糖尿病肾病患者。可单独使用或与其他降血糖药（磺酰脲类除外）联合应用。

【不良反应】常见的是低血糖反应和头痛、腹泻、体重增加等。

【注意事项】称为“餐时血糖调节剂”，需在餐前即刻服用。

（2）胰岛素　按起效快慢和作用维持时间长短，常用胰岛素制剂如门冬胰岛素（短效）、低精蛋白胰岛素（中效）、甘精胰岛素（长效）。

【药理作用】由胰岛B细胞分泌的一种蛋白质激素。主要通过促进合成肝糖原；减少糖原异生；抑制糖原分解而降血糖。同时抑制脂肪分解，促进脂肪合成和贮存；促进蛋白质合成增加，抑制蛋白质分解；促进钾离子转运使血钾浓度降低。胰岛素口服无效，必须注射给药。

【临床用途】适用于：① 2型糖尿病；② 经饮食控制和口服降血糖药不能控制的2型糖尿病；③ 糖尿病酮症酸中毒、高渗性昏迷和乳酸性酸中毒；④ 糖尿病合并严重感染、急性心肌梗死、脑血管意外以及手术、妊娠、分娩时；⑤ 糖尿病合并各种严重急慢性并发症；⑥ 肝肾功能不全的患者。

【不良反应】① 最常见为低血糖反应，在过量、未按时进餐或运动过度时易发生。患者出现饥饿感、不安、心慌、出汗、面色苍白、头痛、震颤，严重者出现低血糖昏迷、惊厥、休克等，甚至引起脑损伤及死亡。轻者可口服糖水，重者应立即静脉注射50%葡萄糖注射液20 ～ 40mL

进行救治。② 少数人有过敏反应，与制剂不纯有关，表现为荨麻疹、血管神经性水肿等，用抗组胺药或糖皮质激素药治疗，或可更换制剂。③ 长期应用有耐受性，可更换不同来源的制剂。④ 注射局部可出现红肿、硬结、皮下脂肪萎缩等。

【注意事项】① 注射部位应多处交替轮换，两次注射点要间隔2cm，如腹部（脐周5cm内不能注射）、上臂外侧、大腿外侧、臀部外上侧等。若局部出现硬结、红肿等异常情况应避免再注射，必要时到医院进行专科检查。注射针头切忌重复使用。② 准确、及时用药，勿随意停用或增减用量，注射后要及时进餐，外出进餐要携带药。③ 做好血糖监测，掌握低血糖反应的应急处理。④ 未启封的胰岛素，应冷藏保存（不得冷冻）。使用中的胰岛素笔芯，可室温阴凉干燥避光处存放4周。

四、能力训练

（一）操作条件

1.糖尿病诊断标准。

2.临床常用降血糖药物。

3.用药服务的基本要求。

4.用药服务的操作流程。

（二）注意事项

1.以患者为中心，尊重关爱患者，保护隐私，确保患者理解。

2.用药指导详细，语言通俗易懂。指导内容包括药理作用、药品用法用量、不良反应及处理、注意事项、适应与禁忌、储存方式。

3.关注多病共存、多药同服、特殊人群。

（三）操作过程

序号	步骤	操作流程/话术举例	注意事项/操作标准
1	礼仪接待	“您好，请问有什么需要帮忙的吗？”	态度尊重、真诚、适度；语言简洁、准确、通俗易懂
2	询问基本信息	“是您本人用吗？方便问您的职业吗？”	简单明了，尊重隐私
3	病症查询，排除四史	“有哪些不舒服症状？”“有其他疾病史吗？”“近期就医过吗？”“有没有服用什么药物？”“有药物过敏史吗？”	询问详细、清晰，表达准确
4	建立管理档案	“帮您做一个健康评估，可以吗？这样后期可以比较清楚地知道糖尿病的控制情况，您也不会错过用药时间”	进行疾病评估，建立糖尿病慢性病管理档案，记录患者健康信息、用药情况（具体见表E-3-2糖尿病慢性病管理档案）
5	用药指导	（1）“根据医师的处方，您现在需要服用的是阿卡波糖片，该药主要是适合老年轻症人群，尤其餐后血糖高的患者。使用方法是每次1片（100mg），每日3次，用餐前即刻整片吞服，也可以与前几口食物一起服用” （2）“根据医师的处方，您现在需要注射胰岛素治疗，您会自己注射吗？使用胰岛素需要根据血糖值严格控制用量” （3）“您现在是否会使用血糖仪做血糖监测”	根据糖尿病治疗需要、治疗的用药指导原则协助指导用药 （1）糖尿病诊断标准 （2）药物的相关知识：药理作用、适应与禁忌、用法用量、疗程、不良反应及处理、注意事项、药物相互作用、药品储存 （3）血糖仪使用方法 （4）胰岛素笔的使用方法

续表

序号	步骤	操作流程/话术举例	注意事项/操作标准
6	健康教育	（1）日常饮食需要低糖或无糖、低盐、低脂，多食新鲜蔬菜，避免辛辣煎炸，戒烟限酒 （2）作息要规律 （3）运动要适度，避免低血糖 （4）规范用药，尽量避免或延缓并发症发生 （5）不必过于担心，但也要正确认识疾病，积极治疗，多参与社交 （6）使用药物过程中，一旦出现饥饿感、不安、心慌、出汗等低血糖情况，要立即服用糖块或果汁等以缓解症状	（1）疾病知识介绍 （2）生活、运动指导 （3）饮食健康管理 （4）并发症的预防与处理 （5）定期体检：血糖、血脂、血压、尿常规、生化、眼等
7	用药评估	（1）血糖指标是否控制糖尿病标准以下 （2）症状是否缓解 （3）有无不良反应 （4）自我血糖监测及胰岛素笔使用情况 （5）饮食结构改善、是否适量运动、情绪调节	（1）指标控制 （2）症状控制 （3）药物评价（安全性、有效性、依从性、不良反应） （4）自我血糖监测 （5）生活方式改善

表E-3-2　糖尿病慢性病管理档案

<table>
<tr><td rowspan="9">基本信息</td><td colspan="6">姓名：　　性别：　　年龄：　　联系方式：</td></tr>
<tr><td colspan="6">身高：　　体重：　　腰围：　　BMI：</td></tr>
<tr><td colspan="6">血压：</td></tr>
<tr><td colspan="6">空腹血糖：　　餐后2h血糖：　　糖化血红蛋白：</td></tr>
<tr><td colspan="6">症状：□多饮　□多食　□多尿　□心血管症状（心悸、胸闷等）　□皮肤溃疡　□视物模糊
□其他________</td></tr>
<tr><td colspan="6">饮食数量：□十分饱　□七分饱　□偶尔不吃　□无规律
饮食结构：每日谷薯类摄入　□多　□一般　□少
每日水果、蔬菜类摄入　□多　□一般　□少
每日肉、禽、水产品摄入　□多　□一般　□少
每日蛋、奶、豆类等优质蛋白定量　□是　□否
每日限量盐、油摄入　□是　□否</td></tr>
<tr><td colspan="6">运动情况：每日　□>60min　□30～60min　□<30min</td></tr>
<tr><td colspan="6">情绪：□较好　□一般　□较差</td></tr>
<tr><td colspan="6">不良嗜好：烟　酒</td></tr>
<tr><td rowspan="5">疾病史</td><td colspan="6">过敏史</td></tr>
<tr><td colspan="6">既往史</td></tr>
<tr><td colspan="6">家族史</td></tr>
<tr><td colspan="6">现病史</td></tr>
<tr><td colspan="6">合并疾病：□高血压　□高脂血症　□高尿酸血症　□冠心病　□肾脏疾病　□皮肤溃疡
□糖尿病足　□　白内障、青光眼　□其他________</td></tr>
<tr><td rowspan="5">用药情况</td><td rowspan="3">药品情况</td><td>药品名称</td><td>规格剂型</td><td>用法用量</td><td>起始时间</td><td>停止时间</td></tr>
<tr><td></td><td></td><td></td><td></td><td></td></tr>
<tr><td></td><td></td><td></td><td></td><td></td></tr>
<tr><td>注意事项</td><td colspan="5">□清楚　□不了解</td></tr>
<tr><td>用药依从性</td><td colspan="5">□规律用药　□偶尔忘记　□经常漏服　□好转即自行停药</td></tr>
</table>

【问题情境一】

廖阿姨，57岁，自从退休后每天在家，很少运动。2个月前开始，经常会感觉饥饿、口渴，不停地想要喝水、吃东西，尿频，体重却越来越轻，有时还出现头晕、乏力的现象。自述曾经有过服用SMZ片过敏的经历。给患者选择药物时不适合用哪一类降血糖药?

不适合选择磺酰脲类降血糖药，因为患者有磺胺类药物过敏史。

【问题情境二】

小何，女，20岁，平时喜欢运动。最近她总觉得口渴，感觉不舒服。就诊后被诊断为1型糖尿病。平时在家中，她自己测量血糖，并按照医师制定的治疗计划在饭前用注射器皮下注射胰岛素。但这两天出现焦虑、心悸和出汗的症状。分析一下小何出现了什么问题，如何给她建议。

根据她的症状，可能出现了低血糖反应，其自测血糖数值是否准确，是否因为使用的胰岛素剂量过大导致，需要去医院就诊明确。

（四）学习结果评价

序号	评价内容	评价标准	评价结果（是/否）
1	建立糖尿病管理档案	（1）能正确填写档案，内容完整 （2）能正确评估疾病	
2	教会患者自我检测血糖与血糖仪使用	能教会患者正确使用血糖仪、胰岛素笔	
3	解读血糖指标	能正确解读血糖值的临床意义	
4	药指导	根据医嘱，结合患者实际情况进行用药指导，能正确告知药物药理作用、适应证、药品的用法用量（包括具体服药时间、特殊剂型的用法）、药物注意事项、不良反应及应急情况处理、禁忌、贮存方式	
5	健康宣教	（1）根据患者的实际情况进行健康知识宣教，能帮助患者接受糖尿病教育，学习相关疾病知识，以积极心态面对疾病 （2）能指导患者注意对血糖的自我检测，严格按照医师确定的治疗方案给药，养成严谨的用药习惯，控制饮食，适量运动，生活规律，定期复查	
6	随访评估	能根据患者的具体情况，从血糖指标控制、症状控制、药物评价、生活方式等方面进行随访评估	
7	服务质量	能文明服务，患者评价高	

五、课后作业

1.简述口服降血糖药的分类及代表药物举例。

2.某患者，男，68岁，15年前确诊为2型糖尿病，但一直未规范治疗。近期体重锐减，由75kg渐降至60kg。3天前入院复查，测空腹血糖12.1mmol/L，总蛋白53.2mmol/L，白蛋白30.1mmol/L，BUN 15mmol/L，随机血糖28mmol/L以上。诊断2型糖尿病合并肾功能不全并入院治疗。该患者最优药物治疗方案是什么？用药过程中应该注意哪些问题？

能力点 E-3-2 能对高血压病患者进行用药服务

一、核心概念

1.高血压

高血压是一种以体循环动脉血压持续升高为主要临床表现的综合征，可伴心脏、血管、脑和肾脏等器官功能性或器质性改变，分为原发性和继发性。

2.高血压危象

高血压危象是在高血压病发展过程中，在某些诱因作用下，周围小动脉发生暂时性强烈痉挛，引起血压急剧升高、病情急剧恶化以及由于高血压引起的心脏、脑、肾等主要靶器官功能严重受损的并发症。

二、学习目标

1.能为患者建立高血压病管理档案。

2.能指导患者自测血压。

3.能根据高血压病治疗需要、治疗的用药指导原则及各类抗高血压药的相关知识协助指导患者用药。

4.能为高血压病患者提供用药健康宣教服务。

三、基本知识

1.高血压病概述

高血压是我国人群脑卒中及冠心病发病和死亡的主要原因。高血压人群发病的危险因素包括高钠低钾饮食、超重和肥胖、饮酒、精神紧张、缺乏体力活动、吸烟、高血脂、糖尿病等，其他还有性别、年龄、家族史等不可干预的高危因素。原发性高血压通常起病缓慢，早期多无症状，以后逐渐出现头痛、头晕、心悸、失眠、疲劳等，呈轻度持续性，紧张或劳累后加重，多数可自行缓解。

2.高血压并发症

高血压危象、高血压脑病、脑血管病、高血压性心脏病、高血压性肾病等。

3.高血压病诊断标准

根据《国家基层高血压防治指南2020版》，高血压诊断标准如下。

（1）以诊室血压测量结果为主要诊断依据　首诊发现收缩压＞140mmHg和（或）舒张压≥90mmHg建议在4周内复查2次，非同日3次测量均达到上述诊断界值，即可确诊。

（2）动态血压监测和家庭自测血压诊断高血压的标准见表E-3-3。

（3）高血压分类见表E-3-4。

表E-3-3　诊室及诊室外高血压诊断标准

分类	收缩压/mmHg	舒张压/mmHg
诊室测量血压	≥140和（或）	≥90
动态血压监测（平均血压）		
白天	≥135和（或）	≥85
夜间	≥120和（或）	≥70
24h	≥130和（或）	≥80
家庭自测血压（平均血压）	≥135和（或）	≥85

表E-3-4　高血压分类

分类	收缩压/mmHg	舒张压/mmHg
正常血压	＜120和	＜80
正常高值	120～139和（或）	80～89
高血压	≥140和（或）	≥90
1级高血压（轻度）	140～159和（或）	90～99
2级高血压（中度）	160～179和（或）	100～109
3级高血压（重度）	≥180和（或）	≥110
单纯收缩期高血压	≥140和	＜90

（4）高血压病分期

第一期：血压达确诊高血压水平，临床无心、脑、肾损害征象。

第二期：血压达确诊高血压水平，并有下列一项者。① 体检、X线、心电图或超声心动图示左心室扩大；② 眼底检查，眼底动脉普遍或局部狭窄；③ 蛋白尿或血浆肌酐浓度轻度增高。

第三期：血压达确诊高血压水平，并有下列一项者。① 脑出血或高血压脑病；② 心力衰竭；③ 肾功能衰竭；④ 眼底出血或渗出，伴或不伴有视盘水肿；⑤ 心绞痛、心肌梗死、脑血栓形成。

4.治疗原则及治疗目标

（1）高血压的药物治疗原则　选择任何一种药物都应从小剂量开始以减少不良反应。联合用药要合理；避免频繁换药，用药4～6周后疗效反应很差，可换用另一种药物；尽可能使用一天一次的具有24h降压疗效的长效药物；采用个体化治疗方法兼顾并存的相关疾病及其他危险因素。

（2）高血压的降压目标　普通高血压患者应＜140/90mmHg；年轻人、糖尿病及肾脏病患者应＜130/80mmHg；当尿蛋白＞1g/d时，血压应＜125/75mmHg；老年人收缩压降至＜150mmHg，舒张压＜90mmHg但不低于65～70mmHg。

5.治疗药物的药理作用、临床用途、不良反应、注意事项

WHO推荐一线药物有5类：利尿药、β受体阻滞药（BB）、钙通道阻滞药（CCB）、血管紧张素转换酶抑制药（ACEI）、血管紧张素Ⅱ受体拮抗药（ARB）。

（1）利尿药：治疗高血压的基础药物，常用药物有氢氯噻嗪、吲达帕胺。

【药理作用】通过排钠利尿，使心排血量减少而降压；长期应用，降低血管平滑肌对缩血管物质（如去甲肾上腺素）的反应性，诱导动脉壁产生扩血管物质（如激肽、前列环素等），产生温和、持久的降压作用。

【临床用途】可单独应用治疗1级、2级高血压，也可与其他抗高血压药联合应用。

【不良反应】长期应用可引起低血钾、高血糖、高血脂、高尿酸血症等。

【注意事项】糖尿病、高脂血症、痛风患者慎用氢氯噻嗪。单独使用剂量不宜超过25mg。一般宜早晨或日间用药，以免夜尿次数增多。吲达帕胺不良反应比氢氯噻嗪少，对血脂、血糖无影响，严重肾功能不全、肝性脑病及对磺胺类药过敏者禁用。

（2）β受体阻滞药（BB） 常用药物普萘洛尔、美托洛尔、阿替洛尔、拉贝洛尔等。

【药理作用】为非选择性β受体阻滞药，通过阻断不同组织器官上的β肾上腺素受体，减少心排血量、抑制肾素释放；降低外周交感神经活性，减少去甲肾上腺素的释放，促进前列环素的生成，产生缓慢、持久的降压作用。

【临床用途】单独或与其他抗高血压药合用治疗各级高血压。对年轻高血压患者、心排血量及肾素活性偏高者疗效较好。对高血压伴有心绞痛、快速型心律失常或甲亢等较为合适。

【不良反应】可引起恶心、呕吐、轻度腹泻、心动过缓、房室传导阻滞、诱发或加剧支气管哮喘等。

【注意事项】窦性心动过缓、重度房室传导阻滞、支气管哮喘患者禁用。糖尿病患者慎用普萘洛尔，因为可引起糖尿病患者血糖降低，并可掩盖低血糖时出汗、心悸等症状。个体差异大，应从小剂量开始逐渐增加剂量。长期用药停药时需逐渐减量，至少3天，一般2周。心率低于50次/分，应减量或停药。

（3）钙通道阻滞药（CCB） 常用药物有硝苯地平、尼群地平、拉西地平、氨氯地平、非洛地平、维拉帕米、地尔硫䓬等。

【药理作用】选择性地阻滞钙通道，使血管平滑肌松弛，血管扩张，而降低血压。降压特点：① 降压作用快而强，伴有反射性心率加快；② 降压的同时不降低心、脑、肾这些重要器官的血流量；③ 可预防和逆转心肌、血管平滑肌肥厚；④ 对血脂、血糖、尿酸及电解质等无不良影响。

【临床用途】用于各型高血压，尤其适于伴有心绞痛、哮喘、糖尿病、高脂血症或肾功能不全的患者。

【不良反应】常见心悸、头痛、眩晕、低血压、踝部水肿、颜面潮红、恶心、便秘等。

【注意事项】孕妇及哺乳期妇女禁用。首剂剂量过大或剂量调整期易发生低血压症状，特别是合用β受体阻滞药时，宜从小剂量开始用药，同时监测血压。长期给药不宜突然停药，以免发生反跳现象。硝苯地平控释片应避光保存。

（4）血管紧张素转换酶抑制药（ACEI） 常见药物有卡托普利、依那普利、福辛普利等。

【药理作用】快而强的降压作用，通过抑制血管紧张素转换酶活性，阻止血管紧张素Ⅱ生成，阻止缓激肽降解，降低外周阻力，使血压下降，同时增加肾血流量，预防和逆转心肌和血管重构，且不伴有反射性心率加快。

【临床用途】用于各型高血压，尤其是伴有糖尿病及胰岛素抵抗、左心室肥厚、充血性心衰、急性心梗的患者。

【不良反应】轻微。主要是血管性水肿、刺激性干咳，其他如首剂低血压、肾功能损害、高血钾、味觉障碍、皮疹、白细胞缺乏、低血糖反应等。

【注意事项】妊高征禁用，以免致畸。一般不与保钾利尿药合用。为防止发生首剂低血压现象，应从小剂量开始服用。餐前1h时服用，以避免食物影响药物吸收。出现影响日常生活的干咳，可考虑减量或停药或服用止咳药物。

（5）血管紧张素Ⅱ受体拮抗剂（ARB） 常见药物有缬沙坦、氯沙坦、厄贝沙坦等。

【药理作用】选择性AT_1受体阻断药，扩张血管使血压下降，可抑制醛固酮分泌，逆转心血管重构。

【临床用途】用于各级高血压，特别是不能耐受ACEI所致干咳的高血压患者。

【不良反应】少，一般不引起干咳、血管性水肿等。可有头晕、乏力等。

【注意事项】孕妇和哺乳期妇女禁用。应避免与补钾药或保钾利尿药合用。

四、能力训练

（一）操作条件

1.高血压病诊断标准。

2.临床常用抗高血压药物。

3.用药服务的基本要求。

4.用药服务的操作流程。

（二）注意事项

1.以患者为中心，尊重、关爱患者，保护隐私，确保患者理解。

2.用药指导详细，语言通俗易懂。指导内容包括药理作用、药品用法用量、不良反应及处理、注意事项、适应与禁忌、储存方式。

3.关注多病共存、多药同服、特殊人群。

（三）操作过程

序号	步骤	操作流程/话术举例	注意事项/操作标准
1	礼仪接待	“您好，请问有什么需要帮忙的吗？”	态度尊重、真诚、适度；语言简洁、准确、通俗易懂
2	询问基本信息	“是您本人用吗？”“方便问您的职业吗？”	简单明了，尊重隐私
3	病症查询，排除四史	“有哪些不舒服症状？”“有其他疾病史吗？”“近期就医过吗?”“有没有服用什么药物？”“有药物过敏史吗？”	询问详细、清晰，表达准确
4	建立管理档案	“帮您做一个健康评估，可以吗？这样后期可以比较清楚地知道高血压病的控制情况，您也不会错过用药时间”	进行疾病评估，建立高血压病慢性病管理档案，记录患者健康信息、用药情况（具体见表E-3-5高血压病慢性病管理档案）
5	用药指导	（1）“根据医师的处方，您现在需要服用的是氨氯地平片。根据您的病情描述原发性高血压的诊断是明确的，高血压病的药物选择首选长效抗高血压药物，氨氯地平片作为长效抗高压药，疗效较好，如果服用后血压降不到正常，需要医师指导加量或加用其他抗高血压药物治疗，该药是属于钙通道阻滞药，用于各型高血压，尤其伴有心绞痛、哮喘、糖尿病、高脂血症或肾功能不全的患者。使用方法是每次1片（5mg），一日一次。该药疗效不受胃肠道功能和食物的影响，可以和绝大多数药物一起服用，还可以掰成两半服用。作用持续时间很长，偶尔漏服不会造成血压升高。如果出现漏服，按原间隔时间服用即可。如果出现低血压，平卧休息，注意起身或转身时动作勿过猛”	根据高血压病治疗需要、治疗的用药指导原则识协助指导用药 （1）高血压病诊断标准 （2）药物的相关知识：药理作用、适应与禁忌、用法用量、疗程、不良反应及处理、注意事项、药品储存 （3）血压计使用方法 ① 部位：选用上臂肱动脉（肘窝上二横指处）为测量点，使患者心脏的位置与被测量的动脉和血压计上的汞柱的零点在同一水平线上 ② 血压计种类：水银血压计、电子血压计

续表

序号	步骤	操作流程/话术举例	注意事项/操作标准
5	用药指导	（2）“您现在是否会使用血压计做血压监测”	③ 血压测量注意事项：测量前至少休息5min，保持心情平静，深呼吸；上臂尽量裸露，以免过厚衣服导致测得的血压偏高；坐位测血压，上臂平放，与心脏处于同一水平面；选用大小合适的袖带，松紧以能插入二指为宜；测量过程中保持安静，不要说话；测量血压的次数不宜过频。尽量做到每天同一时间段测量
6	健康教育	（1）日常饮食需要保持营养均衡、“三高五低”原则。“三高”指食物高新鲜度、高纤维素、高蛋白质。“五低”指低糖、低盐、低脂、低胆固醇、低刺激性。少酒戒烟 （2）作息要规律 （3）运动要适度，量力而行 （4）长期、规范用药，尽量避免或延缓并发症产生，不得随意停药减药 （5）不用担心，但也要正确认识疾病，积极治疗，保持情绪稳定，愉悦心情 （6）使用药物过程中，一旦出现异常情况，及时就医，勿随意用药	（1）疾病知识介绍 （2）生活、运动指导 （3）饮食健康管理 （4）情志管理 （5）并发症的预防与处理 （6）定期体检：血糖、血脂、血压、生化、眼底、心电图、肾功能、胸部X线等
7	用药评估	（1）血压指标是否控制在正常标准 （2）症状是否缓解 （3）有无不良反应 （4）自我血压监测 （5）饮食结构改善、是否适量运动、情绪调节	（1）指标控制 （2）症状控制 （3）药物评价（安全性、有效性、依从性、不良反应） （4）自我血压监测 （5）生活方式改善

表E-3-5　高血压慢性病管理档案

基本信息	姓名：　　性别：　　年龄：　　联系方式：
	身高：　　体重：　　腰围：　　BMI：
	血压：　　心率：
	空腹血糖
	伴随症状：□头晕、头痛　□胸痛　□疲劳乏力　□心血管症状（心悸、胸闷等）　□双下肢水肿 □视物模糊　□其他________
	饮食数量：□十分饱　□七分饱　□偶尔不吃　□无规律 饮食喜好：□甜食　□高脂饮食　□高盐饮食（＞6g/d）　□水果蔬菜摄入量多
	运动情况：每日　□＞60min　□30～60min　□＜30min
	情绪：□较好　□一般　□较差
	不良嗜好：　烟　　酒
疾病史	过敏史
	既往史
	家族史
	现病史
	合并疾病：□糖尿病　□高脂血症　□高尿酸血症　□冠心病　□蛋白尿 □心衰　□视物模糊　□其他________

续表

<table>
<tr><td rowspan="5">用药情况</td><td rowspan="3">药品情况</td><td>药品名称</td><td>规格剂型</td><td>用法用量</td><td>起始时间</td><td>停止时间</td></tr>
<tr><td></td><td></td><td></td><td></td><td></td></tr>
<tr><td></td><td></td><td></td><td></td><td></td></tr>
<tr><td>注意事项</td><td colspan="5">□清楚　□不了解</td></tr>
<tr><td>用药依从性</td><td colspan="5">□规律用药　□偶尔忘记　□经常漏服　□好转即自行停药</td></tr>
</table>

【问题情境一】

退休教师王叔叔，自觉头痛、头晕、心悸，去医院测得收缩压为168mmHg，舒张压为100mmHg，自述有糖尿病史。医师在考虑用药时需要避免选择哪一类药物。

不能用噻嗪类利尿药如氢氯噻嗪。

【问题情境二】

俞奶奶，72岁，多年高血压史，早期服药不规律，12年前患脑出血，导致右侧偏瘫，还患有高血压肾病。目前在社区护理中心经过几年的康复，生活逐渐能自理，但出行仍需要使用轮椅。曾被诊断患有抑郁症，睡眠较差。最近由于血压控制不理想，主治医师为俞奶奶更换了药物硝苯地平控释片。护理员小张对该药不是很熟悉，来咨询俞奶奶在用药方面应该注意什么问题。

硝苯地平降压特点是作用快而强、伴有反射性心率加快，可能会出现心悸情况。适合用于各型高血压，尤其适于伴有心绞痛、哮喘、糖尿病、高脂血症或肾功能不全的患者。不良反应可能有头痛、眩晕、低血压、踝部水肿、颜面潮红、恶心、便秘等。首剂使用为防止发生低血压症状，宜从小剂量开始用，同时监测血压、心率。该药长期给药不宜突然停药，以免发生反跳现象。硝苯地平控释片应避光保存。使用方法一次1片（30mg），一日1次，整片吞服，服药时间不受就餐时间限制，应避免食用葡萄柚汁。该药有不可吸收外壳，完整空药片可在粪便中发现。与大环内酯类及吡咯类抗真菌药（如酮康唑）、氟西汀等药合用要注意相互作用。

（四）学习结果评价

序号	评价内容	评价标准	评价结果（是/否）
1	建立高血压病慢性病管理档案	（1）能正确填写档案内容、完整 （2）能正确评估疾病	
2	教会患者自我检测血压	能教会患者正确使用血压计	
3	解读血压指标	能正确解读血压值的临床意义	
4	用药指导	根据医嘱，结合患者实际情况进行用药指导，能正确告知药物药理作用、适应证、药品的用法用量（包括具体服药时间、特殊剂型的用法）、药物注意事项、不良反应及应急情况处理、禁忌、贮存方式	
5	健康宣教	（1）根据患者的实际情况进行健康知识宣教，能帮助患者接受高血压相关疾病知识教育，以积极心态面对疾病 （2）能指导患者注意对血压的自我检测，严格按照医师确定的治疗方案给药，养成严谨的用药习惯，控制饮食，适量运动，生活规律，定期医院复查	
6	随访评估	能根据患者的具体情况，从血压指标控制、症状控制、药物评价、生活方式等方面进行随访评估	
7	服务质量	能文明服务，患者评价高	

五、课后作业

1.简述一线抗高血压药的分类并举例代表药物。

2.某患者，男，83岁，40岁时即被诊断为高血压，一直服药，偶有漏服情况。血压控制情况尚可。2年前因慢性支气管炎引发哮喘，目前未服用哮喘药。最近血压控制不佳，波动较大，最高时190/113mmHg，最低时100/55mmHg，自觉常有头痛、头晕、视物模糊情况，昨晚起身上厕所时由于眩晕跌倒，家属及时搀扶卧床，并测血压90/50mmHg。根据患者目前情况分析血压波动的原因及处理方法。

能力点 E-3-3　能对高脂血症患者进行用药服务

一、核心概念

1.高脂血症

高脂血症又称血脂异常，是脂肪代谢或运转异常，血清总胆固醇（TC）升高、三酰甘油（TG）升高、低密度脂蛋白（LDL）升高、高密度脂蛋白（HDL）降低，导致全身代谢功能异常引起的一系列并发症。

2. ASCVD

ASCVD指动脉粥样硬化性心血管疾病（包括急性冠状动脉综合征、稳定性冠心病、缺血性心肌病、缺血性脑卒中、短暂性脑缺血发作、外周动脉粥样硬化病等），ASCVD危险因素包括有ASCVD病史者、高血压、糖尿病、肥胖、吸烟、早发性心血管病家族史者、高脂血症家族史者、皮肤或肌腱黄色瘤及跟腱增厚者、肝病等。

二、学习目标

1.能为患者建立高脂血症疾病管理档案。

2.能指导患者自测体重、身高，计算体重指数BMI。

3.能根据高脂血症治疗需要、治疗的用药指导原则及各类降脂药的相关知识协助指导患者用药。

4.能为高脂血症患者提供用药健康宣教服务。

三、基本知识

1.高脂血症概述

高脂血症是环境因素、基因缺陷相互作用所致的代谢异常，是ASCVD的高危因素。发病原因主要有高糖、高动物脂肪饮食、吸烟、大量饮酒、缺乏体力活动、遗传异常、继发于某些代谢疾病（如糖尿病、甲减、系统性红斑狼疮、肾病综合征等）、药物（如利尿药、β受体阻滞药）等。除此以外，随年龄增长，血脂逐渐升高，70岁以后略有降低，男性高于女性。临床表现多数患者并无明显症状和异常体征，多在体检时发现。主要是黄色瘤和动脉粥样硬化。动脉粥样硬化的发生和发展缓慢渐进。较重时会出现眩晕、胸闷、气短、心慌、胸痛、肢体乏力、口角歪斜等症状，最终会导致严重并发症。

2.高脂血症并发症

脑卒中、冠心病、心肌梗死、心脏猝死、胰腺炎等。

3.血脂水平分层标准

根据中国成人血脂异常防治指南（2016修订版）血脂水平分层标准见表E-3-6。

表E-3-6　血脂水平分层标准

分类	血清总胆固醇TC /（mmol/L）	三酰甘油TG /（mmol/L）	高密度脂蛋白胆固醇HDL-C /（mmol/L）	低密度脂蛋白胆固醇LDL-C/（mmol/L）
合适范围	＜5.18	＜1.70	≥1.04	＜3.37
边缘升高	5.18～6.18	1.70～2.25		3.37～4.12
升高	≥6.22	≥2.26	≥1.55	≥4.14
降低			＜1.04	

4.治疗原则及治疗目标

（1）高脂血症治疗原则　根据是否合并冠心病等危症、伴随危险因素及血脂水平进行全面评价以决定治疗措施及血脂的控制目标，饮食治疗和改善生活方式是基础，选择合适的调脂药物，并定期对疗效和药物不良反应进行监测。

（2）治疗目标　调脂治疗需要达到的基本目标依据ASCVD发病的不同危险程度确定。以降低低密度脂蛋白胆固醇（LDL-C）水平为治疗的首要目标，以降低非高密度脂蛋白胆固醇（非HDL-C）水平为次要目标。见表E-3-7。

表E-3-7　降脂治疗目标值

危险等级（10年发生心脑血管疾病的危险性）	治疗目标值/（mmol/L）
低危	TC＜6.2，LDC-C＜4.1
中危	TC＜5.2，LDC-C＜3.4
高危	TC＜4.1，LDC-C＜2.6
极高危	TC＜3.1，LDC-C＜2.1

5.治疗药物的药理作用、临床用途、不良反应、注意事项

常用的调脂药物有他汀类、贝特类、烟酸类、胆酸螯合剂、胆固醇吸收抑制药等。

（1）他汀类　HMG-CoA还原酶抑制药。常见药物有洛伐他汀、辛伐他汀、普伐他汀、阿托伐他汀等。

【药理作用】抑制HMG-CoA还原酶，减少胆固醇肝内合成，明显降低血清胆固醇含量，加快血浆LDL清除速度，同时还可降低TG的水平，轻度增加HDL。

【临床用途】适于以胆固醇升高为主的高脂血症，特别是伴有LDL升高者的首选药，对混合型高脂血症以及糖尿病性、肾性高脂血症也有效。

【不良反应】少，可见恶心、腹痛、腹泻、便秘等消化道症状及头痛、肌肉痉挛、疲乏无力、皮疹和视物模糊等，少数一过性氨基转移酶增高，一般不引起持续的肝损伤。最严重者出现横纹肌溶解症，可导致急性肾衰竭，危及生命。

【注意事项】孕妇、哺乳期禁用，儿童、青少年不使用。使用者定期检查肝功能。如出现全身性肌肉酸痛、僵硬、乏力时，应警惕横纹肌溶解症的发生，立即停用。检测肌酸激酶（CK）可帮助诊断。与饮食同服可促进吸收。

（2）贝特类　又称苯氧酸类，常见药物有非诺贝特、苯扎贝特、吉非罗齐等。

【药理作用】增强脂蛋白酯酶的活性，加速极低密度脂蛋白（VLDL）分解，抑制其合成和分泌。明显降低TG，并不同程度地升高HDL，适度降低总胆固醇水平。

【临床用途】主要用于高三酰甘油血症或以TG升高为主的混合型高脂血症。亦可用于高胆固醇血症。

【不良反应】较轻，主要是轻度腹胀、腹泻等胃肠道反应，偶有皮疹、脱发、视物模糊，长期应用可出现胆石症或其他肝脏疾病。

【注意事项】孕妇、哺乳期、严重肾病及肝病者禁用。应定期肝胆常规检查及监测CK水平。

（3）烟酸类　包括烟酸、烟酸肌醇、阿昔莫司等。

【药理作用】烟酸是B族维生素，大剂量给药时能降低血TG、VLDL，降低LDL的作用较慢、较弱，也能降低胆固醇，使HDL轻至中度升高。阿昔莫司是烟酸衍生物，作用类似于烟酸。

【临床用途】适用于以TG升高为主的高脂血症。与胆酸结合树脂、他汀类有协同作用。

【不良反应】常见有颜面潮红、皮肤瘙痒，长期应用可致皮肤干燥、色素沉着；有呕吐、腹泻等胃肠道反应；偶见肝功能异常、尿酸增多、糖耐量降低等。可诱发溃疡。阿昔莫司不良反应少于烟酸。

【注意事项】溃疡病、糖尿病、严重痛风、肝功能异常者禁用。为减少服药的不良反应，可从小剂量开始，以后酌情渐增至常用剂量。长期使用应监测血糖、血尿酸和肝功能等。

（4）胆酸螯合剂　包括考来烯胺、考来替泊等。

【药理作用】在肠道内与胆酸不可逆性结合，阻碍胆酸重吸收，促进胆酸排出。同时促进肝内胆酸合成增加，使肝脏游离胆固醇含量减少，对LDL的清除加快。因此血清总胆固醇和LDL均明显降低，但对HDL、TG和VLDL无明显影响。

【临床用途】主要用于高胆固醇血症，对高三酰甘油血症无效。治混合型高脂血症时应与贝特类配伍应用。

【不良反应】主要是食欲缺乏和便秘，本类药可影响多种药物和脂溶性维生素的吸收，影响儿童和青少年生长发育。

【注意事项】合用矫味剂和多食纤维性食物可减轻胃肠道反应。使用时密切监测身高、体重外，适当补充维生素A、维生素D、维生素K等脂溶性维生素及钙盐。

（5）胆酸吸收抑制剂　常见有依折麦布。

【药理作用】通过抑制小肠对胆固醇吸收来减少血胆固醇水平。

【临床用途】用于高胆固醇血症和以胆固醇升高为主的混合型高脂血症。可单用或与他汀类联合应用。

【不良反应】少，最常见上呼吸道感染，偶有胃肠道反应、头痛、肌肉痛及氨基转移酶升高。

【注意事项】依折麦布可以空腹或与食物一起服用，老年人无需调整剂量。

四、能力训练

（一）操作条件

1.高脂血症诊断标准。

2.临床常用调脂药物。

3.用药服务的基本要求。

4.用药服务的操作流程。

（二）注意事项

1.以患者为中心，尊重关爱患者，保护隐私，确保患者理解。

2.用药指导详细，语言通俗易懂。指导内容包括药理作用、药品用法用量、不良反应及处理、注意事项、适应与禁忌、储存方式。

3.关注多病共存、多药同服、特殊人群。

（三）操作过程

序号	步骤	操作流程/话术举例	注意事项/操作标准
1	礼仪接待	“您好，请问有什么需要帮忙的吗？”	态度尊重、真诚、适度；语言简洁、准确、通俗易懂
2	询问基本信息	“是您本人用吗？方便问您的职业吗？”	简单明了，尊重隐私
3	病症查询，排除四史	“有哪些不舒服症状？”“有其他疾病史吗？”“近期就医过吗？”“有没有服用什么药物？”“有药物过敏史吗？”	询问详细、清晰，表达准确
4	建立管理档案	“帮您做一个健康评估，可以吗？这样后期可以比较清楚的知道高脂血症的控制情况，您也不会错过用药时间”	进行疾病评估，建立高脂血症慢性病管理档案，记录患者健康信息、用药情况（具体见表E-3-8高脂血症慢性病管理档案）
5	用药指导	（1）“根据医师处方，您现在需要服用阿托伐他汀钙片。根据您的病情描述冠状动脉粥样硬化性心脏病及高脂血症的诊断明确，该药有降胆固醇作用及降低脑卒中、心梗的风险” （2）“阿托伐他汀钙是HMC-CoA还原酶抑制剂。是胆固醇升高为主的高脂血症特别是伴有LDL升高者的首选药，适于冠心病，对混合型高脂血症也有效。使用方法是每次1片（10mg），一日1次。该药可在一日任何时间服用不受进餐影响。治疗2周可见明显疗效。4周可达最大疗效” （3）“不良反应可见恶心、腹痛、腹泻等消化道症状，需要定期检查肝功能。如出现全身性肌肉酸痛、僵硬、乏力时，立即停用，及时就诊”	根据高脂血症治疗需要、治疗的用药指导原则协助指导用药 （1）高脂血症诊断标准 （2）药物的相关知识：药理作用、适应与禁忌、用法用量、疗程、不良反应及处理、注意事项、药品储存
6	健康教育	（1）高脂血症的治疗，饮食及生活方式改善是基础，日常饮食需要低胆固醇、低盐、低糖、高纤维素膳食，控制饱和脂肪酸的摄入，戒烟忌酒，多食蔬菜、水果、豆类，补充足量维生素，三餐定时定量，饮食烹饪方法少油煎烹炸 （2）控制体重，通过计算体重指数监测控制体重 （3）生活规律，体育锻炼量力而行、循序渐进、持之以恒 （4）长期、规范用药，尽量避免或延缓并发症产生，不得随意停药减药 （5）不用过虑，但也要正视疾病，积极治疗，保持情绪稳定，愉悦心情 （6）学会血压、血脂自我监测	（1）疾病知识介绍 （2）生活、运动指导 （3）饮食健康管理，体重指数BMI控制在18～24［BMI=体重（kg）/身高（m^2）］ （4）情志管理 （5）并发症的预防与处理 （6）定期体检：血糖、血脂、血压、生化、眼底、心电图、心功能、肾功能、肝功能、胸部CT、血管超声等
7	用药评估	（1）血脂指标是否控制在正常标准 （2）症状是否缓解 （3）有无不良反应 （4）饮食结构是否有改善、是否适量运动、是否注重自我情绪调节	（1）指标控制 （2）症状控制 （3）药物评价（安全性、有效性、依从性、不良反应） （4）生活方式改善

表E-3-8　高脂血症慢性病管理档案

<table>
<tr><td rowspan="9">基本信息</td><td colspan="6">姓名：　　性别：　　年龄：　　联系方式：</td></tr>
<tr><td colspan="6">身高：　　体重：　　腰围：　　BMI：</td></tr>
<tr><td colspan="6">血压：　　心率：</td></tr>
<tr><td colspan="6">空腹血糖</td></tr>
<tr><td colspan="6">伴随症状：□眩晕　□胸闷胸痛　□疲劳乏力　□心悸　□皮肤肌腱黄色瘤　□跟腱增厚
□肌痛　□其他________</td></tr>
<tr><td colspan="6">饮食习惯：□定时　□定量　□无规律
饮食喜好：□甜食　□高脂饮食　□高盐饮食（＞6g/d）　□水果蔬菜摄入量多</td></tr>
<tr><td colspan="6">运动时间：□＞60min　□30～60min　□＜30min
运动频率：□每日　□3～5次/周　□1～3次/周
运动方式：□慢跑、游泳、骑车、打球等有氧运动
□散步、太极、气功等低运动量运动</td></tr>
<tr><td colspan="6">情绪：□较好　□一般　□较差</td></tr>
<tr><td colspan="6">不良嗜好：　　烟　　酒</td></tr>
<tr><td rowspan="5">疾病史</td><td colspan="6">过敏史</td></tr>
<tr><td colspan="6">既往史</td></tr>
<tr><td colspan="6">家族史</td></tr>
<tr><td colspan="6">现病史</td></tr>
<tr><td colspan="6">合并疾病：□糖尿病　□高血压　□高尿酸血症　□冠心病　□动脉粥样硬化
□心衰　□脂肪肝　□其他________</td></tr>
<tr><td rowspan="6">用药情况</td><td rowspan="4">药品情况</td><td>药品名称</td><td>规格剂型</td><td>用法用量</td><td>起始时间</td><td>停止时间</td></tr>
<tr><td></td><td></td><td></td><td></td><td></td></tr>
<tr><td></td><td></td><td></td><td></td><td></td></tr>
<tr><td></td><td></td><td></td><td></td><td></td></tr>
<tr><td>注意事项</td><td colspan="5">□清楚　□不了解</td></tr>
<tr><td>用药依从性</td><td colspan="5">□规律用药　□偶尔忘记　□经常漏服　□好转即自行停药</td></tr>
</table>

【问题情境一】

姚某，某餐厅厨师长，48岁，身高1.75m，体重90kg，腰围98cm。有吸烟史，嗜酒。工作繁忙，运动非常少，饮食无规律。父亲有严重的脂肪肝。去年体检时，测血清总胆固醇5.7mmol/L，三酰甘油2.8mmol/L，葡萄糖8.1mmol/L，谷氨酰基转氨酶46μmol/L。姚某觉得自己无不适症状，但体检指标有异常，不知道是否需要进行药物治疗，故来药房咨询。

根据姚某情况，为混合型高脂血症，BMI=90/（1.75×1.75）=29.4，腰围98cm，属于超重，有吸烟嗜酒，高脂血症家族史，血糖高，谷氨酰基转氨酶增高，说明肝脏有损伤，考虑脂肪肝可能，饮食无规律，少运动，目前无症状情况下，考虑ASCVD风险人群，先饮食运动治疗，建议糖尿病相关检查及治疗，严格控制体重，积极减肥，具体减重目标为BMI不超出24，腰围控制在85cm以内，饮食低胆固醇、低盐、低糖、高纤维素膳食，控制饱和脂肪酸的摄入，戒烟忌酒。增加运动，每日测定血压、血糖，3个月后复查体检情况是否改善，如未改善再考虑药物治疗。

【问题情境二】

蒋某，70岁，患有高血压7年，日前因胸前区疼痛去医院就诊，心电图示ST段抬高，实验室检查血清总胆固醇7.1mmol/L，LDL 3.5mmol/L，诊断为高血压、冠心病、心绞痛、高脂血症，给予瑞托伐他汀钙片与缬沙坦治疗。由于瑞托伐他汀钙片是第一次用，对该药物不是很了解，不知道在服药期间需要注意什么。

瑞托伐他汀钙片可以在一天任何时候给药，可能会出现轻微消化道反应，服用期间除合理饮食、适当运动外，需要定时监测血压、血糖、肝肾功能，如果有不明原因的肌肉疼痛、无力或痉挛，特别是伴有不适和发热时，应及时就诊。

（四）学习结果评价

序号	评价内容	评价标准	评价结果（是/否）
1	建立高脂血症慢性病管理档案	（1）能正确填写档案内容、完整 （2）能正确评估疾病	
2	教会患者自我检测血压，测腰围，控制体重	能教会患者正确使用血压计、计算体重指数	
3	解读血脂指标	能正确解读血脂数值的临床意义	
4	用药指导	根据医嘱，结合患者实际情况进行用药指导，能正确告知药物药理作用、适应证、药品的用法用量（包括具体服药时间、特殊剂型的用法）、药物注意事项、不良反应及应急情况处理、禁忌、贮存方式	
5	健康宣教	（1）根据患者的实际情况进行健康知识宣教，能帮助患者接受高脂血症相关疾病知识教育，以积极心态面对疾病 （2）能指导患者注意对血压的自我检测，严格按照医师确定的治疗方案给药，养成严谨的用药习惯，控制饮食，适量运动，生活规律，定期医院复查	
6	随访评估	能根据患者的具体情况，从血脂指标控制、症状控制、药物评价、生活方式等方面进行随访评估	
7	服务质量	能文明服务，患者评价高	

五、课后作业

1. 简述常用调脂药物的药理作用及不良反应。

2. 朱某，女，45岁，身高160cm，体重80kg。5年前生产，女儿出生时体重4500g，家人戏称“九斤姑娘”，非常宠爱。朱某生产后体重一直未减轻，日常饮食又喜食甜食、肉类，平时忙于家务。目前因头晕、胸闷、心慌、烦渴、尿多，去医院就诊，测血压140/90mmHg，实验室检查测血清总胆固醇6.7mmol/L，三酰甘油2.9mmol/L，LDL-C 4.2mmol/L，葡萄糖10.3mmol/L。请根据患者目前情况协助医师制定合适治疗方案，进行正确的用药服务。

能力点 E-3-4　能对痛风患者进行用药服务

一、核心概念

1. 高尿酸血症

高尿酸血症是机体嘌呤代谢障碍或尿酸排泄障碍所致的尿酸浓度高出正常范围的慢性代谢性疾病。

2. 痛风

高尿酸血症时尿酸盐结晶沉积于关节、滑膜、肌腱、肾及结缔组织等组织或器官，形成痛风结石引发的急慢性炎症和组织损伤即为痛风。

二、学习目标

1. 能为患者建立痛风慢性病管理档案。
2. 能指导患者进行尿酸控制。
3. 能根据痛风治疗需要、治疗的用药指导原则及各类抗痛风药的相关知识协助指导患者用药。
4. 能为痛风患者提供用药健康宣教服务。

三、基本知识

1. 痛风概述

痛风可由先天性或特发性嘌呤代谢障碍引起，与糖脂代谢异常、肥胖、高血压等密切相关，或由血液病、药物、慢性肾脏病及高嘌呤食物等多种原因引起。常见的诱因有寒冷、疲劳、酗酒、摄入高蛋白和高嘌呤食物、关节受伤等。高尿酸血症与痛风为同一疾病不同状态。仅有血尿酸持续性或波动性增高为无症状高尿酸血症，部分患者随着血尿酸的持续升高，进展为痛风，表现为单个、偶尔双个或多个关节受累，以第一跖趾关节多见，出现红肿热痛、功能障碍；尿酸钠微小结晶析出，沉积在关节、滑膜等处，形成痛风结石，引起急慢性关节炎、尿路结石等多系统损害表现。根据国内现有资料报告，目前我国痛风患病率1% ～ 3%，并呈现逐年上升趋势。男性多见，女性大多出现于绝经期后。

2. 并发症

痛风的并发症主要有痛风性肾病、尿酸性肾结石、急性肾衰竭、冠心病、心肌梗死等。

3. 诊断标准

正常嘌呤饮食的状况下，非同日2次空腹血尿酸水平增高（男性＞420μmol/L，女性＞360μmol/L）诊断高尿酸血症。突发第一跖趾、踝、膝等处单关节红、肿、热、痛伴尿酸增高，考虑痛风可能，关节或滑膜液检查找到尿酸盐结晶可确立诊断。

4. 治疗原则及治疗目标

（1）痛风治疗原则　高尿酸血症和痛风患者，合理饮食，充足水分摄入，长期规律使用降尿酸药物将血尿酸水平控制在240 ～ 420μmol/L。若低剂量药物能够维持长期尿酸达标且没有痛风石的证据，可尝试停用降尿酸药物，但需定期检测血尿酸水平，维持血尿酸水平在目标范围。

（2）痛风治疗目标　控制血尿酸长期达标状态以明显减少痛风发作频率、预防痛风石形成、防止骨破坏、降低死亡风险、改善患者生活质量。

5. 治疗药物的药理作用、临床用途、不良反应、注意事项

痛风药物治疗以急性期缓解关节疼痛和炎症，发作间歇期控制血尿酸水平为目的。治疗痛风急性发作，可应用秋水仙碱、非甾体抗炎药如布洛芬。如果上述两种药物有禁忌或者效果不佳时，可选用糖皮质激素如泼尼松进行治疗，但要避免使用糖皮质激素长效制剂。控制慢性痛风可用促尿酸排泄药如苯溴马隆和抑制尿酸生成药如别嘌醇。

（1）秋水仙碱

【药理作用】抑制粒细胞浸润，抑制磷脂酶A2，减少前列腺素、白三烯、白介素-6等释放，

达到控制关节局部疼痛、肿胀及炎症反应的作用。但不影响尿酸盐的生成、溶解及排泄，因而无降血尿酸作用。

【临床用途】适用于痛风性关节炎的急性发作或预防复发性痛风性关节炎的急性发作。

【不良反应】与剂量大小有明显相关性。常见的早期不良反应有腹痛、腹泻、呕吐、食欲缺乏等胃肠道症状。发生率可达80%，严重者可能发生脱水及电解质紊乱等，长期服药可出现严重的出血性胃肠炎或吸收不良。其他如肌肉病变、周围神经病变、骨髓抑制、皮疹、脱发、发热、肝损害等。

【注意事项】过敏者、孕妇、哺乳期、骨髓增生低下及肝肾功能不全者禁用。在痛风发作12h内尽早使用，超过36h后效果显著下降。本药应小剂量开始使用，如发生呕吐、腹泻等反应应减量或停药就诊。用药期间定期检查血象及肝肾功能。

（2）别嘌醇

【药理作用】别嘌醇及其代谢产物抑制黄嘌呤氧化酶，阻止次黄嘌呤和黄嘌呤代谢为尿酸，抑制尿酸合成，防止尿酸形成结晶沉积，也有助于尿酸结晶重新溶解。

【临床用途】适于原发性和继发性高尿酸血症；反复发作或慢性痛风者；痛风石；尿酸性肾结石和（或）尿酸性肾病；有肾功能不全的高尿酸血症。

【不良反应】可有皮疹、腹泻、腹痛、脱发、肝毒性等不良反应。

【注意事项】对本药过敏、严重肝肾功能不全和明显血细胞低下者禁用。本药可诱发痛风或加重痛风性关节炎急性期症状，必须在急性炎症消失后方开始使用。从小剂量开始逐渐增至维持量。服药期间多饮水，使尿液呈中性或碱性以利于尿酸排泄。用药期间定期检查血象及肝肾功能。

（3）苯溴马隆

【药理作用】本药为促尿酸药，通过抑制肾小管对尿酸的重吸收，降低血中尿酸浓度。

【临床用途】用于单纯原发性高尿酸血症以及非发作期痛风性关节炎。

【不良反应】患者一般对本药耐受性较好，有时可出现腹泻、胃部不适、恶心等消化系统症状、皮疹、肝肾功能损害、粒细胞减少等。

【注意事项】对本药过敏者、中重度肝肾功能不全者、孕妇、哺乳期妇女禁用。急性痛风发作结束之前不要用药。为了避免在治疗初期痛风急性发作，建议在给药最初几天合用秋水仙碱或抗炎药。治疗期间需大量饮水以增加尿量，定期测量尿酸的酸碱度，可酌情给予碳酸氢钠碱化尿液。用药期间定期检测肝肾功能。与香豆素类抗凝血药合用注意风险性。

四、能力训练

（一）操作条件

1.痛风诊断标准。

2.临床常用抗痛风药物。

3.用药服务的基本要求。

4.用药服务的操作流程。

（二）注意事项

1.以患者为中心，尊重关爱患者，保护隐私，确保患者理解。

2.用药指导详细，语言通俗易懂。指导内容包括药理作用、药品用法用量、不良反应及处理、注意事项、适应与禁忌、储存方式。

3.关注多病共存、多药同服、特殊人群。

（三）操作过程

序号	步骤	操作方法及说明	质量标准
1	礼仪接待	“您好，请问有什么需要帮忙的吗？”	态度尊重、真诚、适度；语言简洁、准确、通俗易懂
2	询问基本信息	“是您本人用吗？方便问您的职业吗？”	简单明了，尊重隐私
3	病症查询，排除四史	“有哪些不舒服症状？”“有其他疾病史吗？”“近期就医过吗?”“有没有服用什么药物？”“有药物过敏史吗？”	询问详细、清晰，表达准确
4	建立管理档案	“帮您做一个健康评估，可以吗？这样后期可以比较清楚地知道痛风的控制情况，您也不会错过用药时间。”	进行疾病评估，建立痛风慢性病管理档案，记录患者健康信息、用药情况（具体见表E-3-9痛风慢性病管理档案）
5	用药指导	（1）“根据医师的处方，您现在处于痛风发作期，需要服用的是秋水仙碱片和布洛芬缓释胶囊，秋水仙碱适用于痛风性关节炎的急性发作，布洛芬用于缓解疼痛症状。” （2）“使用方法是秋水仙碱每1～2h服0.5～1mg（1～2片），直至关节症状缓解，或出现腹泻或呕吐，24h内不宜超过6mg（12片），停服72h后一日量为0.5～1.5mg（1～3片），分次服用，共7天。腹泻呕吐剧烈需及时医院就诊。布洛芬一次1粒，一日2次”	根据痛风治疗需要、治疗的用药指导原则识协助指导用药 （1）痛风诊断标准 （2）药物的相关知识：药理作用、适应与禁忌、用法用量、疗程、不良反应及处理、注意事项、药物相互作用、药品储存
6	健康教育	（1）日常饮食避免摄入高嘌呤食物（动物内脏、黄豆、海鲜、浓肉汤等），鼓励奶制品及新鲜蔬菜摄入，每日适量饮水；戒烟限酒；豆制品（如豆腐）摄入要适量 （2）控制体重 （3）规律运动 （4）急性发作期应尽早进行药物控制，越早效果越好。同时卧床休息，抬高患肢，局部冷敷。规范用药，尽量避免或延缓并发症产生 （5）不用担心，但也要正确认识疾病，积极治疗，多参与社交 （6）学会使用家用尿酸检测仪做尿酸监测	（1）疾病知识介绍 （2）生活、运动指导 （3）饮食健康管理 （4）并发症的预防与处理 （5）定期体检：血糖、血脂、血压、尿酸、血常规、尿常规、生化等 （6）家用尿酸检测仪使用方法 ① 准备物品：尿酸仪、试纸、采血笔、棉签、75%乙醇 ② 仪器中插入尿酸校正码 ③ 指尖消毒 ④ 插入有效期内试纸 ⑤ 采血笔采血 ⑥ 试纸吸血 ⑦ 等待仪器显示结果 ⑧ 整理物品，处理废弃物
7	用药评估	（1）尿酸指标是否控制 （2）症状是否缓解 （3）有无不良反应 （4）自我尿酸监测 （5）饮食结构改善、是否适量运动、情绪调节	（1）尿酸指标控制、自我尿酸监测 （2）症状控制 （3）药物评价（安全性、有效性、依从性、不良反应） （4）生活方式改善

表E-3-9 痛风慢性病管理档案

<table>
<tr><td rowspan="9">基本信息</td><td colspan="6">姓名： 性别： 年龄： 联系方式：</td></tr>
<tr><td colspan="6">身高： 体重： 腰围： BMI：</td></tr>
<tr><td colspan="6">血压：</td></tr>
<tr><td colspan="6">空腹血糖： 餐后2h血糖： 糖化血红蛋白：</td></tr>
<tr><td colspan="6">症状：□多饮 □多食 □多尿 □心血管症状（心悸、胸闷等） □皮肤溃疡
□视物模糊 □其他 ________</td></tr>
<tr><td colspan="6">饮食数量：□十分饱 □七分饱 □偶尔不吃 □无规律
饮食结构：每日谷薯类摄入定量 □是 □否
每日水果、蔬菜类摄入定量：□是 □否
每日蛋、奶、豆制品等优质蛋白摄入定量：□是 □否
每日限量盐、油摄入：□是 □否
每日限制高嘌呤食物（海鲜、动物内脏、浓肉汤、黄豆等）摄入：□是 □否</td></tr>
<tr><td colspan="6">运动情况：每日 □>60min □30～60min □<30min</td></tr>
<tr><td colspan="6">情绪：□较好 □一般 □较差</td></tr>
<tr><td colspan="6">不良嗜好： 烟 酒</td></tr>
<tr><td rowspan="5">疾病史</td><td colspan="6">过敏史</td></tr>
<tr><td colspan="6">既往史</td></tr>
<tr><td colspan="6">家族史</td></tr>
<tr><td colspan="6">现病史</td></tr>
<tr><td colspan="6">合并疾病：□高血压 □高脂血症 □糖尿病 □冠心病 □肾脏疾病
□尿酸性肾结石 □其他________</td></tr>
<tr><td rowspan="6">用药情况</td><td rowspan="4">药品情况</td><td>药品名称</td><td>规格剂型</td><td>用法用量</td><td>起始时间</td><td>停止时间</td></tr>
<tr><td></td><td></td><td></td><td></td><td></td></tr>
<tr><td></td><td></td><td></td><td></td><td></td></tr>
<tr><td></td><td></td><td></td><td></td><td></td></tr>
<tr><td>注意事项</td><td colspan="5">□清楚 □不了解</td></tr>
<tr><td>用药依从性</td><td colspan="5">□规律用药 □偶尔忘记 □经常漏服 □症状缓解即停药</td></tr>
</table>

【问题情境一】

钱某，男，75岁。患高血压、高血脂、痛风数年，一直规范用药治疗。今晨来药房常规购药，药师帮助进行血压、尿酸测量，均在正常范围。钱大爷询问，自己指标均在正常范围，听说抗高血压药不能停，那是不是抗痛风的药可以不吃，反正现在都不痛了。

痛风属于慢性，病需要长期服药治疗。一旦停了药物，血尿酸值会上升，血尿酸的波动往往会诱发痛风的发作，所以需长期规律服药，并定期检查血尿酸值。根据血尿酸的控制情况，由医师来调整药物的用量，不能擅自停药。

【问题情境二】

姚某，男，53岁。2年前突然出现左脚趾红肿疼痛，自认甲沟炎，予红霉素软膏外用治疗，2天后症状缓解，因此未在意。后数次大量饮酒及食用海鲜后出现左足疼痛，均数天后自行缓解。以后逐渐发作次数增多，疼痛加剧，左手指关节也出现疼痛，故2天前去医院就诊，经实验室检查，血尿酸603μmol/L，诊断为“高尿酸血症，痛风”，予以秋水仙碱片及双氯芬酸钠缓释片治疗。服用2天药物后，姚某出现腹痛、腹泻现象，虽然不是太严重，他还是有点担心，于是来店询问药师该怎么办？

秋水仙碱片需要服用至关节症状缓解，或出现腹泻或呕吐，24h内不宜超过6mg（12片），疼痛缓解或停药3天后每日再服用0.5～1.5mg（1～3片），分次服，共7天。如果腹泻呕吐剧烈需及时医院就诊。因此胃肠道反应不是太严重，不用担心，是药物不良反应，停药即可。

（四）学习结果评价

序号	评价内容	评价标准	评价结果（是/否）
1	建立痛风慢性病管理档案	档案内容填写正确、完整，疾病评估正确	
2	教会患者自我检测血尿酸与尿酸检测仪使用	能教会患者正确使用尿酸检测仪	
3	解读血尿酸指标	能正确解读尿酸值的临床意义	
4	用药指导	根据医嘱，结合患者实际情况进行用药指导，正确告知药物药理作用、适应证、药品的用法用量（包括具体服药时间、特殊剂型的用法）、药物注意事项、不良反应及应急情况处理、禁忌、贮存方式	
5	健康宣教	（1）根据患者的实际情况进行健康知识宣教，帮助患者接受痛风疾病教育，学习相关疾病知识，以积极心态面对疾病 （2）注意对血尿酸的自我检测，严格按照医师确定的治疗方案给药，养成严谨的用药习惯，控制饮食，适量运动，生活规律，定期医院复查	
6	随访评估	根据患者的具体情况，从血尿酸指标控制、症状控制、药物评价、生活方式等方面进行随访评估	
7	服务质量	文明服务，患者评价高	

五、课后作业

1.简述常用抗痛风药物的药理作用及使用注意事项。

2.詹某，42岁，公司销售经理。经常出差，商务宴请较多。2年前感受风寒后感手指、足趾肿痛，因能自行缓解且工作较忙就未就诊。后无明显诱因出现手指、足趾关节肿痛，以夜间痛为甚。且逐渐于饮酒或劳累、受寒之后，即疼痛增剧，尤其右手指关节及左足踇趾内侧肿痛尤甚，去医院就诊，以类风湿关节炎处理，给予吡罗昔康、布洛芬等治疗，疼痛有所缓解，但常发作，时轻时重。半年前左踇趾近端破溃，测血尿酸高达820μmol/L，确诊为“痛风”。即服用药物别嘌醇等，病情有所好转，后因胃部不适，未继续使用，迄今未愈。今测尿酸735μmol/L，左足痛风石结节。给予秋水仙碱片、布洛芬缓释胶囊、苯溴马隆片治疗。请给予正确用药及健康指导。

模块 F
医药商品销售

任务 F-1
药品销售

能力点 F-1-1　能完成中西成药处方药的销售

一、核心概念

处方药是指必须凭执业医师或者执业助理医师处方，才可调配、购买和使用的药品。

二、学习目标

1. 能说出中西成药处方药的销售流程。
2. 能区分常用中西成药处方药的类别。
3. 能按操作规程，正确进行中西成药处方药的销售。

三、基本知识

1. 处方概述

处方是指由注册的执业医师或执业助理医师在诊疗活动中为患者开具的，有取得药学专业技术职务任职资格的药学专业技术人员审核、调配、核对，并作为患者用药凭证的医疗文书。处方包括医疗机构病区的用药医嘱单。

（1）处方性质

① 法律性：因开具处方或调配处方所造成的医疗差错或事故，医师和药师分别负有相应的

法律责任。医师具有诊断权和开具处方权但无调配权；药师具有审核调配处方权，但无诊断和开具处方权。

② 技术性：开具或调配处方者都必须由经资格认定的医药卫生技术人员担任。医师对患者作出明确的诊断后，在安全、合理、有效、经济的原则下开具处方。药学技术人员对处方进行审核，并按医师处方准确、快速调配，发给患者使用。

③ 经济性：处方是药品消耗及药品经济收入结账的凭证和原始依据，也是患者在治疗疾病，包括门诊、急诊、住院全过程中用药的真实凭证。

（2）处方分类　按性质分为法定处方、医师处方和协定处方。

① 法定处方：指《中华人民共和国药典》、国家药品监督管理局颁布标准收载的处方，具有法律约束力。

② 医师处方：是医师为患者诊断、治疗和预防用药所开具的处方。

③ 协定处方：是医院药剂科与临床医师根据医院日常医疗用药的需要，共同协商制定的处方。它适于大量配制和储备，便于控制药品的品种和质量，提高工作效率，减少患者取药等候时间。每个医院的协定处方仅限于在本单位使用。

（3）处方结构　处方由三部分组成：处方前记、处方正文、处方后记。

① 处方前记：包括医疗机构名称、费别、患者姓名、性别、年龄、门诊或住院病历号、科别或病区和床位号、临床诊断、开具日期等。可添列特殊要求的项目。麻醉药品和第一类精神药品处方还应当包括患者身份证明编号，代办人姓名、身份证明编号。

② 处方正文：以Rp或R（Recipe的缩写）标示，包括药品名称、剂型、规格、数量、用法、用量等。

③ 处方后记：包括医师、配方人、核对人、发药人的签名和发药日期等。

（4）处方颜色

① 普通处方的印刷用纸为白色。

② 急诊处方印刷用纸为淡黄色，右上角标注“急诊”

③ 儿科处方印刷用纸为淡绿色，右上角标注“儿科”。

④ 麻醉药品和第一类精神药品处方印刷用纸为淡红色，右上角标注“麻、精一”。

⑤ 第二类精神药品处方印刷用纸为白色，右上角标注“精二”。

（5）处方效期　处方开具当日有效。特殊情况下需延长有效期的，由开具处方的医师注明有效期限，但有效期最长不得超过3天。

（6）处方限量　处方一般不得超过7日用量，急诊处方一般不得超过3日用量。

（7）处方常见外文缩写及中文含义见表F-1-1。

2. 中西成药处方药销售

中西成药处方药的销售应经执业药师审核处方合格后方可调配，其他岗位人员不得代行审方。如有药品名称书写不清或已被涂改药品重复，有可能引起不良的相互作用及超剂量等情况时，应向顾客说明情况，并拒绝调配销售，必要时经处方医师更正重新签章后方可调配和销售。处方药所列药品不得擅自更改或代用。

处方调配后，应经核对复查后方可发药，发药时应认真核对患者姓名、性别等，并同时向顾客介绍用法用量、注意事项及可能引起的不良反应，对于其中特殊的用法特别要仔细解释。

处方审方、调配、核对人员均应在处方上进行签字或盖章，并按照有关规定做好处方记录，并保存处方或其复印件。

表F-1-1 处方常见外文缩写及中文含义

外文缩写	中文含义	外文缩写	中文含义	外文缩写	中文含义	外文缩写	中文含义
ac.	餐前	q4h	每4小时	Mist.	合剂	Co.	复方的，复合的
am.	上午，午前	qid.	每日4次	Tab.	片剂	Dil.	稀释的，稀释
pm.	下午	qod.	隔日1次	Inj.	注射剂	Liq.	液，溶液
qn.	每晚	St.	立即	Cap.	胶囊（剂）	NS	生理盐水
hs.	临睡时	tid.	每日3次	Ung.	软膏剂	O.D.	右眼
pc.	餐后	bid.	每日2次	Aa	各、各个	O.S.	左眼
H	皮下的（皮下注射）	prn	必要时	Add.	加至	O.L.	左眼
im	肌内注射	sos.	必要时	Ad.	加	O.U.	双眼
iv	静注	qd.	每日	Aq.	水，水剂	Sig.	标记（标明用法）
iv gtt	静滴	qh	每小时	Aq.dest	蒸馏水	Sol.	溶液
po.	口服	gtt.	滴、量滴、滴剂	Dos.	剂量	q.s.	适量
g	克	mg	毫克	μg	微克	c.c.	立方厘米、毫升
kg	千克	mL	毫升	ss.	一半	mcg	微克

四、能力训练

（一）操作条件

1. 分类正确齐全、分类标识明确、陈列各类药盒、配备电脑和调剂操作台的模拟药房。
2. 配备《新编药物学》《临床用药须知》等工具书。
3. 准备各类合格和不合格的处方及处方所涉及的药品。
4. 调配用塑料小篮、一次性纸质口服药袋、一次性纸质针剂药袋、不干胶用法用量标签、笔、剪刀、小塑料袋各若干。

（二）注意事项

1. 处方审核应配备适宜的处方审核人员。处方审核人员应取得以下条件：取得药师及以上药学专业技术职务任职资格；具有3年以上门急诊或病区处方调剂工作经验，接受过处方审核相应岗位的专业知识培训并考核合格。
2. 医药经营企业应具备处方审核场所，配备相应处方审核工具。
3. 调配人员依照审核人员签名的合格处方内容逐项调配，对贵重药品、麻醉药品等分别登记账卡。
4. 调配药品时应检查药品批准文号，并注意药品有效期，以确保使用安全。
5. 药品配齐后，与处方逐一核对药品名称、剂型、规格、数量和用法，准确、规范书写标签。
6. 对需特殊保存条件的药品应加贴醒目标签，以提示患者注意。
7. 尽量在每种药品上分别贴上用法、用量、储存条件等标签，并正确书写药袋或粘贴标签。
8. 调配好一张处方所有药品后再调配下一张处方，以免发生差错。
9. 发药时应认真核对患者姓名、注意区别姓名相同或相似者，发药时应注意尊重患者隐私。

（三）操作过程

序号	实施步骤	操作方法/话术举例	质量标准/操作标准
1	销售前准备	（1）对营业场所进行卫生清洁、整理台面 （2）有序陈列柜台、货架上药品 （3）准备或查验好售货工具和用品，并按习惯放在固定适当的地方，以便售货时取用 （4）认真清点货架、柜台陈列商品有无不丰满或缺档现象 （5）人员素质准备	（1）零售营业环境必须整洁、明亮、舒适，做到空气清新流动、温湿度适宜。保持药品放在规定的温湿度环境下 （2）确保柜台、货架无积尘、无污迹，物品放置有序，展柜美观漂亮，通道畅通无阻，显示清新整齐的面貌 （3）常用计价收银用具必须常校检、检查；备好零钱的具体品种，并确保数量充足 （4）清点过程中，认真检查商品质量，如发现破损、霉变、污染的商品，及时按GSP规定处理 （5）工作人员穿戴整齐洁净的工作服帽，佩戴胸卡；洗净双手；轻拿轻放；不说笑聊天、集中精神；态度亲切、语气温和
2	接待顾客	（1）确定服该药的对象是本药的适应证患者 （2）询问顾客以前是否用过该药，有无不良反应 （3）询问顾客有无服该药的禁忌证	（1）提供咨询内容正确、完善 （2）能运用一定的语言沟通技巧和咨询者进行有效、良好的沟通 （3）能根据药品的说明书确定顾客的适应证、不良反应及禁忌证
3	处方审核	（1）接收处方，并区分处方的类别 （2）对处方的形式进行审核 （3）对处方的用药适宜性进行审核 （4）处方合格后，审方员签字确认	（1）麻醉药品和第一类精神药品处方交给当班的具备麻醉药品和第一类精神药品调剂资格的药师审核处方 （2）处方应具有合法性、时效性、前记和后记完整，处方书写正确，处方限量符合要求，药品名称正确 （3）对不合格处方应联系处方医师，告知原因，请其修改，否则拒绝调配
4	处方调配	（1）调配员检查无误后进行调配 （2）按照处方开药顺序进行调配 （3）在包装纸袋上贴上标签，标注药品名称、用量以及用法 （4）调配员在处方调配药师处签字	（1）检查药品有效期、外观形状，无错药、无漏药，数量正确，操作规范 （2）标签完整，标示正确，未漏标签，书写规范 （3）对于超剂量或者禁忌药，一般拒绝调配，如遇特殊情况，需要处方医师确认签字后进行调配 （4）调配过程注意操作卫生，不能污染药品
5	处方复核	（1）执业药师对调配好的处方进行复核，检查有无缺漏 （2）调配无误后，检测检查药品的质量，保证药品的合格性	四查十对：查处方，对科别、姓名、年龄；查药品，对药名、剂型、规格、数量；查配伍禁忌，对药品性状、用法用量；查用药合理性，对临床诊断
6	发药交代	（1）药店工作人员核对患者，详细向患者交代药品的用法、用量及服用该药品的注意事项 （2）对患者提出的一些有关用药方面的咨询，应耐心地给以解释答复，实事求是给予指导用药 （3）在处方的核对、发药药师处签名 （4）填写《处方药销售记录》	（1）清楚呼叫患者姓名、确认患者 （2）语言清晰，有条理 （3）指导内容正确、基本完善：用法、用量、服药时间、饮食禁忌、注意事项等 （4）处方保留2年备查

【问题情境一】

患者女，23岁，患有慢性胃炎，近日凭处方来药店买药。请分析该处方是否合格，并进行解析。

【处方】

胃舒宁胶囊　　0.36g×36粒　　4粒，tid

胃康胶囊　　0.4g×27粒　　3粒，tid

该处方为不合理处方，原因是重复用药，胃舒宁胶囊与胃康胶囊均为中成药，两者均含有海螵蛸和白芍成分，且功效相似，应拒绝调配，并告知处方医师重新开处方。

【问题情境二】

慢性病患者没有处方，要求购买处方药应如何处理？

慢性病客户是药店销售的重要目标客户群，但处方药凭处方购药是国家的一项硬性规定，无处方销售处方药既是药店销售人员的失职，又是一种违法行为，为较好地解决这个问题，药店可以采取如下办法：① 药店积极做好慢性病患者的处方药用药档案，严格按照一人一档的管理办法，将患者的慢性病登记造册，积极应用“慢性病留方管理制度”，即充分利用患者在药店建立的用药档案，在下一阶段的复诊期到来之前，如需再次购买相关药品，无需再携带处方，但仅适用于办法规定的慢性疾病的处方留用；② 慢性病客户如为新顾客，没有建立慢性病处方药用药档案，可告诉顾客去就近医院、卫生室或诊所开具处方，或聘请有处方权的医师坐诊。

（四）学习结果评价

序号	评价内容	评价标准	评价结果（是/否）
1	收方	能按规范收方	
2	审方	能审核处方是否正确	
3		能对不合格的处方进行审核，说出不合理的理由及处理措施	
4		能在处方的审核药师处及时签名	
5	调配	能按调配顺序进行调配	
6		能检查药品的有效期和外观性状	
7		能完整取药，不取错药、不漏药	
8		能按规范动作进行调配操	
9		能在处方的调配药师处及时签名	
10	包装贴标签	能完整书写标签、标示正确	
11	核对	能查处方，对科别、姓名、年龄	
12		能查药品，对药名、规格、数量、用法用量、标签、药品性状	
13		能查配伍禁忌	
14		能查用药合理性，对临床诊断	
15	发药	能确认患者	
16		能进行良好沟通、语言清晰	
17		能正确说出用药指导内容：用法、用量、服药时间、饮食禁忌、注意事项等	
18		能在处方的核对、发药药师处及时签名	
19	职业素养	能具备较强责任心，对患者有礼貌、热心耐心，能与他人进行良好的协作沟通，能有保证用药安全有效的职业意识	

五、课后作业

1.查阅《药品管理法》《处方药管理办法》《麻醉药品和精神药品管理条例》等资料，汇总有关处方药销售的管理规定。

2.根据中西成药处方药的销售流程，填空完成下图。

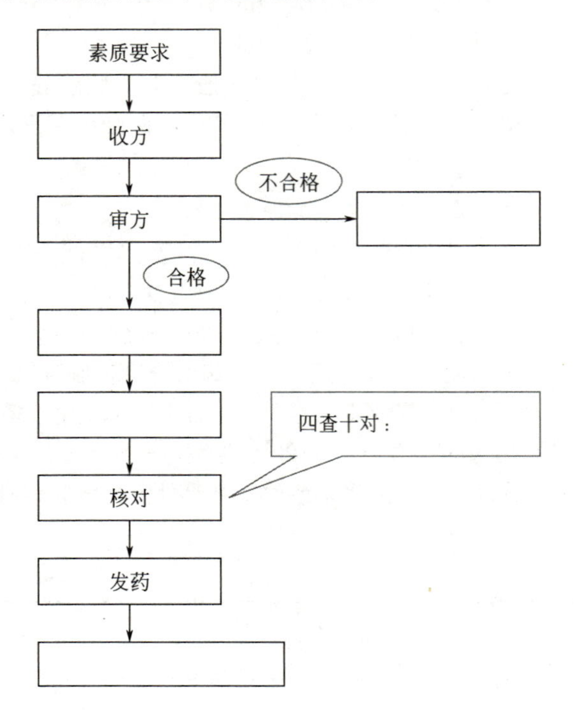

能力点 F-1-2　能完成中西成药非处方药的销售

一、核心概念

1.药品

药品是指用于预防、治疗、诊断人的疾病，有目的地调节人的生理功能并规定有适应证或者功能主治、用法用量的物质，包括中药材、中药饮片、中成药、化学药制剂、抗生素制剂、生化药品、放射性药品、血清、疫苗、血液制品和诊断药品等。

2.非处方药

非处方药是指不需出示医师开具的处方即可买到的药品。此类药品应用安全、质量稳定、疗效确切。

二、学习目标

1.能说出中西成药非处方药的销售流程。

2.能区分常用中西成药非处方药标识。

3.能按操作规程，正确进行中西成药非处方药的销售。

三、基本知识

1. 区分药品与非药品

药品与非药品可通过批准文号加以区分，见表F-1-2。

表F-1-2　药品与非药品批准文号类型及格式

类别		批准文号类型及格式	说明
药品		药品批准文号格式：国药准字H（Z、S、J）+4位年号+4位顺序号 试生产药品批准文号格式：国药试字H（Z、S、J）+4位年号+4位顺序号 《进口药品注册证》证号的格式：H（Z、S）+4位年号+4位顺序号 《医药产品注册证》证号的格式：H（Z、S）C+4位年号+4位顺序号	H代表化学药；Z代表中药；S代表生物制品；J代表进口分包装药品
非药品	保健食品	（国产）国食健字G+4位年号+4位顺序号 （进口）国食健字J+4位年号+4位顺序号	目前市场上流通的保健食品有的标示为“卫食健字”号，有的标示为“国食健字”号
	化妆品	国产特殊用途化妆品批准文号的格式：国妆特字G×××××××× 进口特殊用途化妆品批准文号的格式：国妆特进字J×××××××× 国产非特殊用途化妆品的备案凭证：省、自治区、直辖市简称+G+妆备字+4位年份数+6位本行政区域内的发证顺序编号	“××××××××”的前4位为年份，后4位为行政许可的先后顺序
	医疗器械	×（×）1（食）药监械（×2）字××××3第×4××5×××6号	（1）×1为注册审批部门所在地的简称 ① 境内第三类医疗器械、境外医疗器械以及台湾、香港、澳门地区的医疗器械为“国”字 ② 境内第二类医疗器械为注册审批部门所在的省、自治区、直辖市简称 ③ 境内第一类医疗器械为注册审批部门所在的省、自治区、直辖市简称加所在设区的市级行政区域的简称，为××1（无相应设区的市级行政区域时，仅为省、自治区、直辖市的简称） （2）×2为注册形式（准、进、许） ①“准”字适用于境内医疗器械 ②“进”字适用于境外医疗器械 ③“许”字适用于台湾、香港、澳门地区的医疗器械 （3）××××3为批准注册年份 （4）×4为产品管理类别 （5）××5为产品品种编码（54—手术室、急救室、诊疗室设备及器具；64—医用卫生材料及敷料） （6）××××6为注册流水号
	消毒产品	生产企业卫生许可证号：（省、自治区、直辖市简称）卫消证字（发证年份）第××××号 进口的消毒剂、消毒器械批准文号的格式为：卫消进字（年份）第××××号	按照规定消毒产品标签和说明书内容不得出现或暗示对疾病治疗效果的宣传

2.非处方药的分类

非处方药分为甲类和乙类非处方药，在非处方药的包装、标签、说明书上均有其特有标识OTC，见图F-1-1。

（1）甲类OTC　只能在具有《药品经营许可证》配备执业药师或药师以上技术人员的社会药店、医疗机构药房零售的非处方药。甲类非处方药需在药店由执业药师或药师指导下购买和使用。

（2）乙类OTC　除社会药店和医疗机构药房外，还可在经过批准的普通零售商业企业零售的非处方药。乙类处方非处方药安全性更高，无需医师或药师的指导就可以购买和使用。

甲、乙两类非处方药的区别源于对其安全性的评价，凡具有《药品经营企业许可证》的单位（要求配备执业药师），可以经营处方药与非处方药（包括甲、乙两类），经省级药品监督管理部门或其授权的药品监督管理部门批准的其它商业企业只能零售乙类非处方药。乙类非处方药除可在药店出售外，还可在超市、宾馆、百货商店等处销售。

需要强调的是，普通商业企业需经相应药品监督管理部门批准方可销售乙类非处方药。同时零售乙类非处方药的商业企业必须配备专职的具有高中以上文化程度，经专业培训后，由省级药品监督管理部门或授权的药品监督管理部门考核合格并取得上岗证的人员，即无需配备执业药师。

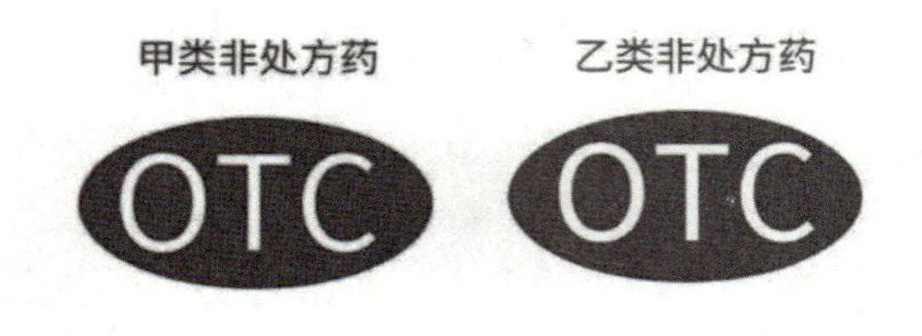

图F-1-1　非处方药标识

3.非处方药销售

销售非处方药，可由顾客按说明书内容自行判断购买和使用，如果顾客提出咨询要求，执业药师或药师应负责对药品的购买和使用进行指导。不得采用有奖销售，附赠药品或礼品销售等方式销售药品，不得销售国家规定不得零售的药品。

非处方药的销售一般可采取柜台式销售或敞开自选式销售。两种销售方式各有利弊：柜台式销售员虽不方便顾客挑选药品，但增加了药师或调配员与病患者接触的空间，有利于向患者推荐更为合适的药品，也利于解答患者的用药咨询；而敞开自选式销售虽方便患者选用，但其在药师指导下用药的机会明显减少，容易酿成由于患者对疾病的自我判断的失误而造成错误投药。

四、能力训练

（一）操作条件

1.分类正确齐全、分类标识明确、陈列各类药盒、配备电脑和调剂操作台的模拟药房。

2.配备《新编药物学》《临床用药须知》等工具书。

3.准备各类非处方药品。

4. 调配用塑料小蓝、一次性纸质口服药袋、不干胶标签、笔、剪刀、小塑料袋各若干。

（二）注意事项

1. 销售药品以药品的说明书为依据，正确介绍药品的适应证或功能主治、用法用量、不良反应、禁忌及注意事项等，指导顾客合理用药。

2. 不得杜撰、夸大药品的疗效和治疗范围误导顾客。

（三）操作过程

序号	步骤	操作方法及说明	质量标准
1	销售前环境准备	（1）对营业场所进行卫生清洁、整理台面 （2）有序陈列柜台、货架上药品 （3）准备或查验好售货工具和用品，并按习惯放在固定的地方，以便售货时取用 （4）认真清点货架、柜台陈列商品有无不丰满或缺档现象 （5）人员素质准备	（1）零售营业环境必须整洁、明亮、舒适，做到空气清新流动、温湿度适宜，保持药品放在规定的温湿度环境下 （2）确保柜台、货架无积尘、无污迹，物品放置有序，展柜美观漂亮，通道畅通无阻，显示清新整齐的面貌 （3）常用计价收银用具必须常校准、检查；备好零钱的具体品种，并确保数量充足 （4）清点过程中，认真检查商品质量，如发现破损、霉变、污染的商品，及时按GSP规定处理 （5）工作人员穿戴整齐洁净的工作服帽，佩戴胸卡；洗净双手；轻拿轻放；不说笑聊天、集中精神；态度亲切、语气温和
2	确定患者存在的问题	（1）询问发病的原因及诱因 （2）询问主要症状及发病时间 （3）询问诊治经过：疾病是否就医？是否服用过何种药治疗，用药效果如何？有无不良反应等 （4）询问发病过程中饮食、大小便、睡眠、精神状况如何 （5）询问既往史 （6）询问个人生活史：社会经历、职业及工作条件、生活起居、饮食嗜好，婚姻生育等 （7）询问家族史：直系亲属及配偶的健康和患病情况，有无传染病史或与遗传有关的疾病等 （8）妇女要问月经史	（1）语言流畅，询问病情先后顺序正确，有逻辑性，沟通技巧佳 （2）问病、荐药内容完整
3	确定治疗方案	根据常见疾病的药物治疗方案与患者生理病理特点，及相关药物知识，确定药物治疗方案	诊断准确无误
4	推荐非处方药	为顾客推荐适宜的非处方药	推荐药物符合疾病需求
5	用药指导及健康教育	向患者介绍药品的用法、用量、注意事项、警告、价格等	介绍药品时尽可能全面，对重点注意问题做到不遗漏，介绍时语言通俗易懂
6	监控治疗效果	征得顾客同意后，可采用电话随访等方式跟踪治疗效果	定期随访应及时了解用药情况，随访记录完整

【问题情境一】

一位中年男性，主诉2天前感冒，主要症状为轻微怕风，汗出不畅，头痛，流黄浊涕，痰黏，咽喉红肿疼痛，口渴。请为该顾客推荐非处方中成药，且提供相应的药学服务。

顾客进入药店，药店人员应礼貌接待，首先对其症状进行评估，经主诉后确定为风热感冒，推荐使用风热感冒冲剂，并向顾客交代该药品的用法、用量、注意事项等，征得顾客同意后结算药品，并询问顾客是否同意电话随访跟踪治疗效果，做好售后服务。

【问题情境二】

一顾客因牙痛买药，店员推荐其使用针对牙痛的消炎药与止痛药，顾客表示不想要口服药，只想买牙痛酊。店员急了："你这个情况就是要用消炎药和止痛药。"顾客很不情愿，但最终还是买了店员推荐的药品。如果你是这位店员，该怎么做?

这位店员的确是做到了对症下药，但是站的角度有问题，应考虑顾客的感受。当顾客坚持购买自己确定的药品时，店员可通过产品的成分、功效、特点等不同来建议顾客选用推荐的药品，如道理已讲明，就没必要强迫患者购买。在这种情况下，如果顾客坚持的药品也能起到治疗作用，可以在结账时补充；如一两天没有好转，建议及时到医院诊治，以免耽误病情，相信顾客都能明白店员的好意。

（四）学习结果评价

序号	评价内容	评价标准	评价结果（是/否）
1	服务态度	能按要求规范仪容仪表、文明用语、沟通良好	
2	询问病情	能有目的、有层次、有重点地询问	
3	诊断	能正确诊断	
4	选药	能合理选药，符合疾病治疗目的	
5	交代	能交代清楚注意事项	
6	售后服务	能进行健康宣教，对恢复健康饮食和生活注意的要点、所购药品的储存要求进行说明	

五、课后作业

1.查阅《中华人民共和国药品管理法》《处方药与非处方药分类管理办法》《药品经营质量管理规范》《说明书和标签管理规定》等资料，汇总有关非处方药销售的管理规定。

2.一位年轻妇女走进药店，主诉这两天有点感冒，经营业员询问，得知其怕冷、低热、咳嗽、咽喉肿痛、痰白清稀。请运用服务礼仪及一定沟通技巧，两人一组完成销售非处方药的过程。

能力点 F-1-3　能完成中药饮片的销售

一、核心概念

1.饮片

《中国药典》规定，饮片系指药材经过炮制后可直接用于中医临床或制剂生产使用的药品。而管理意义上的中药饮片为："根据调配或制剂的需要，对经产地加工的净药材进一步切制、炮制而成的成品称为中药饮片。"

2. 中药调剂

中药调剂是指根据医生处方，将中药饮片按照调剂操作规程，及时准确调配和发放药物，并指导药物使用的过程。

3. 中药炮制

中药炮制是以中医药理论为指导，根据临床应用的需要和药物本身性质，以及调剂、制剂等不同要求，对药物进行加工。

二、学习目标

1. 能区分常用中药饮片及几种形式。
2. 能说出中药饮片的销售流程。
3. 能按操作规程，正确进行中药饮片的销售。

三、基本知识

1. 如何区分中药材与中药饮片

中药饮片在中药材经过按中医药理论、中药炮制方法，经过加工炮制后的，可直接用于中医临床的中药。以天麻举例，如图F-1-2、图F-1-3所示。

图 F-1-2　天麻中药材

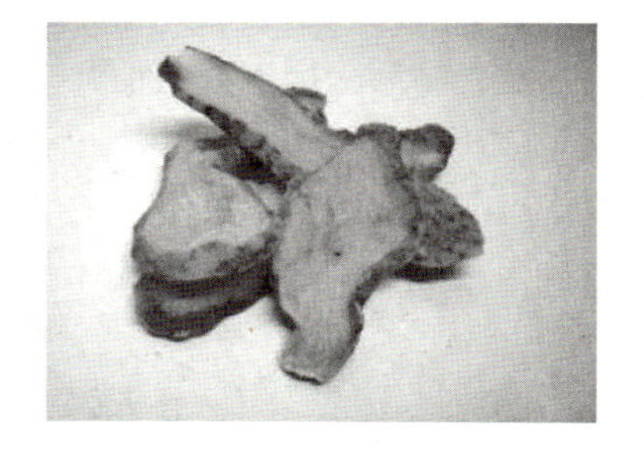

图 F-1-3　天麻饮片

2. 中药饮片的几种形式

（1）精制中药饮片　选取道地、优质的药材，按照传统手工切制方法，根据药材自身的特点，结合现代需求精心加工的饮片。通常有整洁的外观，有包装，有商标，有使用说明，便于顾客自行选购，用于自我药疗、食疗，多为药食同源类，多采用罐装、盒装。如图F-1-4所示。

（2）配方用中药饮片

① 大包装中药饮片：饮片常用的包装形式最能体现中医用药特点。通常以千克为单位进行包装，包装上应有品名、规格、产地、生产企业、生产日期、生产批号，如图F-1-5所示。

② 小包装中药饮片：是将加工炮制合格的中药饮片，根据临床常用剂量规格用合适的包装材料封装，调剂时直接“数包”配方的一种新型包装的中药。

按设定的剂量精确称量后包装，有效地控制装量的差异，确保调剂剂量的准确，克服了使用散装中药饮片调剂的弊端。常见的有1g、2g、5g、10g、15g、20g等不同规格的小袋包装，药袋上注明了品名、规格、产地、重量、生产日期、合格标志和生产厂家。

③ 实行批准文号管理的中药饮片：为加强中药饮片的监督管理，规范中药饮片的生产、经营秩序，保证人体用药的安全有效，根据《药品管理法》第三十一条的规定，逐步对中药饮片实施批准文号管理。

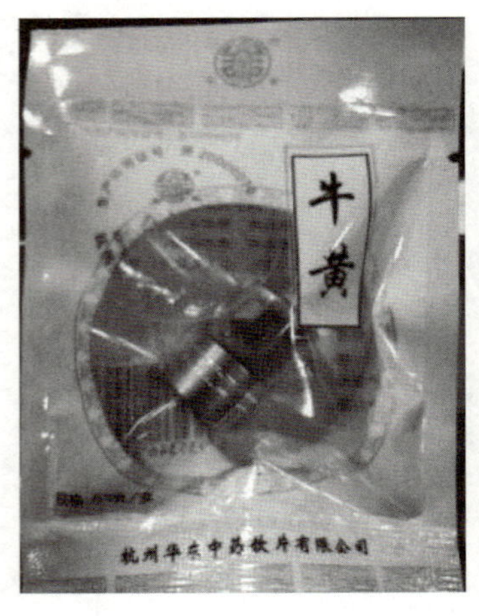

图 F-1-4　牛黄饮片包装

图 F-1-5　檀香饮片包装

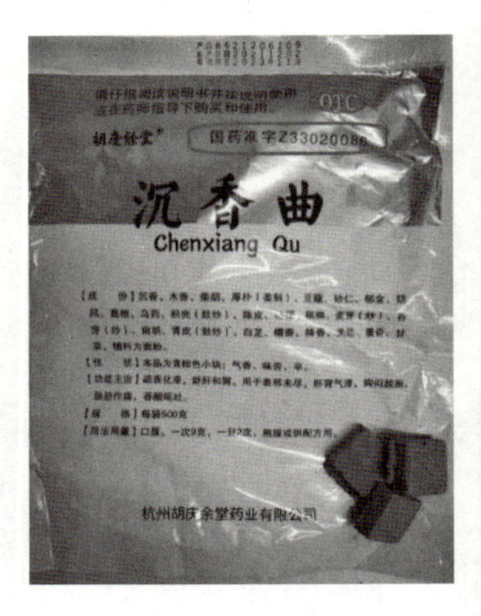

图 F-1-6　沉香曲饮片包装

批准文号格式：国药准字Z+8位数字（字母Z指中药；数字第1、2位为原批准文号的来源代码，第3、4位为换发批准文号之年公元年号的后两位数字，第5～8位为顺序号），如图F-1-6所示。

④ 属于国家保护的野生动物类中药材、中药饮片：此类饮片应按照国家野生动物保护相关要求，在许可的范围内以中药饮片配方的形式销售。野生动物标识只能加载于依法获准经营利用的野生动物及其制品，标识应当加载于野生动物及其制品最小销售包装的醒目位置。如图F-1-7所示。

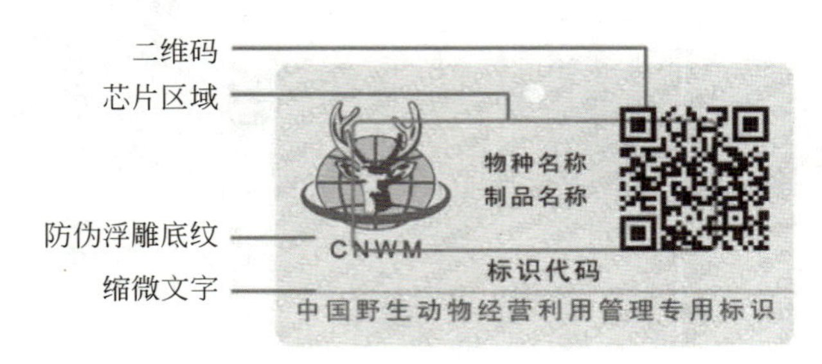

图 F-1-7　中国野生动物经营利用管理专用标识

3. 中药饮片炮制

（1）中药炮制的目的　中药炮制会使中药的某些化学成分发生变化，其作用趋向、归经等也会相应发生改变，从而能增强药物的功效、降低或消除不良反应、改变药性、扩大应用范围等。

（2）常见的中药炮制方法和作用

① 净制法：是指中药材在切制、炮制或调配、制剂前对原药材进行净化的过程。目的是除去泥沙、尘土、杂质、虫蛀品、杂草和非药用部位等，使药材纯净。净制的方法包括：挑选、风选、水选、筛选、剪、切、刮、刷、撞、碾以及泡洗等。

② 切制法：将净选后的药材进行软化后，切制成一定规格的丝、片、段、块。切制后的药材应及时干燥，以保证药材的质量。不宜切制的药材，一般应粉碎后使用。切制药材的目的是为了能使药物有效成分易于溶出，便于炮制、干燥、贮藏以及调剂时的准确称量。

③ 水制法：用水或其他液体辅料对药材进行处理的方法。目的是对药材进行清洁、除去杂质、软化药材、便于切制等。常用的方法有洗、淋、泡、润、漂、水飞等。

④ 炒制法：将净选或切制后的药物置热锅内，以不同的火力进行加热，并且不断翻炒至一定程度的方法。分为清炒法与加辅料炒法。清炒法可按火力分为炒黄、炒焦、炒炭；加辅料炒法是指加固体辅料与药材同炒的方法，根据固体辅料不同，可以分为米炒、麸炒、砂炒、土炒、蛤粉炒、滑石粉炒。

⑤ 炙法：药物用液体辅料进行拌炒，使辅料逐渐渗入药物组织内部的一种炮制方法。目的是增强药物疗效，减少不良反应。液体辅料一般可以分为酒、醋、盐、姜、蜂蜜、油等。

⑥ 煅法：将药物直接放于无烟炉火中或适当的耐火容器内进行煅烧的方法。目的是使药物经过煅制后质地酥脆，易于粉碎，便于有效成分溶出。煅法可以分为明煅、煅淬和扣锅煅（闷煅）三种。

⑦ 水飞法：将药物与水共研，借助药物在水中的沉降性质分取极细粉末的方法。目的是使药物更加细腻和纯净，便于内服与外用，并防止药物在研磨时飞扬。

4. 中药饮片的配伍

中药饮片配伍可概括为四项：一是相须、相使的配伍关系，因协同作用而扩大其治疗范围，或增强疗效，临床配方时要充分利用；二是相畏、相杀的配伍关系，有利于减轻或消除不良反应，在应用毒性或剧烈药时，必须斟酌选用；三是相恶的配伍关系，能使药物功效降低或损失，属于配伍禁忌，用药时应加以注意；四是相反的配伍关系，能使一些本来单用无害的药物因相互作用而产生不良反应，属于配伍禁忌，原则上应避免使用。

（1）十八反　乌头类药物不宜与半夏、天花粉、瓜蒌子、瓜蒌皮、川贝母、浙贝母、伊贝母、白蔹、白及同用；甘草不宜与甘遂、芫花、大戟、海藻同用；藜芦不宜与人参、党参、丹参、南沙参、北沙参、玄参、苦参、细辛、赤芍、白芍同用。

（2）十九畏　硫黄不宜与芒硝同用，汞不宜与砒霜同用，狼毒不宜与密陀僧同用，巴豆不宜与牵牛子同用，丁香不宜与郁金同用；芒硝不宜与三棱同用；川乌、草乌不宜与犀角同用，人参不宜与五灵脂同用，官桂不宜与石脂同用。

四、能力训练

（一）操作条件

1. 配备不同类型中药饮片柜台。
2. 配备《中国药典》《浙江省中药炮制规范》《中药调剂实训》等工具书。
3. 准备各类合格中药饮片。
4. 中药饮片调剂工具的配备，包括计量工具、碎药工具、清洁工具和包装工具四类。

（二）注意事项

1. 调配中药饮片处方，首先必须凭医师开具的处方销售，企业和医疗单位应当按照国家有关规定配备执业药师或依法经过资格认定的药师，负责处方审核，指导合理用药，这是确保用药安全、有效的药学服务措施，是阻断用药安全隐患最重要的一道防线，主要包括合法性、规范性和用药适宜性审核。
2. 正确指导患者煎煮和服用、储存中药饮片。
3. 特殊人群如儿童、老年人、孕妇及哺乳期妇女、脏器功能不全患者用药是否有禁忌使用的药物。

（三）操作过程

1.精制中药饮片的销售：依据药品便签内容，按顾客需求推荐，并告知使用方法、注意事项等。

2.中药饮片处方调剂：销售中药饮片处方，首先由审方人员审核处方，流程如图F-1-8所示，审方结束后的处方，经收费后，方可调配。

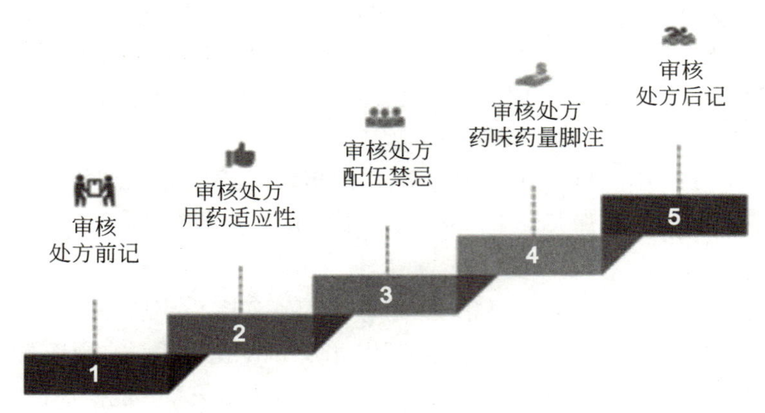

图F-1-8　处方审核流程

序号	实施	操作流程/话术举例	注意事项/操作标准
1	调配前准备	（1）中药饮片调剂人员素质要求 （2）适合中药调剂的场地 （3）质量合格的中药饮片清装斗 （4）准备好调剂所需的调剂物品如戥秤、电子秤、冲筒、包药纸、扎绳、纱布袋、包装袋等	（1）应当具有中药学中专以上学历或者具备中药调剂员资格，取得药品从业人员体检合格证明。个人清洁，着装符合要求 （2）调剂场所要保持整体环境干净，有适宜的温度、湿度环境；卫生、布置得当；场内的基本设施有饮片斗柜、调剂台、毒性药柜、包装台、贵细药柜等 （3）经验收员验收合格的中药饮片，上药柜 （4）调配前应校对调配用的衡器，调剂设备应清洁
2	调配	（1）看处方脚注：一般体现特殊处理的饮片，指导调剂人员配方和患者合理用药，可先调配 （2）处方应付：根据医师处方和传统用药习惯调配药 （3）处方调配的顺序原则：按处方药味所列的顺序调配，设校对盘 （4）按处方单味药总量一次称量，再用等量递减法分单剂量于称药盘 （5）调配结束，调配人员检查后在处方上签字	（1）脚注包括炮制方法、煎法、服用方法等。内容包括先煎、后下、包煎、溶化或烊化、另炖或另煎、冲服等 （2）处方应付审核内容包括：①分清生、熟运用，规范的处方应注明中药饮片炮制品规格，未明确注明炮制规格者应按照处方临证需要给予正确的应付规格；②并开即两种或两种以上中药饮片合并书写明确；③知晓常见药物别名 （3）调配处方时间隔平放，不可混放一堆；体积松泡而量大的饮片可以先称，对黏度大的药品可以后称；遇形态特殊、不便切制的饮片，需碾碎或捣碎 （4）称量要求：调剂每剂重量误差应在±5%以内
3	复核	复核人员再次检查处方是否调剂无误	（1）人员：指专门负责复核任务的中药专业技术员 （2）对完成调配的中药饮片，按处方逐项进行全面细致地核对：调剂的药味、称取的分量、处方帖数、特殊处理内容是否与处方相符。同时注意饮片是否有质量问题 （3）处方经全面复核无误后，即可签字（章）
4	包装	将每贴药单独包装，或按顾客要求提供代煎服务	以外形美观牢固、操作快速熟练为标准，可用传统包药纸或可直接接触药品的塑料袋等

续表

序号	实施	操作流程/话术举例	注意事项/操作标准
5	发药	将调配完成的中药发给患者，并交代其煎煮服用方法和注意事项	（1）特殊处理：交代先煎、后下、包煎、溶化或烊化、另炖或另煎、冲服等具体内容 （2）正常煎药过程：浸泡时间、煎煮火候、水量控制等具体内容 （3）用药注意事项：内服或者外用、服药时间、温度、频次、饮食禁忌等内容
6	清场	调剂物品整理和清洁	物归原处，清洁称量器具、铜缸子、清洁台面等工作

【问题情境一】

请分析中药饮片审方的意义。处方审核的内容都包括哪些?

处方审核，是确保用药安全、有效的药学服务措施，是阻断用药安全隐患最重要的一道防线，主要包括合法性、规范性和用药适宜性审核。在实际工作中，具备资质的审核人员除按照流程对上述内容进行全面审核外，还应重点关注用药禁忌，包括常规配伍禁忌以及特殊人群的用药禁忌，以切实保障用药安全，提高用药质量。

全面审核处方的前记（日期、姓名、性别、年龄、科别、联系方式及住址、住院号及病床号、临床诊断、开具日期等）、正文（药名、剂量、帖数、用法用量等）和后记（医师签名或签章）是否清晰完整。

【问题情境二】

一位顾客因风热感冒，有咽喉痛、咽干、痰黄、大便秘结的症状，医生开方由金银花、连翘、薄荷、荆芥、淡豆豉、桔梗、牛蒡子、甘草、淡竹叶、芦根组成，在完成处方调配后，请根据实际情况发药，并进行健康指导。

根据病证，结合医生开出的处方，当调配完以上处方时，向顾客介绍煎煮方法：此方意在清热解毒，里面的薄荷为后下药物，应在煎药结束前5min放入。煎药前，先将药物放入容器中，加冷水漫过药面，浸透后再煎煮，则有效成分易于煎出。此方以解表药、清热药为主，每剂药煎两次，一般药第一煎煮沸后，再用文火煎煮15～20min，趁热滤取煎液；第一煎的药渣加第一次水量的1/3～1/2，煮沸后，再用文火煎煮10～15min后趁热滤取药液，将两次煎液混合后分2～3次服用。感冒服药期间，应注意一定要多喝水，多休息，保证充足的睡眠，多吃新鲜的水果蔬菜，不吃温燥、辛辣、油腻的食物。

（四）学习结果评价

序号	评价内容	评价标准	评价结果（是/否）
1	调配前准备	能合理布置场地、清洁调剂器具、检查合格的中药饮片、符合调剂要求的人员	
2	调配	能按正确调配程序完成	
3	复核	能按复核内容复核处方	
4	包扎	能包扎得整洁、美观、牢固	
5	发药	能全面交代发药内容、态度和蔼	
6	清场	能恢复、清洁调剂场地	

五、课后作业

1.参考《中药调剂技术》等资料，完成中药饮片调配与销售过程，并拍摄微视频。

2.审方人员小李于2020年2月5日接到如下处方一张，请根据处方填写下面的处方审核结果。

评价内容	评价结果（是/否）
内容是否完整规范	
配伍禁忌	
妊娠、哺乳期禁忌	
重复用药	
超剂量	

××医院处方

普通门诊　　处方编号：8888　　门诊处方笺自煎

姓名：××　　性别：女　　年龄：35　　费用类别：自费

联系电话：137××××2619　　联系地址：浙江省

门诊病历号：0000　　就诊科室：中医内科　　处方日期：2020/02/01

临床诊断及证型：肝郁气滞证

脉案：胁肋胀痛，食欲减少，嗳气吞酸，脉弦，苔薄腻

拟方：

柴胡9g　　当归10g　　白芍12g

茯苓10g　　橘皮10g　　白术9g　　郁金9g

丁香5g　　炙甘草5g　　青陈皮各5g

共7剂，水煎服，一日一剂，分两次服

医生签名　　药品金额:×××.××

审方：　　配方：　　复核发药：

处方开具当日有效。特殊情况下需延长有效期的，由开具处方的医师注明，最长不得超过3天。

任务 F-2

非药品的销售

能力点 F-2-1　能完成保健食品的销售

一、核心概念

保健食品是具有特定保健功能或以补充维生素、矿物质为目的的食品，不以治疗疾病为目的，并且对人体不产生任何急性、亚急性或者慢性危害。

二、学习目标

1. 能区分保健食品和药品。
2. 能合理准确推荐保健食品。
3. 能介绍保健食品的适宜人群以及食用方法与食用量。

三、基本知识

1. 保健食品功能

保健食品适用于特定人群食用，保健食品功能目录由国家药品监督管理局会同国家卫生健康委员会、国家中医药管理局制定、调整并公布。保健食品功能目录的制定、调整和公布，应当以保障食品安全和促进公众健康为宗旨，遵循依法、科学、公开、公正的原则。

2. 保健食品命名和标识

（1）保健食品命名　保健食品的名称一般由品牌名、通用名、属性名组成，也可直接使用通用名和属性名。品牌名是指保健食品使用依法注册的商标名称或者符合《中华人民共和国商标法》规定的未注册的商标名称，用于表明其产品是独有的、区别于其他同类产品的。一个产品只能有一个品牌名。通用名是指表明产品主要原料等特性的名称。属性名是指表明产品剂型或者食品分类属性等的名称。

（2）保健食品标识　保健食品标识是指用于表达产品和企业基本信息的文字、符号、数字、图案等的总称，如标签、说明书、标志等。

保健食品标签是指依附于产品销售包装上的用于识别保健食品特征、功能以及安全警示等信息的文字、图形、符号及一切说明物。保健食品说明书是指由保健食品注册人或备案人制作的单独存在的、进一步解释说明产品信息的材料。保健食品标志是指统一的依附于产品并足以与其他食品相区分的符号。经过批准注册或备案，并取得批准文号的保健食品，必须在包装主要展示版面的左上角标注保健食品标志，即我们通常说的“蓝帽子”保健食品，见图F-2-1。

图 F-2-1　保健食品的标志

四、能力训练

（一）操作条件

1.常见的保健食品。

2.《中华人民共和国食品卫生法》《保健食品管理办法》等工具书。

3.保健食品的销售标准流程。

（二）注意事项

1.应严格按照《中华人民共和国食品卫生法》《保健食品管理办法》的要求正确介绍保健食品的保健作用、适宜人群、使用方法、食用量、储存方法和注意事项等内容，不得夸大宣传保健作用，不得宣传疗效或利用封建迷信进行保健食品的宣传。

2.不得以任何形式销售假劣保健食品。凡质量不合格、过期失效或变质的保健食品，一律不得销售。

3.销售过程中怀疑保健食品有质量问题的，应先停止销售，立即报告质管部，由质管部调查处理。

4.做好防火、防潮、防热、防霉、防虫、防鼠及防污染等工作，每天上午、下午各一次做好营业场所的温湿度检测和记录，如温湿度超出范围，应及时采取调控措施，确保保健食品的质量。

5.对于特殊人群需提供细致的服务。

（三）操作过程

序号	实施步骤	操作流程/话术举例	注意事项/操作标准
1	进店打招呼	“您好，请问有什么可以帮您的吗？”	语言清晰，礼貌用语
2	询问疾病	“请问您哪里不舒服？”	要求全面清楚
3	介绍保健食品	“根据您的情况，我给您推荐搭配蛋白粉一起服用，病情好转可以快一些”	（1）如果顾客指明要买某一种保健食品，应先找到该保健食品 （2）如已有服用其他保健食品，则询问情况，避免重复服用 （3）根据顾客情况，进行关联导购，选择合理的保健食品，进而提高客单量
4	服用指导	“蛋白粉每日一次，每次10g，温开水冲调使用”	告知顾客用法、用量及注意事项，并提醒顾客按照说明书服用
5	温馨提示	“服用期间，多喝热水，清淡饮食，注意少吃辛辣刺激性食物”	为顾客提供一些简单的健康生活咨询与指导

【问题情境一】

王某，男，79岁，患有慢性肾炎，近日来感觉自己免疫力差，时常感冒。听隔壁张大爷自述吃了蛋白粉之后感觉免疫力提高了，天天精神抖擞，因此王大爷也想买点蛋白粉提高一下自己的免疫力，于是到店咨询。

蛋白粉不适宜肾功能异常者，可以建议王大爷先去医院做个全面检查，再根据医嘱服用适宜的保健食品。

【问题情境二】

李某，女，58岁，近日来出现腰膝酸痛、脱发以及浑身无力。医院检查后诊断为骨质疏松，想来买点钙片缓解一下症状。

服用钙片需要联合维生素D以及充足的户外日照时间，才能保证钙的有效吸收，提高其利用程度。

（四）学习结果评价

序号	评价内容	评价标准	评价结果（是/否）
1	保健食品类型	能区分保健食品与药品	
2	介绍保健食品	能根据实训中患者的具体情况合理介绍推荐相关的保健食品	
3	适宜人群	能正确说明保健食品适宜人群与不适宜人群	
4	用法用量	能正确说明保健食品的食用量与食用方法	

五、课后作业

1. 简述保健食品的名词解释。
2. 针对婴幼儿、青少年、孕妇、绝经期女性以及老年人分别进行钙片的销售演练。

能力点 F-2-2　能完成医疗器械的销售

一、核心概念

1. 医疗器械

医疗器械是指直接或者间接用于人体的仪器、设备、器具、体外诊断试剂及校准物、材料以及其他类似相关的物品，包括所需要的计算机软件；其效用主要通过物理等方式获得，不是通过药理学、免疫学或者代谢的方式获得，或者虽然有这些方式参与，但是只起辅助作用。

2. 医疗器械不良事件

医疗器械不良事件是指已上市的医疗器械，在正常使用情况下发生的，导致或者可能导致人体伤害的各种有害事件。

3. 群体医疗器械不良事件

群体医疗器械不良事件是指同一医疗器械在使用过程中，在相对集中的时间、区域内发生，对一定数量人群的身体健康或者生命安全造成损害或者威胁的事件。

二、学习目标

1. 能区分第一类、第二类和第三类医疗器械。
2. 能合理准确推荐医疗器械。
3. 能介绍医疗器械的操作步骤。

三、基本知识

1. 医疗器械注册分类

国家对医疗器械按照风险程度实行分类管理。评价医疗器械风险程度，主要考虑医疗器械的预期目的、结构特征、使用方法等因素。

（1）第一类医疗器械　通过常规管理足以保证其安全性、有效性的医疗器械。如大部分手术器械、听诊器、医用X线胶片、医用X线防护装置、全自动电泳仪、医用离心机、切片机、牙科椅、煮沸消毒器、纱布绷带、弹力绷带、橡皮膏、创可贴、拔罐器、手术衣、手术帽、口罩、集尿袋等。

（2）第二类医疗器械　对其安全性、有效性应当加以控制的医疗器械。如体温计、血压计、助听器、制氧机、避孕套、针灸针、心电诊断仪器、无创监护仪器、光学内镜、便携式超声诊断仪、全自动生化分析仪、恒温培养箱、牙科综合治疗仪、医用脱脂棉、医用脱脂纱布等。

（3）第三类医疗器械　用于植入人体或维持生命，对人体具有潜在危险，对其安全性、有效性必须严格控制的医疗器械。如植入式心脏起搏器、体外震波碎石机、有创监护系统、人工晶体、有创内镜、超声手术刀、彩色超声成像设备、激光手术设备、高频电刀、微波治疗仪、医用磁共振成像设备、X线治疗设备、医用高能设备、人工心肺机、内固定器材、人工心脏瓣膜、人工肾、呼吸麻醉设备、一次性使用无菌注射器、一次性使用输液器、输血器、CT设备、隐形眼镜护理液等。

2. 医疗器械经营管理

按照医疗器械风险程度，医疗器械经营实施分类管理。

经营第一类医疗器械无需许可和备案，经营第二类医疗器械实行备案管理，《第二类医疗器械经营备案凭证》不设期限，经营第三类医疗器械实行许可管理，《医疗器械经营许可证》有效期5年。从事医疗器械经营，应当具备以下条件。

（1）具有与经营范围和经营规模相适应的质量管理机构或者质量管理人员，质量管理人员应当具有国家认可的相关专业学历或者职称。

（2）具有与经营范围和经营规模相适应的经营、储存场所。

（3）具有与经营范围和经营规模相适应的储存条件，全部委托其他医疗器械经营企业储存的可以不设立库房。

（4）具有与经营的医疗器械相适应的质量管理制度。

（5）具备与经营的医疗器械相适应的专业指导、技术培训和售后服务的能力，或者约定由相关机构提供技术支持。

3. 医疗器械不良事件监测

国家市场监督管理总局建立国家医疗器械不良事件监测信息系统，加强医疗器械不良事件监测信息网络和数据库建设。

报告医疗器械不良事件应当遵循可疑即报的原则，即怀疑某事件为医疗器械不良事件时，均可以作为医疗器械不良事件进行报告。报告内容应当真实、完整、准确。持有人（即医疗器械上市许可持有人，是指医疗器械注册证书和医疗器械备案凭证的持有人，即医疗器械注册人和备案人）、经营企业和二级以上医疗机构应当注册为国家医疗器械不良事件监测信息系统用户，报告医疗器械不良事件。医疗器械经营企业、使用单位发现或者获知可疑医疗器械不良事件的，应当及时告知持有人，并通过国家医疗器械不良事件监测信息系统报告。暂不具备在线报告条件的，应当通过纸质报表向所在地县级以上监测机构报告，由监测机构代为在线报告。其中，导致死亡的还应当在7日内，导致严重伤害、可能导致严重伤害或者死亡的在20日内，通过国家医疗器械不良事件监测信息系统报告。

持有人、经营企业、使用单位发现或者获知群体医疗器械不良事件后，应当在12小时内通过电话或者传真等方式报告不良事件发生地的省、自治区、直辖市市场监督管理部门和卫生行政部门，必要时可以越级报告，同时通过国家医疗器械不良事件监测信息系统报告群体医疗器械不良事件基本信息，对每一事件还应当在24小时内按个例事件报告。医疗器械经营企业、使用单位发现或者获知群体医疗器械不良事件的，应当在12小时内告知持有人，同时迅速开展自查，并配合持有人开展调查。

四、能力训练

（一）操作条件

1. 常见的医疗器械。
2. 《医疗器械监督管理制度》《产品质量法》《经济合同法》等工具书。
3. 医疗器械的销售标准流程。

（二）注意事项

1. 医疗器械的销售必须严格贯彻执行《医疗器械监督管理条例》《经济合同法》《产品质量法》等有关法律法规和政策，合法经营。

2. 销售产品应开具合法票据，做到票、账、货相符，并按规定建立销售记录。其内容应有销售日期、销售数量、产品名称、生产单位、型号规格、生产批号、产品注册证号等，不得以任何形式销售假劣的医疗器械。凡质量不合格的医疗器械，一律不得销售。

3. 凡经质管负责人检查确认或按上级药监部门通知的不合格医疗器械，一律不得销售，并按不合格产品质量管理制度和程序执行。

4. 销售产品时应正确介绍产品，不得虚假夸大和误导消费者。

5. 对顾客需提供细致的医疗器械操作指导服务。

（三）操作过程

序号	实施步骤	操作流程/话术举例	注意事项/操作标准
1	进店打招呼	“您好，请问有什么可以帮您的吗？”	语言清晰，礼貌用语
2	询问疾病	“请问您哪里不舒服？”	要求全面清楚
3	介绍医疗器械	“根据您的情况，我推荐您带一台电子臂式血压计回去，方便您实时监测自己的血压变化”	（1）如果顾客指明要买某一种医疗器械，应先找到该医疗器械 （2）根据顾客情况，进行关联导购，选择合理的医疗器械，进而提高客单量

续表

序号	实施步骤	操作流程/话术举例	注意事项/操作标准
4	操作指导	“将臂带套在上臂（松紧以一指宽为宜），臂带的下边缘距离肘关节2～3cm，并使臂带气嘴处于胳膊内侧。将下手臂平放在桌面上，掌心向上，身体坐直臂带中心与心脏位置处于同一高度。按开始键测量，等待读数”	告知顾客用法及注意事项，并提醒顾客按照说明书操作
5	温馨提示	“饭后、运动后、情绪激动、吸烟前后等情况下不宜测量”	为顾客提供一些操作医疗器械的注意事项

【问题情境一】

张某，男，84岁，患有糖尿病和高血压，看隔壁张大爷在用一台腕式血压计，自己试用了一下感觉操作比臂式血压计简单，也打算买一台放家里替换自己以前买的臂式血压计。

患有糖尿病的顾客不适用腕式血压计，因为其手腕血压与上臂血压的差值较大，准确度较低。

【问题情境二】

沈某，女，45岁，到药店来想买一些一次性使用无菌注射器。

一次性使用无菌注射器属于第三类医疗器械，药店是没有经营权的。

（四）学习结果评价

序号	评价内容	评价标准	评价结果（是/否）
1	医疗器械类型	能区分医疗器械的类型	
2	介绍医疗器械	能根据实训中患者的具体情况合理介绍推荐医疗器械	
3	操作步骤	能正确说明医疗器械的操作步骤	
4	注意事项	能正确说明医疗器械的注意事项	

五、课后作业

1. 简述医疗器械注册分类。
2. 进行血压计操作练习以及销售演练。

能力点 F-2-3　能完成消妆品的销售

一、核心概念

消妆品是指消毒产品与化妆品。消毒产品包括消毒剂、消毒器械（含生物指示物、化学指示物和灭菌物品包装物）、卫生用品等；化妆品是指以涂抹、喷洒或者其他类似方法散布于人体表面的任何部位，如皮肤、毛发、指甲、唇齿等，以达到清洁、保养、美容、修饰和改变外观或者修正人体气味、保持良好状态目的的化学工业品或精细化工产品。

二、学习目标

1.能区分消毒产品、化妆品与药品。
2.能合理准确推荐消妆品。
3.能介绍消妆品的使用及注意事项。

三、基本知识

1.消毒产品分类

（1）消毒剂　粉剂消毒剂、片剂消毒剂、颗粒剂消毒剂、液体消毒剂、喷雾剂消毒剂、凝胶消毒剂等。

（2）消毒器械　消毒器械包括压力蒸汽灭菌器、环氧乙烷灭菌器、戊二醛灭菌柜、等离子体灭菌器、臭氧消毒柜、电热消毒柜、静电空气消毒机、紫外线杀菌灯、紫外线消毒器、甲醛消毒器、酸性氧化电位水生成器、次氯酸钠发生器、二氧化氯发生器、臭氧发生器、臭氧水发生器、其他的消毒器械（注明消毒灭菌因子）、用于测定压力蒸汽灭菌效果的生物指示物、用于测定环氧乙烷灭菌效果的生物指示物、用于测定紫外线消毒效果的生物指示物、用于测定干热灭菌效果的生物指示物、用于测定甲醛灭菌效果的生物指示物、用于测定电离辐射灭菌效果的生物指示物、用于测定等离子体灭菌效果的生物指示物、用于测定压力蒸汽灭菌的化学指示物（指示卡、指示胶带、指示标签、BD试纸、BD包）、用于测定环氧乙烷灭菌的化学指示物（指示卡、指示胶带、指示标签）、用于测定紫外线消毒的化学指示物（辐照强度指示卡、消毒效果指示卡）、用于测定干热灭菌效果的化学指示物、用于测定电离辐射灭菌效果的化学指示物、用于测定化学消毒剂浓度的化学指示物、用于测定等离子体灭菌效果的化学指示物、用于压力蒸汽灭菌且带有灭菌标识的包装物、用于环氧乙烷灭菌且带有灭菌标识的包装物、用于甲醛灭菌且带有灭菌标识的包装物、用于等离子体灭菌且带有灭菌标识的包装物等。

（3）卫生用品　卫生巾、卫生护垫、卫生栓（内置棉条）、尿裤、尿布（垫、纸）、隔尿垫、湿巾、卫生湿巾、抗（抑）菌制剂（栓剂、皂剂除外）（注明具体剂型）、隐形眼镜护理液、隐形眼镜保存液、隐形眼镜清洁剂、纸巾（纸）、卫生棉（棒、签、球）、化妆棉（纸、巾）、手（指）套、纸质餐饮具等。

2.化妆品管理

《化妆品卫生监督条例》将化妆品分为特殊用途化妆品和非特殊用途化妆品。特殊用途化妆品是指用于育发、染发、烫发、脱毛、美乳、健美、除臭、祛斑、防晒的化妆品，必须经国务院食品药品监管部门批准，取得批准文号后方可生产和进口。

四、能力训练

（一）操作条件

1.常见的消妆品。
2.《化妆品监督管理条例》等工具书。
3.消妆品的销售标准流程。

（二）注意事项

1.销售消妆品要严格遵守有关法律、法规、规章，正确介绍用途、适宜人群、使用方法、储存方法和注意事项等内容，不得夸大宣传作用。

2.销售过程中怀疑消妆品有质量问题的，应先停止销售，立即报告质管部，由质管部调查处理。

3.建立售后服务制度，负责解答和处理顾客对消妆品的功能、使用方法、储存方法、注意事项以及质量问题的咨询和投诉，建立售后服务档案。

（三）操作过程

序号	实施步骤	操作流程/话术举例	注意事项/操作标准
1	进店打招呼	“您好，请问有什么可以帮您的吗？”	语言清晰，礼貌用语
2	询问疾病	“请问您哪里不舒服？”	要求全面清楚
3	介绍保健食品	“根据您的情况，我给您推荐护肤甘油，可以改善皮肤缺水情况，起到保湿滋润的作用”	（1）如果顾客指明要买某一种消妆品，应先找到该消妆品 （2）根据顾客情况，进行关联导购，选择合理的消妆品，进而提高客单量
4	使用指导	“每日洁肤后，均匀涂在肌肤上即可”	告知顾客用法、用量及注意事项
5	温馨提示	“平时多喝水，清淡饮食”	为顾客提供一些简单的健康生活咨询与指导

【问题情境一】

田某，女，29岁，家有一岁半的儿子，最近小朋友的屁股时常红红的，于是来药店买瓶护臀霜。请指导如何使用。

先擦干屁股上的水分，取适量护臀霜均匀涂在皮肤上，等待5～10min即可吸收完全。

【问题情境二】

洪某，女，48岁，家里的消毒液用完了，听说消毒片体积小、易收纳，于是打算到药店买几瓶消毒片，但是自己以前没用过消毒片。请指导其使用。

把消毒片放入水中即可，消毒片与水的比例根据消毒对象确定，具体见说明书。使用时注意做好个人防护，戴好手套与口罩，并在通风环境下使用。

（四）学习结果评价

序号	评价内容	评价标准	评价结果（是/否）
1	消妆品类型	能区分消妆品与药品	
2	介绍消妆品	能根据实训中顾客具体情况合理介绍推荐消妆品	
3	用法用量	能正确说明消妆品的使用方法和使用量	
4	注意事项	能正确说明消妆品的注意事项	

五、课后作业

1.选择任何一个消毒产品，两人一组完成销售过程，并拍摄小视频。

2.选择任何一个化妆品，指导顾客使用。

能力点 F-2-4　能完成参茸产品和中药材的销售

一、核心概念

1. 中药材

中药材是指药用植物、动物、矿物等的药用部分采收后经产地初加工形成的原料药材。

2. 药食同源

药食同源指中药与食物是同一起源。本章节的参茸产品和中药材多为药食同源的品种，可以提供顾客自我保健的用途，如提高免疫能力、改善亚健康及一些身体不适症状。

二、学习目标

1. 能说出参茸产品和中药材的销售流程。
2. 能简单辨别常用参茸产品和中药材。
3. 能按操作规程，正确进行参茸产品和中药材的销售。

三、基本知识

（1）如何区分参茸产品和中药材

① 目前对于参茸产品的判断依据尚没有一个统一的标准。一般来说，参茸产品首先是疗效显著，其次是价格昂贵，再次是资源相对稀缺的中药材。常见的有人参、西洋参、高丽参、三七、川贝母、鹿茸、冬虫夏草、天麻、石斛、铁皮石斛、阿胶、海马、羚羊角、灵芝、西红花、燕窝等。

② 在日常工作中，人们常用于自我保健、简单食疗的品种多属于药食同源的产品，属于普通的中药材。目前国家承认的药食同源名单分别是2012年卫计委公布的既是食品又是药品的中药名单（86种）、2014年新增15种中药材以及目前处于试点阶段2018年新增的9种药材。

（2）参茸产品和中药材的常见服用方法

遵循中医治未病理念，通过饮食起居、情志调理、运动疗法及中草药等多种措施，增强人体抗病能力，让人体少生病、不生病，即使得病也能尽快痊愈，痊愈后少复发，按中医的理论来调养身体阴阳气血的平衡。参茸产品和中药材常见的服用方法有以下几种。

① 隔水蒸：也叫隔水炖，是中药服法的一种，常用于贵重的滋补药品，比如人参、鹿茸、冬虫夏草、燕窝等。

② 泡水喝：常用于有效成分易于溶出的中药。比如陈皮、佛手、菊花、黄芪、枸杞子、甘草、薄荷、胖大海、金银花等。

③ 泡酒喝：常用的药材有灵芝、玛卡、枸杞子、人参、鹿茸、海马、西洋参、菟丝子、桑椹、鹿鞭等。

④ 炖汤：此类药材有很多，常用于补气药如人参、西洋参、党参、太子参、黄芪、山药、扁豆、大枣；补血药如当归、熟地黄、何首乌、阿胶、龙眼肉；补阳药如鹿角胶、肉苁蓉、海龙、核桃肉、冬虫夏草；补阴药如沙参、玉竹、百合、麦冬、石斛、枸杞子、海参等。

⑤ 煮粥：有些药材可与大米共煮代餐食用，常用的有百合、玉竹、枸杞子、莲子、芡实、茯苓、红枣、参须、山药等。

⑥ 打粉：即使用打粉设备将药材加工成粉末状直接可以服用的形式，常用的药材有西洋参、铁皮石斛、三七、川贝母等。

四、能力训练

（一）操作条件

1. 摆放整洁、合理的参茸产品、中药材的陈列柜。
2. 配备《中国药典》、参茸产品知识等工具书。
3. 准备各类参茸产品、中药材。
4. 准备称量工具、洁净的分装手套、分装袋。

（二）注意事项

1. 销售参茸类产品及中药材应体现与普通食品、药品的区别，限于特定人群食用，因此对食用量有严格的规定。
2. 不得杜撰、夸大参茸产品和中药材的疗效与治疗范围，以免误导顾客。
3. 要根据顾客的消费能力、生活方式来推荐适合的产品。
4. 参茸产品和中药材有时为散装商品，要注意进行适当的包装，特别应注意产品的存放，增加养护、保管频率，注意防潮，防止变质。

（三）操作过程

序号	步骤	操作方法及说明	质量标准
1	销售前环境准备	（1）对营业场所进行卫生清洁、整理台面 （2）有序陈列柜台、货架上参茸产品和中药材 （3）准备或查验好售货工具和用品，并按习惯放在固定适当的地方，以便售货时取用 （4）认真清点货架、柜台陈列商品有无不丰满或缺档现象 （5）人员素质准备	（1）零售营业环境必须整洁、明亮、舒适，做到空气清新流动、温湿度适宜 （2）确保柜台、货架无积尘、无污迹，物品放置有序，展柜美观漂亮，通道畅通无阻，显示清新整齐的面貌 （3）常用计量用具要必须常校检、检查，按时送检；备好零钱的具体品种，并确保数量充足 （4）清点过程中，认真检查商品质量，如发现破损、霉变、污染的商品，及时按GSP规定处理 （5）工作人员穿戴整齐洁净的工作服帽，佩戴胸卡；洗净双手；轻拿轻放；不说笑聊天，集中精神；态度亲切、语气温和
2	销售前了解顾客需求	根据顾客的需求，了解具体养生保健目的，简单判断顾客的身体体质情况，推荐相应的产品	销售沟通内容如下 （1）需要改善的症状及表现 （2）平时生活作息规律 （3）是否有相关病史，服药情况 （4）服用参茸产品或中药材的过程中饮食、大小便、睡眠、精神状况如何，有无改变
3	确定适合顾客的销售方案	根据顾客的健康养生需求，结合顾客的生活方式、经济情况，推荐合适保健方案	了解顾客的真实诉求无误，符合顾客的滋补要求，可按时服用
4	推荐参茸产品或中药材	为顾客推荐适宜的参茸产品或中药材	帮助顾客缓解、调节身体的不适症状，或提升身体免疫能力，改善身体机能

续表

序号	步骤	操作方法及说明	质量标准
5	服用指导及健康教育	向患者介绍参茸产品或中药材的用法、用量、注意事项、价格等	介绍产品时尽可能全面，对重点注意问题做到不遗漏，介绍时语言通俗易懂
6	了解服用效果	征得顾客同意后，可采用电话随访跟踪治疗效果	根据顾客的身体状况，提供相应的保健知识和养生方法

【问题情境一】

顾客到店购买养生保健的三七，听说三七的产地是云南的比较好，很想知道原因？

了解了这位顾客的问题，我们需要知道道地药材的知识。道地药材，是优质中药材的代名词，是指药材质优效佳，这一概念源于生产和中医临床实践，数千年来被无数的中医临床实践所证实，是源于古代的一项辨别优质中药材质量的独具特色的综合标准，也是中药学中控制药材质量的一项独具特色的综合判别标准，通俗认为，道地药材就是指在一特定自然条件和生态环境的区域内所产的药材，并且生产较为集中，具有一定的栽培技术和采收加工方法，质优效佳，为中医临床所公认。

文山三七，是云南省文山州特产，中国国家地理标志产品。文山是“三七之乡”，三七在文山已有三四百年的栽培历史，是道地药材。

【问题情境二】

一位老年顾客想要滋补养生，选择了铁皮石斛和西洋参，想打粉服用。请你为这位顾客提供服务，介绍产品的作用，并正确指导这位顾客服用。

首先，铁皮石斛的作用是益胃生津，滋阴清热，用于热病津伤，口干烦渴，胃阴不足，食少干呕，病后虚热不退，阴虚火旺，骨蒸劳热，目暗不明，筋骨痿软，每天用量6～12g。而西洋参可补气养阴，清热生津，用于气虚阴亏，虚热烦倦，咳喘痰血，内热消渴，口燥咽干，每天用量3～6g。可以建议顾客按2∶1的比例购买铁皮石斛和西洋参，混合后在店加工打粉。以后每天早、晚空腹时，用小勺取用，每次4～9g，泡水搅拌均匀后服用。如在服用期间出现有腹泻、便溏的情况，建议减量食用。平时应储存在阴凉干燥的罐子中。

（四）学习结果评价

序号	评价内容	评价标准	评价结果（是/否）
1	服务态度	仪表规范、文明用语、沟通能力良好	
2	询问诉求	询问有目的、有层次、有重点	
3	选择参茸产品或中药材销售	选择合理，符合顾客的保健目的	
4	交代	用法、用量、注意事项交代清楚	
5	售后服务健康宣教	健康饮食和生活习惯建议、参茸产品或中药材的储存要求	

五、课后作业

1.查阅资料，学习我国传统道地药材的知识。

2.了解常用参茸产品的保健作用、用法用量、注意事项、储存条件。

任务 F-3

收银与核算

能力点 F-3-1 能进行各类支付结算

一、核心概念

1. 收银

收银是指商场、超市等商业零售企业设在营业一线收取货币资金的专门业务活动。

2. 备用金

备用金是企业拨付给企业内部用款单位或职工个人作为零星开支的备用款项。

3. 收银机

收银机是微电子技术发展及现代化商品流通管理理念和技术发展结合的产物，商业电子收银机是现代化、自动化商业管理必不可少的基本电子设备之一。

二、学习目标

1. 能做好日常收银前的基础工作。
2. 能够对各种收银方式进行熟练操作。
3. 能够熟悉收银的作业流程。

三、基本知识

1. 收银作业前的准备工作

（1）清洁整理收银作业区　营业前，收银员应对收银台及其周边区域进行认真仔细的清洁整理。清洁整理的范围包括：收银台台面及侧壁、收银机、扫描器等收款设备；收银台旁边的商品柜；收银台四周地板、垃圾桶等。

（2）整理补充收银必备物品　如POS机、打印卷纸、单据夹、笔、订书机、计算器、发票、暂停收银牌等。

（3）准备钱箱内的备用金　如各种面值的纸币、各种面值的硬币。

（4）检查收银机运行情况　如收银机是否运行正常；打印机装置是否正常；工号与日期是

否正确；收银机与后台服务器连接是否正常；网络信息传输是否正常等。

（5）检查POS机和消磁系统　如POS机的连接是否正常；POS机是否放置了银行卡签购单；检查消磁系统开机后是否可以正常工作；POS机电量是否充足等。

（6）检查收银员仪容仪表　如着装是否规范得体；发型、仪容是否清爽整洁；胸卡佩戴是否到位；是否持证上岗等。

（7）熟悉当日促销活动的安排情况　商场、超市等零售企业经常搞各种各样的促销活动，作为一名收银员，宣传、推广本企业的促销活动是其职责之一。

2. 收银支付方式

（1）收银机收银　这是目前比较常见的收银方法，一般商超用得比较多。通过对顾客购买商品信息的录入，收银机做出快速的响应，正确地计算出该笔交易额，并显示出应收钱、实收钱、找钱等信息，减少了收银员对交易额的计算时间，提高了收银速度。

优点：不需要再配电脑，一台收银机满足所有需求。缺点：收银机占地方，需要花费额外成本购买。

（2）扫码收款　分为POS扫码支付和直接扫二维码支付。随着支付行业的盛行，POS机越来越被广泛使用，它同时支持微信、支付宝、银行卡等支付方式。

优点：付款快捷方便，同时还能够支持分期、花呗等信用支付。缺点：会产生一定的支付手续费。

（3）自助结账机　目前多用于超市，它替代传统的收银员结账，顾客自己执行收银员的工作。方法是扫描物品的条形码，然后通过将现金插入机器或输入支付卡信息来付款。

优点：会员顾客无需排长队，如果商品较少可以自行结账，节约时间。缺点：占地方，需要额外花费成本购买机器。

（4）商城自助下单　商户自建商城，可以为小程序或公众号，引流会员到商城下单，让会员足不出户即可下单购买。会员下单后，可以选择到店提货或者线下配送。

优点：私域流量池平台，会员多一种消费渠道。缺点；顾客不能看到实物，增加了退换货的风险。

（5）微信或支付宝转账　这种收款方式是使用微信或支付宝收款。

优点：无手续费，使用简单，无成本。缺点：存在支付风险，无法进行服务及商品的管理，无法进行有效的经营数据统计。

3. 收银作业流程

收银员应按照规定的收银作业程序接待顾客，为顾客提供结算服务，一般收银作业流程见图F-3-1。

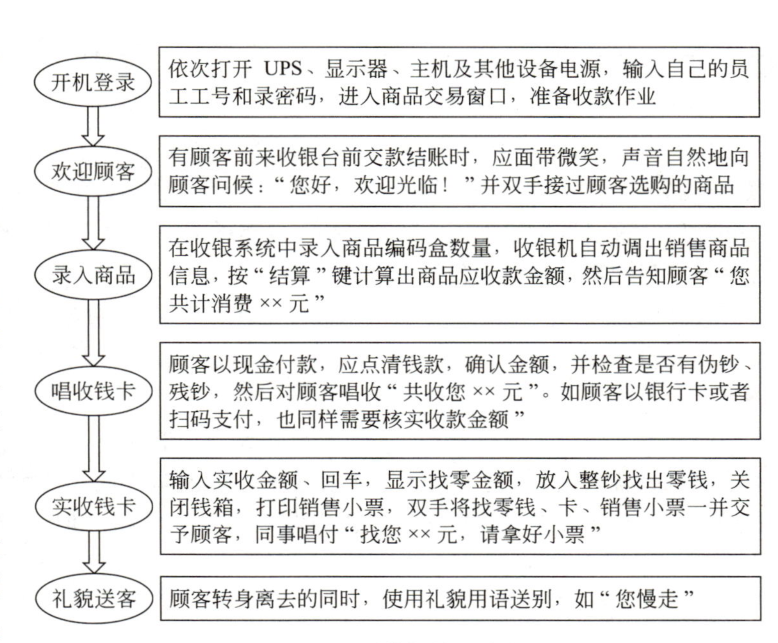

图 F-3-1　收银作业流程

四、能力训练

（一）操作条件

1. 收银机的操作技能。
2. 收银的作业流程。
3. 各类支付方式所需软硬件。

（二）注意事项

1. 收钱时验证钱币真伪，找钱时仔细核对找零金额。
2. 收银员应放快手脚，做到又快又准，提高结账效率。
3. 要熟悉商品信息，能正确回答顾客的问题，让顾客感觉到真诚和信任。
4. 在支付过程中如果让顾客感到不满，应耐心接待并且做好解释工作。

（三）操作过程

序号	步骤	操作方法及举例	注意事项
1	礼貌接待顾客	“欢迎光临”“您所购买的物品都在这里了吗？”	使用礼貌用语的同时也要给予微笑，哪怕戴着口罩也要让顾客看到笑的眼睛
2	扫描商品	手持扫描枪逐一扫描商品条形码，将商品录入收银机	已扫描与未扫描的物品分开放，以免混淆
3	唱总计金额	收银机自动计算出应收款金额后，告知顾客“您共计消费××元”“请问您是付现金还是刷卡”	如果收取现金，告知顾客“收取××元，应找××元”
4	商品装袋	按照分类装袋原则为顾客提供服务	（1）注意把质量大的商品放在下面，质量小的商品放在上面 （2）如有易碎品要提醒顾客
5	答谢送别顾客	“请拿好您的物品！”“请慢走”	使用礼貌用语，注意语气

【问题情境一】

“五一”小长假，某超市迎来了购物高峰期。一位顾客推着一堆物品，在收银台前排队结账。当商品条码扫描到一半时，收银台前来了两位营运部的领导，只见这位领导和收银员说了几句话后，收银员立即放下了手中扫描了一半的商品，跟着领导走到一边去了。10分钟过去了，收银员还没回到自己的岗位继续工作，顾客表示非常懊恼又很无奈，最后顾客忍无可忍地发火了：“你们有完没完，能不能把我的东西先结算呀？”在顾客的埋怨下，那个领导才走开了，收银员回到自己岗位继续工作，但是却没有一句道歉的话。请问这个事件中营业员有不妥吗？应该怎么做？

在这个案例中营业员是有错的，顾客在结账过程中，为了确保结算的准确及高效，任何人不能随意打扰收银员的正常工作，特别是在购物高峰期时。作为收银员来讲，不得在为顾客结算到一半时转手去做其他事情，应该确保工作万无一失。即使有意外或紧急事情需要处理而暂停收银，也应该先和顾客打招呼并取得顾客同意后方可走开，处理完事情后应向顾客致歉。

【问题情境二】

一位顾客在超市用现金结账时，给收银员100元人民币，收银员验证真伪无误后，顾客又以可能有零钱为由拿回这100元，然后在钱包翻找半天后又说刚刚用掉忘记了，没有零钱了，于是又给了收银员“刚才”那张100元，收银员认为刚才已经验证真伪了，无需再次查验，直接放入收银机找零。最后下班清点现金才发现收进了假币，只能自己掏腰包赔钱了。请分析收银员在收银过程中出现的问题？

这个案例属于收银员在工作中没有按照收银流程操作，不论顾客换取多少次现金，每一次每一张都需要查验真伪。在现金交易时要提高警惕，注意观察顾客的手与眼，遇到付款时要换回人民币或者退回不买的顾客，应该不急不乱，核对无误方可让顾客离开。

（四）学习结果评价

序号	评价内容	评价标准	评价结果（是/否）
1	接待顾客	能正确使用礼貌用语	
2	会使用收银机	能进行收银登录、扫描商品、按键结算、打印小票	
3	POS 机收款	能根据POS机的功能，会对微信、支付宝、银行卡用户进行收款	
4	答谢送别顾客	能使用礼貌用语	

五、课后作业

1.收银支付方法有哪些？各有哪些优缺点？

2.顾客王某在某药店买了一盒165元的保健品，到收银台付了200元现金，收银员默不作声给顾客35元零钱。顾客觉得不对劲，随口说了一句：“找错了吧，应该找我45元。”收银员一听，脸色顿时变了：“到底谁错了？你自己去算一下！”最后顾客投诉了该收银员。请您分析：到底是谁错了？

能力点 F-3-2　能进行各类核算

一、核心概念

1.经济核算

经济核算是指通过簿记和算账，对生产经营过程中的劳动消耗和劳动成果进行记录、计算和分析研究的活动。它是任何生产过程中的共同要求，生产社会化程度越高，这种核算越重要。

2.费用

费用是企业在生产经营过程中发生的各种耗费。

3.利润

利润是指企业在一定会计期间的经营成果，包括收入减去费用后的净额、直接计入当期利润的利得和损失等。利润是企业经营效果的综合反映，也是其最终成果的具体体现。

二、学习目标

1.了解经济核算的意义。

2.掌握经济核算的内容和经济核算指标。

3.能够运用各种经济核算指标对药品经营过程进行核算。

三、基本知识

1. 药品经营企业经济核算的意义

（1）有利于提高企业的经济效益　经济核算是对企业经济活动的一种价值管理，是企业实现现代化管理的重要方面，在药品生产和药品交换的经济活动中，通过强化财务会计工作加强经济核算，合理使用人力、物力和财力，降低费用水平，发挥其提高企业经济效益的作用。

（2）有利于提高企业的管理水平　提高企业经济核算水平，能更好地进行财务分析和市场预测，为企业管理者制定战略决策提供科学依据。

（3）有利于贯彻执行财务法规和财务制度　企业的每一项具体的经济业务活动，都会涉及财经法规、财务制度和财经纪律的有关规定。而各项经济业务活动情况及其结果，又都要利用财务会计来进行记录和反映。因此，经济核算可以在记录、反映各项经济业务的同时，监督、检查其贯彻、执行和遵守国家的财经法规、财务制度和财经纪律的情况。

（4）有利于保护国家和企业财产物资的安全　利用会计资料和有关会计账簿，对企业资金和财产进行连续、全面、系统的反映和监督，可随时检查企业资金和物资的数量，账物相符，账账相符，防止各种财产物资的丢失、毁损、浪费，从而堵塞漏洞，杜绝贪污、浪费、损公肥私等违法乱纪行为的发生，切实保护国家和企业财产物资的安全，保护所有者权益。

2. 药品经营企业核算的内容

药品经营企业核算的内容是由企业资金运作的内容所决定的，其基本内容如下。

（1）资金核算　资金核算包括资金筹集和运用的核算。主要有资金筹集管理、流动资金管理、固定资金管理和专项资金管理，通过资金核算，合理筹措使用资金，提高资金利用效率。

（2）费用核算　费用核算包括药品流通费的核算和其他开支的核算。费用和开支是企业组织药品流通的耗费，通过费用核算，既要保证组织药品经营的需要，又要节约费用支出，降低成本，提高企业经济效益。

（3）利润核算　利润核算包括税金和利润的核算。企业正确计算销售收入和利润，依法纳税，按规定合理分配税后留利，正确处理国家、企业和职工之间的物质利益关系。

3. 药品经营企业经济核算的任务

药品经营企业经济核算的基本任务是：正确处理经营过程中的各种财务关系，保证企业以较少的资金消耗和资金占用，取得较大的销售收入和利润，为实现企业的根本任务服务。具体任务有以下几个方面。

（1）积极筹措和供应资金，保证药品流通的需要　经济核算管理的首要任务是筹集资金，及时组织资金供应，合理节约地使用资金，保证企业经营活动的顺利进行。

（2）降低经营成本，增加企业盈利　经济核算管理要借助于资金、成本和各项费用金额，对购、销、运、存等经营过程实行财务监督，以便控制资金占用和费用开支，加速资金周转，促使企业合理地使用人力和物力，以尽可能少的耗费取得尽可能大的经济效益。

（3）分配企业收入，完成上缴任务　企业财务部门对已实现的销售收入要合理进行分配，正确补偿销售成本，完成国家税收，上缴利润，归还到期贷款，及时清理债权、债务，发放工资和奖金，正确处理有关各方面的利益关系。

（4）实行财务监督，维护财经纪律　财务监督就是利用财务制度对企业经销活动所进行的控制和调节，其目的在于发挥经济核算对经营活动的积极能动作用。财务部门通过它的职能活动对企业各个环节上的货币收支和各方面发生的经济关系进行监督，保证财经纪律的执行。

4.常用的经济核算指标

（1）经营成果经济指标

① 毛利率

毛利率=（商品销售收入–商品销售成本）÷ 商品销售额 ×100%

② 销售扣率：是指实际进价与批发价或零售价之比。

销售扣率=（进价 ÷ 批发价）×100%

③ 销售税金

销售税金=销售收入 × 税率

（2）企业盈亏经济指标　该方法是通过分析生产成本、销售利润和产品数量这三者的关系，掌握盈亏变化的规律。

生产成本=固定成本+变动成本=固定成本+单位变动成本 × 销量

经营利润额=药品销售额–进货成本–费用额–税金

盈亏平衡点的产量=固定成本 ÷（价格–单位变动成本）

（3）劳动占用的经济指标　药品经营企业要想提高经济效益，就必须合理运用药品资金，减少资金占用，加速资金周转，从而节约药品资金。

药品资金周转次数=商品销售额 ÷ 药品资金平均占用率

药品资金周转天数=本期天数 ÷ 药品资金周转次数

（4）库存ABC分类法　ABC库存分类管理是指将库存物品按品种和占用资金的多少，分为特别重要的库存（A类）、一般重要的库存（B类）和不重要的库存（C类）三个等级，然后针对不同等级分别进行管理与控制，这样的分类管理法可以实现的作用有压缩库存总量、释放占压资金、库存合理化与节约管理投入等。

ABC分类的理论基础是关键的少数和次要的多数，即在成千上万存储的商品中，少数几种占用了大部分资金。在销售活动中，成千上万种商品中，少数几种取得大部分利润（表F-3-1）。

表 F-3-1　库存 ABC 分类

分类	占总库存品种数百分比/%	占用资金比/%
A类库存	5 ～ 15	60 ～ 80
B类库存	15 ～ 25	15 ～ 25
C类库存	60 ～ 80	5 ～ 15

ABC分类法的一般步骤如下。

① 计算各种商品的出库金额，按照出库金额大小顺序列出库存商品档次，计算每一档次商品库存总数及累计数和出库金额及累计值。

② 每一档次商品品种数占全部品种数的百分比和每一档次商品出库金额占出库总额的百分比。

③ 按每一档次商品的出库额大小和上面的标准将库存商品分成A、B、C三类。

④ 根据ABC分析法的结果，在权衡管理力量与经济效益之后，对库存商品采取不同的管理方法（表F-3-2）。

表 F-3-2　分类库存的管理方法

分类管理	管理方法	订货方式
A类库存	进行重点管理。应严格控住库存量、订货数量、订货时间。要经常进行检查盘点	计算每种物品的订货量，采用定期订货方式
B类库存	进行次重点管理。库存检查和盘点的周期比A类长一些	采用定期定量订货的方式
C类库存	进行一般管理。定期进行库存检查和盘点，周期比B类长一些	集中大量的订货

四、能力训练

（一）操作条件

1. 能够了解经济核算的意义。
2. 能够掌握经济核算的内容和经济核算的指标。
3. 能够运用各种经济核算指标对药品经营过程进行核算。

（二）注意事项

1. 结账前应检查该月的所有凭证是否均已记账、结账日期是否正确。
2. 结账必须逐月进行，上月未结账不允许结本月的账。
3. 年底应对“固定资产”进行盘点，可以使企业加强对固定资产的管理，维护企业的财产安全。

（三）操作过程

序号	步骤	操作方法及举例	注意事项
1	计算经营企业的毛利率	毛利率=（销售收入−销售成本）÷商品销售额×100%	毛利率分为含税与不含税之分，但是计算结果应该一致
2	计算经营利润额	经营利润额=药品销售额−进货成本−费用额−税金	在计算经营利润额时要注意需减掉整个运营过程中的支出
3	计算经营企业盈亏平衡点的产量	盈亏平衡点的产量=固定成本÷（价格−单位变动成本）	在计算盈亏平衡点时如果有初期投入费用也要加上去，即要求是完全收回成本时的销售量
4	能应用ABC分类管理办法对商品进行分类	根据占总库存品种数百分比和占用资金比进行分类	制作ABC分析表时要按照占用资金由大到小进行排序，如占用资金相等的再按单价进行排序

【问题情境一】

某药店5月份销售额为116000元，销售成本为75400元，试计算药店本月实际毛利率？

毛利率=（商品销售收入−商品销售成本）÷商品销售额×100%

=（116000−75400）÷116000×100%

=35%

【问题情境二】

某药房上半年销售额为1027000元，核定毛利率为30%，费用率为10%，税率为4.92%，计算药房上半年营业利润。

毛利=1027000×30%=308100元

费用=1027000×10%=102700元

税金=1027000×4.92%=50528.4元

营业利润=1027000−308100−102700−50528.4=565671.6元

（四）学习结果评价

序号	评价内容	评价标准	评价结果（是/否）
1	计算经营企业毛利率	能根据收入与成本计算正确结果	
2	经营利润额计算	能根据销售额、成本、费用额与税金计算正确结果	
3	经营企业盈亏平衡点的产量	能计算出盈亏平衡点，销售额高于盈亏平衡点为盈利，反之为亏损	
4	ABC分析表	能根据特征数据正确排序，计算，做出ABC分类判定	

五、课后作业

1.什么是库存ABC分类法？它的理论基础是什么？

2.某药品生产企业生产甲药品，单价为40元/盒，年固定成本总额为8万元，变动成本总额为24万元，年销售量为1万盒，问企业盈亏平衡点的产量是多少？

模块 G
药品营销

任务 G-1
市场调研

能力点 G-1-1　能根据调研目的进行调研问卷设计

一、核心概念

1. 问卷设计

问卷设计是根据调查目的，将所需调查的问题具体化，使调查者能顺利地获取必要的信息资料，并便于统计分析。

2. 调查问卷

调查问卷是指调查者根据调查目的和要求，设计出一系列问题、备选答案及说明等组成的向被调查者搜集资料的一种工具。

二、学习目标

1. 能够根据调研内容和调研对象特点设计问卷。
2. 能控制调研问卷的问题数，并制作成网络版。
3. 能运用二项选择法、多项选择法、顺位法、量变形式等方法设计问题的答案。

三、基本知识

1. 问卷的基本结构

（1）标题　说明调查研究主题。

（2）引言　也称说明词，是对调查目的、意义及相关事项的说明。其主要作用是引起被调查者的重视和兴趣，争取他们的支持和合作。其内容包括：调查人员自我介绍、本次调查的目的、意义、酬谢方式。问卷的引言文字应该简洁、准确，语气要谦虚、诚恳、有吸引力和可读性。

（3）正文　是问卷的主体部分，主要由多个精心设计的问题与答案组成。

（4）附录　对调查过程中有关人员和事项的记录。包括：调查人员姓名和编号、调查时间、调查地点，以及被调查者的姓名、地址、电话等内容。

（5）结束语　是在问卷的最后，简短地向被调查者表示感谢之情的语句。

2.问卷设计原则

（1）合理性　指的是问卷必须与调查主题紧密相关，在问卷设计之初要找出与“调查主题相关的要素”。

（2）一般性　问题的设置是否具有普遍意义，这是问卷设计的基本要求。

（3）逻辑性　问卷的设计要有整体感，这种整体感即是问题与问题之间要具有逻辑性。

（4）明确性　指问题设置的规范性。规范性指命题是否准确，提问是否清晰明确、便于回答，被访者是否能够对问题作出明确的回答等。

（5）非诱导性　指问题要设置在中性位置，不参与提示或主观臆断，完全将被访问者的独立性与客观性摆在问卷操作的限制条件的位置上。

（6）便于整理和分析　需要充分考虑到问卷在调查后的整理与分析工作。

3.问卷设计的方法

（1）自由记述式　指不设计供被调查者选择的答案，而是由被调查者自由表达意见，对其回答不做任何限制。

（2）填答式　把一个问题设计成不完整的语句，由被调查者完成句子的方法。

（3）二元选择式　又称是非题，它的答案只有两项（一般为两个相反的答案），要求被调查者选择其中一项来回答。

（4）多元选择式　多元选择题与两项选择题的结构基本相同，只是答案多于两种。

（5）排序式　指为一个问题准备若干个答案，让被调查者根据自己的偏好程度定出先后顺序。

（6）利克量表　是由伦斯·利克特根据正规量表方法发展起来的。它的设计方法为：给出一句话，让被调查者在“非常同意”“同意”“中立”“有点不同意”“很不同意”这五个等级上做出与其想法一致的选择。

（7）语义差异量表　是用两极修饰词来评价某一事物，在两极修饰词之间共有七个等级，分别表示被调查者的态度程度。

（8）数值分配量表　是指调查者规定总数值，由被调查者将数值进行分配，通过分配数值的不同来表明不同态度的测量表。

4.询问技术

问题是调查问卷的核心，问卷的语句由若干个问题构成，在进行问卷设计时，必须对问题的类别和提问方法仔细考虑，否则会使整个问卷产生很大的偏差，导致市场调查失败。因此，在设计问卷时，要清楚了解调查的目的与方式，并善于根据调查目的和具体情况选样适当的询问方式。问题的主要类型有以下几类。

（1）直接性问题、间接性问题和假设性问题

① 直接性问题是指在问卷中能够通过直接提问方式得到答案的问题。直接性问题通常给被调查者一个明确的范围，所问的是个人基本情况或意见，比如“您的年龄”“您的职业”“您最喜欢的洗发水是什么牌子的”，这些都获得明确的答案。这种提问对统计分析比较方便，但遇到

一些窘迫性问题时，采用这种提问方式，可能无法得到所需要的答案。

② 间接性问题是指那些不宜于直接回答，而采用间接的提问方式得到所需答案的问题。通常是指那些被调查者因对所需回答的问题产生顾虑，不敢或不愿真实地表达意见的问题。调查者不应为得到直接的结果而强迫被调查者，使他们感到不愉快或难堪。这时，如果采用间接回答方式，使被调查者认为很多意见已被其他调查者提出来了，他所要做的只不过是对这些意见加以评价罢了，这样，就能排除调查者和被调查者之间的某些障碍，使被调查者有可能对已得到的结论提出自己不带掩饰的意见。

例如，“您认为妇女的权力是否应该得到保障？”

如果把问卷的选择答案只是设计成“是”或“不是”，而实际情况则表明许多人对妇女权力有若干不同的看法。如果改问：

“A.有人认为妇女权力应该得到保障的问题应该得到重视。”

“B.有人认为妇女权力问题并不一定需要特别提出。”

您认为哪些看法更为正确？

对A看法的意见：① 完全同意；② 有保留的同意；③ 不同意。

对B看法的意见：① 完全同意；② 有保留的同意；③ 不同意。

采用这种提问方式会比采用直接提问方式收集到更多的信息。

③ 假设性问题是通过假设某一情景或现象存在而向被调查者提出的问题。例如：“有人认为目前的电视广告过多，您的看法是怎样的？”“如果在购买汽车和住宅中您只能选择一种，您可能会选择何种？”这些都属于假设性提问。

（2）开放性问题和封闭性问题

① 开放性问题是指所提出问题并没有明确的答案，回答者需要根据自己的理解做出回答。开放性问题一般提问比较简单，由被调查者在自主状态下对问题进行回答，回答比较真实，其结果一般作为定性分析素材，通常是将回答进行分类，难以对结果做定量分析。

② 封闭性问题指一般有确切性答案的问题，比如一些是非性问题，在调查问卷中已事先设计了各种可能的答案的问题，被调查者只要或只能从中选择即可。

（3）事实性问题、行为性问题、动机性问题、态度性问题

① 事实性问题是要求被调查者回答一些有关事实性的问题。例如：“您通常什么时候看电视？”这类问题的主要目的是为了获得有关事实性资料。因此，问题的意见必须清楚，使被调查者容易理解并回答。

② 行为性问题是要求对被调查者的行为特征进行调查。例如：“您是否购买过减肥茶？”

③ 动机性问题是为了调查被调查者的行为意图而设计的问题。例如：“您为什么选择中药降压？”

④ 态度性问题是要求被调查者回答观点、评价、意见等的问题。例如：“您曾经使用过的减肥产品哪种实际效果让您最为满意？”

一份有效的市场调查问卷需要紧紧地围绕调查目的、调查任务进行合理的问题设计，问题的方式没有好坏优劣之分，采用何种提问方式，采用多少，完全可以根据具体情况而定。

四、能力训练

（一）操作条件

1.背景：药品零售市场竞争面临新机遇和新挑战，X市知名Y制药企业需要了解市场上消费

者对Z补钙产品的认知程度，对竞争品牌补钙产品的认知和认可度，消费者对各种补钙产品的购买状况和价值取向等，请同学们据此有针对性地设计调查问卷。

2.背景资料中Y制药企业详细信息及企业介绍、该制药企业补钙产品资料。

3.背景资料中Y制药企业补钙产品在背景中X市近1年销售数据（包括销售客户名称、销量）。

4.电脑、网络等。

（二）注意事项

1.根据调查主题，问题目的明确、重点突出，没有可有可无的问题。

2.问题的排列应有一定的逻辑顺序，符合应答者的思维程序，问题的答案设计应包含二项选择法、多项选择法、顺位法、量变形式等方法。

3.问卷中语气要亲切，符合应答者的理解能力和认识能力，避免使用专业术语。

4.每套调研问卷的问题不少于15个，回答问卷的时间控制在20min左右。

5.便于资料的校验、整理和统计。

（三）操作过程

序号	实施步骤	操作流程/话术举例	注意事项/操作标准
1	明确调查目的及内容	按照需求，确定调查目的及内容，继而设定调查问题	调查问题需要包括受调查人的分群、消费需求和竞争对手的情况
2	确定资料收集的方法	（1）根据实际情况，综合考虑确定调查方法 （2）根据调查方法，确定问卷设计	（1）拦截访问受时间上的限制，问卷要简短点 （2）邮寄调查要求问卷设计得简短且非常清楚 （3）面谈访问的问卷可以设计较长、较复杂的问题 （4）电话调查需要丰富的词语来描述一种概念以肯定应答者理解了正在讨论的问题
3	确定问题的类型	按照需求，确定问题的类型，如封闭式问题和开放式问题	（1）封闭式问题便于统计，伸缩性较小，开放式问题回答难度大，不易统计，命题不宜过多 （2）问题精炼，含义准确，难度适当，能激发填写者的兴趣，便于统计
4	决定问题的措辞	随时间和主体不断发展，确定特定问题的用词	（1）用词必须清楚、准确 （2）避免诱导性的用语 （3）考虑应答者回答问题的能力 （4）考虑到应答者回答问题的意愿
5	确定问题的排列顺序	根据开头问题、随后的几个问题、占到问卷1/3篇幅的问题、问卷的主体部分、最后几个问题顺序确定问题的排列	问卷不能任意编排，问卷每一部分的位置安排都具有一定的逻辑性
6	问卷评估	设计人员对问卷草稿做批评性评估	（1）评估问题是否必要，是否太长，是否满足了调查目标的信息需求 （2）评估问卷后续数据统计和分析易于操作，是否为开放式问题留足空间，问卷的字体和外观设计是否讲究
7	预调查与修改	预先测试问卷，发现存在的错误或不足，切实修改问卷，再测试获得各方的认同	（1）预先测试应当采取与最终调查相同的形式进行 （2）在实地调查前应当再一次获得各方的认同，如果预先测试导致问卷产生较大的波动，应当进行第二次测试
8	定稿	测试得到认可后，问卷正式定稿	如果超过一定数量被访者对同一个问题提出质疑，问卷设计者应对该问题做重新考虑

【问题情境一】

某药店希望通过调查问卷了解居民补钙产品的选择，请用多元选择式为该药店出一道题。

例如：您用过下列哪一种补钙产品？（在您认为合适的□内划√）

□盖中盖 □葡萄糖酸钙 □劲得钙 □植物钙 □其他

【问题情境二】

某药店希望通过调查问卷了解居民感冒药的选择，请用顺位法为该药店出一道题。

例如：您选择感冒药时，请对下列因素的重视程度作出评价，从高到低，请将所给答案按重要顺序1、2、3填写在□中。

□治疗效果好 □价格合理 □使用或服用方便 □厂家信誉好 □包装好

（四）学习结果评价

序号	评价内容	评价标准	评价结果（是/否）
1	问卷结构	能按照结构完整设计问卷	
2	问卷内容	能规范问卷内容，控制问卷长短	
3		能对问卷内容进行数据统计	
4	问题及答案	能科学设计问题及答案	
5	问卷逻辑	能按照逻辑顺序排列问题	

五、课后作业

1. 调查问卷的设计原则是什么？
2. 采用问卷星发放调研问卷，有效样本数不少于300个。

能力点 G-1-2　能完成调研方案的撰写

一、核心概念

1. 市场调研

市场调研又称市场调查，是根据市场预测、决策等的需要，运用科学的方法，有目的、有计划地搜集、整理、分析有关医药市场信息，为市场预测和企业决策提供依据的一系列活动过程。

狭义的市场调查是对顾客做的调查，收集消费者对产品购买及其使用的数据、意见、动机等有关资料，并分析研究。

广义的市场调查包括从认识市场到制定营销决策的全过程的调查，收集产品从生产者转移到消费者手中的一切与市场活动有关的数据和资料，并进行分析研究的过程。

2. 市场调研方案

市场调研方案是指在正式调研之前，根据调查的目的和要求，对调查的各个方面和各个阶段所作的通盘考虑和安排。

二、学习目标

1.能够根据市场背景设计市场调研方案。

2.能够根据调研目的和调研内容选择调研方法，收集信息、资料。

三、基本知识

（一）市场调研的程序

市场调研分为调研准备、正式调研、结果处理三个阶段，各阶段的任务如图G-1-1所示。

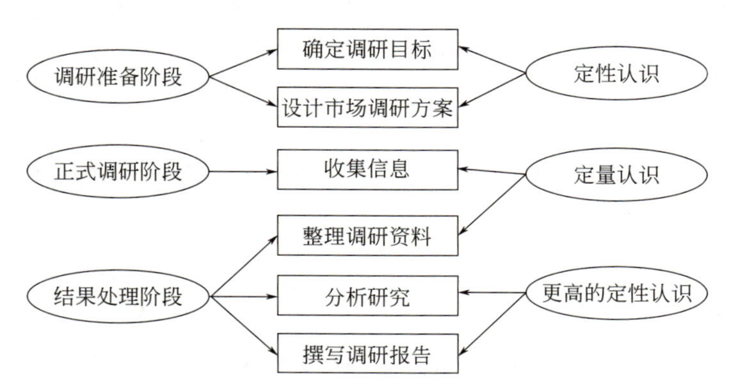

图G-1-1　市场调研各阶段任务

（1）确定调研目标　明确为什么要调研，调研什么问题，具体要求是什么，搜集哪些资料。以后的整个调研过程，都要为达到这个目标而展开。

（2）设计市场调研方案　市场调研方案是整个药品市场调查工作的行动纲领，目的是保证调查工作有计划、有秩序地进行。

（3）收集信息　是关系到市场调研成功与否的关键一步，主要包括二手资料和一手资料的收集两个方面。公开发表的二手资料可以直接作为调研资料使用，一手资料可靠性强，质量好，是进行市场研究和预测的重要基础。

（4）整理调研资料　按照调研目标要求，将收集到的原始资料进行核实、归类、汇总，使其系统化、条理化以便于分析研究。

（5）分析研究　主要是运用数理统计分析方法对收集到的原始资料进行运算处理，并根据运算结果对调研总体进行定性的描述与推断，以发现市场的真实状况和内部规律。

（6）撰写调研报告　调研报告是用文字、数字、图表的形式反映整个调查内容和结论的书面材料，是整个调研结果的集中表现。用调研得来的资料对所调查的问题进行分析，得出结论并提出实现调查目标的建设性意见，供预测或决策参考。

（二）市场调研的类别

1.按市场调研的功能分类

（1）探测性调研　用于探询企业所要研究的问题的一般性质。如果研究者对所需要研究的问题或范围不甚明确时，可采用探测性调研，以便发现问题，确定研究的重点。

（2）描述性调研　主要进行事实资料的收集、整理，着重回答消费者买什么、何时买、如何买等问题，是通过详细的调研和分析，对市场营销活动的某一方面进行客观的描述，是对已经找出的问题做如实的反映和具体回答。多数的市场调研都为描述性调研。

（3）因果性调研　目的是要找出关联现象或变量之间的因果关系，一般是为回答调研中“为什么”的问题提供资料。

（4）预测性调研　对未来市场的需求进行估计，即预测性调研，是企业制定有效的营销计划和进行市场营销决策的前提。

2. 按调查对象的范围分类

（1）全面调查　对调查对象的总体进行调查。这种方法可以获得大量的比较精确的总体资料，由于费时、费资、费力，无特殊需要不宜经常采用。

（2）典型调查　从调查对象中选择具有代表性的部分单位作为典型，进行深入、系统的调查，并通过对典型单位的调查结果来认识同类市场现象的本质及其规律性。

（3）重点调查　从调查对象总体中选择少数重点单位进行调查，并用对重点单位的调查结果反映市场总体的基本情况。

（4）抽样调查　从调查对象的总体中，按照随机原则抽取一部分单位作为样本进行调查，并用对样本调查的结果来推断总体。

（三）医药市场调研的内容

1. 医药市场环境调研

医药市场环境调研即对医药企业所处的宏观营销环境和微观营销环境进行调查。

2. 医药市场需求调研

医药市场需求调研是医药市场调查的核心内容，具体如下。

（1）现有顾客需求什么、需求多少、需求时间等。

（2）现有顾客对本企业产品服务满意度的调研。

（3）现有顾客对本企业信赖程度的调研。

（4）对影响需求的各种因素变化情况的调研。

（5）对顾客购买动机和购买行为的调研。

（6）对潜在顾客需求什么、需求多少和需求时间等。

3. 医药市场竞争调研

（1）竞争对手的数量及其分布区域。

（2）竞争对手的市场营销能力，包括经营规模、资金状况等。

（3）竞争对手的市场占有率、覆盖率。

（4）竞争对手的市场营销组合策略（产品、价格、销售渠道、促销）。

（5）竞争对手的优势与劣势、长处与短处。

4. 市场营销状况调研

（1）产品调研　产品（包括服务）是企业赖以生存的物质基础。其调研内容包括：产品设计调研（功能设计、用途设计、使用方便、品牌和商标设计以及外观和包装设计）；产品系列和产品组合调研；产品生命周期调研；老产品改进调研；新产品开发调研；产品售后服务调研等。

（2）价格调研　价格对产品销售和企业的获利情况有着重要的影响。其调研内容包括：国家药品价格的新变动；目标市场对本企业及竞争企业价格水平的反应；药品需求供给的价格弹性及影响因素等。

（3）销售渠道调研　销售渠道的选择是否合理，对于提高销售效率、缩短交货期和降低销售费用有着重要的作用。其调研内容包括：市场上经营同类产品的主要中间商有哪些；销售渠道能否满足产品的需要；销售渠道库存是否合理；销售渠道每个环节是否对销售提供支持。

（4）促销调研　其主要内容是企业的各种促销手段、促销政策的可行性，一般企业较为重视的是广告和人员推销的调研。包括：广告的调研（广告媒体、广告效果、广告时间、广告预算等）；人员推销的调研（销售力量大小、销售人员素质、销售人员报酬、本企业销售网点分布、销售效果等）；营业推广的调研；公共关系与企业形象的调研。

（四）市场调研方法

1. 文案调研法

文案调研法又称二手资料调研或文献调研，是指利用企业内部和外部现有的各种信息、资料，对调查内容进行分析研究的一种调查方法。文案调研以收集文献信息为主，搜集的是已经加工过的二手资料，偏重于从动态角度收集资料。因此，文案调研不受时空的限制，可以获得实地调研难以取得的大量历史资料，为进一步的实地调研奠定基础。文案调研资料类型如表G-1-1所示。

表G-1-1　文案资料类型

来源	种类	举例
内部资料	业务资料	合同、订货单、销售记录
	统计资料	生产数据、库存数据、销售数据
	财务资料	生产成本、经营利润
	企业积累的其他资料	经验总结、顾客意见
外部资料	政府官方资料	国家药品监督管理局及各省市场监督管理局网站、药品监管年报
	行业组织资料	药品流通蓝皮书、DTP行业发展报告
	传播媒介	报纸（中国医药报、医药经济报）、广告、期刊（中国药店）、微信公众号（中国药店、中国医药报）
	数据库	中国知网、百度、药智网、米内网等数据库

2. 实地调研法

实地调研法指对第一手资料的调查活动，是调查人员现场收集资料的过程。当文案调研收集资料不够及时准确时，就需要适时地进行实地调研来解决问题，取得第一手资料，使调研工作有效、顺利地开展。实地调研法综合了多种收集资料的方法，主要包括访问法、观察法、实验法，各种实地调研方法的特点如表G-1-2所示。

表G-1-2　各种实地调研方法特点

类型		含义	优点	缺点
访问法	面谈法	调查者直接与被调查者接触，通过当面访谈获取信息	灵活自由；回答率高；调查资料质量高；适用范围广	成本高；时间长；调查范围有限；对调查人员的素质要求较高；对调查人员的管理困难
	电话调查法	通过电话的方式询问所要了解的信息	速度快、效率高；成本低、覆盖面较广；交谈比较自由；易于控制实施质量	成功率较低；对象的选择有局限性；不能深入访问，信息的准确性和有效性得不到保证
	邮寄访问	将问卷邮寄给调查者请他们自行填答完成后寄回	空间范围广；费用低廉；有利于受访者思考后回答问题；匿名性效果较好	回收率低；时间长；问卷回答质量差

续表

类型		含义	优点	缺点
访问法	留置问卷访问	将问卷留置被调查者，说明回答方法后，请其自行填写，定期收回	回收率高，有利于受访者独立思考回答问题；信息准确性高	费用高；控制困难；调查范围受限制
	网上问卷	采用问卷星等在线问卷调查采集数据	不受时空限制；快捷、信息反馈及时；隐秘性好；成本低	答案的可信度问题；受被访者填写意愿的限制
观察法		通过对人或事物的观察获取所需要的信息	简便易行、客观；真实可信、可靠性高	时间长、费用高；表面化、不够深入具体；观察到的仅是当前行为
实验法		有意识通过改变或注入一个或几个市场因素，来观察市场现象在这些因素影响下的变动情况	一般在真实的市场环境下进行，更具有客观性	实验的时间一般比较长，成本很高

四、能力训练

（一）操作条件

1.背景：某制药企业生产的心脑血管药品在某二线城市已销售近十年，覆盖了主要的零售药店、各大医院。该企业生产的治疗糖尿病产品投放市场3年，今年首次在该二线城市进行推广。因糖尿病产品市场竞争激烈，制药企业拟在该二线城市开展一次调研活动，调研经费4万元，2个月内完成调研任务。请设计一份市场调研方案。

2.背景资料中某制药企业详细信息及企业介绍、该制药企业治疗糖尿病产品资料。

3.背景资料中某制药企业心脑血管药品在背景中二线城市近1年销售数据（包括销售客户名称、销量）。

4.电脑、网络等。

（二）注意事项

1.严格遵守国家、行业相关规定及与药品相关的法律法规。

2.严格保守企业秘密，不能将企业信息资料外传，坚持诚实守信原则。

3.设计调研方案要注重可操作性及实用性。

（三）操作过程

序号	实施步骤	操作流程/话术举例	注意事项/操作标准
1	确定调查目的	按照背景资料，确定调查目的	（1）目的明确、具体，避免过于笼统的提法，可分解成几个具体目标描述 （2）通过调研目的描述，能够明确要解决哪些问题
2	确定调研对象和调研单位	（1）根据调查目的、任务确定调查对象和调查单位 （2）明确调查的总体范围	（1）调查对象和单位要有针对性，描述清晰 （2）调查对象和单位的确定要科学、合理
3	确定调研内容和调研项目	（1）根据调研目的，选择调研内容 （2）根据调研内容，确定具体调研项目，明确要向被调查者了解些什么问题	（1）调研内容的选择要考虑调查对象的特点 （2）确定的调查项目应当是调查目的所需，否则不要列入 （3）调研项目的表达必须明确，要使答案具有确定的表示形式

续表

序号	实施步骤	操作流程/话术举例	注意事项/操作标准
3	确定调研内容和调研项目	（3）根据不同调研项目，设计调研提纲或者调研问卷	（4）确定调查项目应做到项目之间相互关联，使取得的资料相互对照，以便了解现象发生变化的原因、条件和后果，便于检查答案的准确性 （5）至少设计一份问卷，包括8种不同设计方法
4	确定调查的方式和方法	（1）根据调研内容，确定调查方式 （2）综合考虑调研目的、调研对象、调研内容等选择调研方法，包括一级资料和二级资料收集方法	（1）调查方式的选择要结合全面调查、典型调查、重点调查、抽样调查，调查方式的特点，抽样调查样本数量要达到调研目的需要 （2）每个调研项目要有明确的调研方法，调研方法要包含具体的资料收集途径和调研工具 （3）文案调研不得少于6种资料收集类型 （4）实地调研至少有访问法和观察法，访问法至少包括面谈法、网上问卷法
5	确定资料整理和分析方案	（1）按调研项目分别制定出对收集到的原始资料整理方案 （2）围绕调研目的或者调研内容指定分析方案	（1）整理方案要明确每个调研项目需要整理的内容 （2）分析方案包括分析的内容和分析方法
6	确定人员和安排工作进度	（1）调查工作明细化，进行调查人员合理安排和分工，明确职责 （2）安排调查进度，制定进度时间表，过程中对工作进度进行监督	（1）调研组织设计科学，人员配备合理 （2）各阶段时间安排设计合理
7	确定调研经费预算	确定调查活动的资金安排，按可能发生的项目逐一列表估算，主要考虑问卷设计费、出差补助、其他等	经费预算科学、详尽

【问题情境一】

请叙述药品市场供应调查信息的收集。

（1）调查药品及其替代产品的资源和构成情况　其内容包括产品质量、产品寿命、包装设计、经营规模、生产结构、技术水平、新药开发、自然条件和自然资源等生产营销条件及其变化趋势方面的调查。

（2）调查市场竞争对手情况　主要调查竞争对手的总体分布情况、潜在的竞争对手和竞争对手的竞争能力等方面。

【问题情境二】

面谈访问调研对象极不配合调研。

（1）面谈访问前要确定访谈问题，制定访谈提纲，可以提前进行角色预演。

（2）充分了解被访谈者，确定访谈的具体时间、地点和场合。

（3）对访谈者称呼要入乡随俗，既要尊重，又要恰如其分。

（4）衣着要得体，尽可能与被访谈者相似，给人一种大方自然的感觉，并注意选择恰当的接近方式。

（四）学习结果评价

序号	评价内容	评价标准	评价结果（是/否）
1	确定调查目的	能准确表述调查目的，明确要解决的问题	
2	确定调研对象和调研单位	能科学、合理、有针对性地确定调研对象和调研单位，并清晰地描述	

续表

序号	评价内容	评价标准	评价结果（是/否）
3	确定调研内容和调研项目	能结合调研目的和调查对象特点明确地表达调研内容，确保调研项目之间有关联性	
4	确定调查的方式和方法	能合理选择调研方式和方法，确保方法具体、全面、符合要求	
5	确定资料整理和分析方案	能明确、具体地整理和分析方案	
6	确定调查经费预算	能科学、详尽地预算经费	
7	确定人员和安排工作进度	能科学设计调研组织，合理配备人员，合理设计各阶段时间安排	

五、课后作业

1. Y药店在X市设立分店，拟采购一批医疗器械贴合该市慢性病患者的需求，调研经费1万元，2个月内完成调研任务。请设计一份市场调研方案。

2. 罗某担任X省Y制药公司大区经理，X省为东部发达区域，今年全省第一季度补钙药品Z销售额比同期下滑2%，市场份额比同期下滑3%。公司要求大区经理罗某3个月内实现市场份额恢复至下滑前水平。请为罗某做市场分析，撰写调研方案。

任务 G-2

营销方案制定

能力点 G-2-1　能完成某新药市场开发营销方案设计

一、核心概念

1. 市场营销方案

市场营销方案是指根据企业的营销目标，在综合考虑外部市场机会及内部资源状况等因素的基础上，确定目标市场，选择相应的市场营销策略组合，进行有效实施和控制。

2. 药品市场营销

药品市场营销是一种社会活动过程，现代药品市场营销是一系列的活动过程，包括药品市场调查、目标市场选择、药品开发、药品定价、渠道选择、促销、运输、销售、售后服务等一系列与药品市场有关的企业经营活动，并充分体现以消费者为中心，满足消费者需求。

二、学习目标

1. 能完成某新药的市场营销策划。
2. 能完成某新药市场营销方案设计与撰写。

三、基本知识

1. 营销战术

营销战术是营销方案关键环节，包括产品方案、价格方案、渠道方案和促销方案。营销方案的制定主要体现在市场营销方案组合的设计上。为了满足目标市场的需要，企业对自身可以控制的各种营销要素如质量、包装、价格、广告、销售渠道等进行优化组合。

（1）产品策略

① 产品整体概念：是指一切能满足消费者某种利益和欲望的物质产品和非物质形态的服务，就是现代营销意义上的产品。

② 产品生命周期：是指产品从开始进入营销直到退出营销所经历的时间。典型的产品生命周期一般可分为导入期、成长期、成熟期和衰退期四个阶段。如表 G-2-1 所示。

表G-2-1　产品生命周期各阶段特点及营销策略

阶段	市场特点	营销策略
导入期	（1）市场知名度低，购买者较少 （2）生产批量较小 （3）成本较高 （4）销售增长缓慢 （5）替代产品品种少 （6）市场竞争少	重点突出“快、准”字，具体为：高价高促销策略、高价低促销策略、低价高促销策略、低价低促销策略
成长期	（1）购买者已熟悉并接受产品 （2）大量生产经营，成本降低，利润增加 （3）销量上升 （4）生产同类产品的竞争者介入	重点突出“好”字，具体为：改进产品或提高产品质量；保持或者适当调整价格；建立新的分销渠道；改变企业促销重点，突出产品特色、争创名牌；加强售后服务、强化购买者购买信心
成熟期	（1）购买者较多 （2）产品的销量达到最高峰，然后缓慢下降 （3）利润开始下滑 （4）成本低，产量大 （5）市场竞争加剧	重点突出“改、长”字，具体为：市场调整策略（进入新的细分市场，寻找新用户，争取竞争对手的顾客）；产品调整策略（质量改进，提高安全性；包装、规格、剂型改进；增加产品新特点）；降价、采用多种促销方式
衰退期	（1）销量和利润锐减 （2）产品价格显著下降 （3）大部分竞争者退出	重点突出“转”字，具体为：维持策略（降低产品成本，从而降低价格）；缩减策略（有限制地生产产品，满足老顾客的需求，或者集中满足少数细分市场）；撤退策略（完全放弃，转入新市场）

（2）产品价格策略

产品的价格策略有高价掠取、薄利多销、满意定价、心理定价、折扣、折让等，其具体特点见表G-2-2。

表G-2-2　价格策略的特点

价格策略	特点
高价掠取	新产品上市之初，价格尽量定高，以便在短期内获得高额利润。适用于一类、二类新药，产品差异大，价格弹性小，少量生产
薄利多销	新产品上市之初，把价格定的相对较低，用“物美价廉”吸引顾客，快速占领市场。适用于三类、四类新药以及仿制药
满意定价	介于高价和低价之间，让厂商、患者、竞争者都满意。它的目的是在长期稳定增长，获得平均利润。这种方案为众多企业所重视
心理定价	适用于药品零售环节，包括：尾数定价、最小单位定价等
折扣、折让	常见的折扣、折让包括：交易折扣、现金折扣、数量折扣、推广折扣等

（3）促销策略

① 促销：是指通过人员和非人员的方法传播药品信息，影响和促进顾客购买。促销的实质是营销者与购买者之间的信息沟通。

② 促销组合：就是把人员推销、营业广告、营业推广、公共关系等具体形式有机地结合起来综合运用，形成一个整体的促销策略。

（4）渠道策略　市场营销渠道也称贸易渠道或分销渠道，是指产品或服务从生产者向消费者或最终用户转移过程中所经过的一切取得所有权（或协议所有权转移）的商业组织。简言之，营销渠道就是产品在其所有权转移过程中从生产领域进入消费领域的途径。有效的渠道策略可以让消费者和客户在他们需要的时间、需要的地点、以乐于见到的方式购买其需要的商品与服务。

2. 营销方案的内容

（1）营销分析　是营销方案的基础。包括行业趋势分析，竞争者动态，企业自身分析，消费群体分析等。

（2）营销思路　是营销方案的思维轨迹。包括营销策划目的，市场营销目标，营销切入思路等。

（3）营销定位　是在基础分析和营销思维基础上的质的飞跃。包括市场定位，策略定位，产品定位等。

（4）营销战略与战术　围绕营销定位来确定和展开，实施与监控是营销战略和营销战术的具体实践。包括市场营销战略、市场营销组合、具体实施方案等。

（5）实施与监控　是营销战略和营销战术的具体实践。包括营销方案、实施进程监控、营销效果反馈等。

3. 某新药市场开发营销方案设计基本框架

详见表G-2-3。

表G-2-3　某新药市场开发营销方案设计基本框架

序号	项目	内容
1	引言部分	包括封面、前言、目录
2	营销方案设计概要	主要为营销方案设计的基本情况
3	营销方案设计分析	行业背景分析、竞争对手分析、企业/产品自身竞争优势分析、市场机会分析等
4	营销思路	包括营销策划目的、营销策划目标以及营销切入思路
5	营销方案设计构想	包括营销战略的确定、营销定位、营销策略组合、营销运作总体方案、每个具体的营销执行方案、替代方案或备用方案
6	实施计划	包括日程安排、费用预算与人员配备
7	参考资料	主要参考文献、数据来源等

四、能力训练

（一）操作条件

1. 背景：某制药企业新生产的活血化瘀类中成药要投放市场，营销活动人员进行营销方案规划、设计和管理，进行药品推广营销。

2. 前期市场调研、市场细分、选择目标市场、市场定位基础，进行营销方案设计与撰写。

3. 电脑、网络、签字笔等。

（二）注意事项

1. 计划与实际实施之间存在各种突发情况和活动风险，应在方案设计过程中提前做好多个应急预案。

2. 营销方案设计要具有可操作性。

3. 通过营销方案设计，更加深刻理解企业是一个完整的大系统，要想更好更快地实现目标，企业各部门各员工必须认真履行自己的职责，与企业的其他成员紧密配合、协调一致。

（三）操作过程

序号	实施步骤	操作流程/话术举例	注意事项/操作标准
1	设计营销方案的框架	按照营销方案设计的基本框架项目确定方案主体框架	营销策划方案主体框架逻辑应具体、可操作
2	整理资料	（1）对前期收集到的资料进行整理、分类 （2）按营销方案设计的框架顺序一一列入	资料包括产品的营销环境中的机会与威胁、竞争营销情况、当前产品的营销情况和存在的问题等
3	设计版面	进行营销方案页面排版设计	页面排版设计包括页面设置，每级标题字号、字体要求，行间距要求
4	撰写营销方案	结合前期调研报告数据和结论，按照构建的框架，形成一份数据详实、完整的××医药产品营销方案	要求书写规范、完整，能为企业××产品开展真实的市场营销活动提供科学、合理的参考

【问题情境一】

背景资料分析时，发现企业某新医药产品可以切入的营销主题比较多时，如何选择营销主题？

企业产品的营销情况，从不同角度能看到不同的问题，而一个产品营销中的问题，往往也是多方面原因引起的，所以出现多方面营销主题的情况也很常见。因此如何选择营销主题主要是由企业做此营销策划的主要需求，围绕企业需求（解决目前营销中的困境问题、拓展产品的营销市场、提升产品的品牌知名度）进行方案主题的切入，才是最佳选题。

【问题情境二】

在制定营销策略的时候，四个营销策略（4ps策略）是否缺一不可？

4ps策略是营销活动中最经典的营销策略，但随着物联网技术的飞速发展，以实体店—电商平台为典型的线上线下新零售营销模式为主流营销模式，在这样的营销模式中，传统的渠道策略和促销策略开始融合，在营销策划中，往往融合为渠道策略或促销策略，若企业的某一个方面策略在选择的营销主题活动中不需要调整，那么制定的营销策划就可以不包含其中的这一个策略。

（四）学习结果评价

序号	评价内容	评价标准	评价结果（是/否）
1	营销方案设计的框架	能设计逻辑清晰的框架	
		能使框架结构合理	
2	整理资料	能全面梳理资料	
		能清晰分类资料	
3	设计版面	能设计结构完整的方案	
		能合理设置页面	
		能合理设计字号、字体	
4	撰写市场营销方案	能规范书写	
		能完整书写内容	
		能合理设计营销方案	

五、课后作业

1. 能准确简述出依次进行且相互关联的营销方案内容的五个方面。

2. Y 制药企业生产了一新药要市场开发营销，通过市场调研，请完成某新药市场开发营销方案设计。

能力点 G-2-2　能完成某主题促销活动营销方案设计

一、核心概念

1. 促销活动

促销活动指针对不同的对象开展的激励或者优惠的活动，能在短期内促进销量的增长，增加客户的黏性。

2. 主题促销

主题促销是一种非常规促销，是指围绕一个主题而实施的促销活动，有时候则配合社会或商圈特定事件而实施。

二、学习目标

1. 能够学会主题促销方案写作技巧。

2. 能够合理设计主题促销营销方案。

三、基本知识

1. 常见的促销方法

促销的方式多种多样，常见的促销方法及其优缺点见表 G-2-4。

表G-2-4　常见的促销方法及其优缺点

促销方法	具体形式	优缺点
广告	报纸、电视、电台、杂志、户外广告、宣传单	优点：传播面宽，形象生动，节省人力 缺点：费用高，滚动播出，时间难以控制
人员促销	游戏、赠品礼品、展销会、折扣、人员培训	优点：直接沟通，信息反馈及时，可当面促成交易 缺点：招用人员多，费用高，接触面窄
营业推广	推销展示、销售会议、奖励节目、药交会、展销会	优点：吸引力大，激发购买欲望，可促成消费者即时冲动购买行为 缺点：接触面窄，有局限性，有时会降低商品价格
公共关系	专题研讨会、慈善捐款捐赠、公共事件	优点：影响面广，信任度高，可提高企业知名度和声誉 缺点：花费力气较大，效果难以控制

2. 促销活动营销方案包含的内容

（1）活动目的　对市场现状及活动目的的阐述，明确提出开展本次促销活动的目的。促销活动目的有很多，包括提升销量、新品上市、处理库存、提升品牌认知度等。

（2）活动对象　明确促销活动对象，包括以下几个方面：① 明确活动方针的是目标市场的每一个人还是某一特定群体；② 明确活动区域范围；③ 明确促销的主要目标；④ 明确促销的次要目标。选择是否正确会直接影响促销的最终效果。

（3）活动主题　首先要确定活动主题，接下来就要确定包装活动主题，通常为降价、折扣、抽奖、礼券、服务促销、演示促销等。选择何种促销工具，何种促销主题，都要考虑活动的目标、竞争条件和环境及促销的费用预算和分配。这一部分是促销活动方案的核心部分，应力求创新，使活动具有震撼力与排他性。

（4）活动方式　活动开展的具体方式要着重考虑两个问题。

① 确定伙伴：可以是单独开展促销活动，这样主动权会掌握在自己手里，但活动费用全部由本企业承担；也可以选择与其他厂家联合开展，这样可以整合资源，降低费用及风险，但会减弱话语权。

② 确定刺激程度：要使促销取得成功，必须要使活动具有刺激力，能刺激目标对象参与。刺激程度越高，促进销售的反应越大。

（5）活动时间和地点　促销活动的时间和地点选择合适会事半功倍。促销活动尽量选择消费者较为空闲的时间，在地点的选择上也要让消费者感觉方便。促销活动持续时间的长短，需要深入分析。持续时间过短，会导致消费者无法实现重复购买，很多应获得的利益不能实现；持续时间长，又会引起活动费用过高，而且形成不了市场热度，降低消费者心中的价值。

（6）宣传方式　是促销方案中的关键内容。一个成功的促销活动需要全方位的宣传配合。选择何种宣传方式意味着不同的受众抵达率和费用投入。

（7）物资准备　准备物资要事无巨细，要详细罗列，然后按单清点，确保万无一失，保证促销活动的顺利开展。

（8）费用预算　对促销活动的费用投入要做大概预算，一般情况应该比实际投入要多。

（9）效果预估　预测本次活动会达到怎样的效果，以利于活动结束后与实际情况进行比较，从刺激程度、促销时机、促销媒介等各方面总结成功点和失败点。

（10）意外防范　促销活动过程中可能会出现一些突发情况，比如消费者的投诉、赠品不足甚至由于意外情况导致促销活动无法继续进行等。必须对各个可能出现的意外事件做出必要的物力、财力、人力方面的准备。

3. 促销活动营销方案格式

主题促销活动营销方案格式示例见表G-2-5。

表G-2-5　×××文化节××药品促销活动营销方案

××× 文化节 ×× 药品促销活动营销方案
一、活动主题 【本次促销活动的高度凝练，文字有冲击力】 ×××企业文化节××高丽参嘉年华 **二、活动目标** 【本次促销活动所要解决的问题和达到的销售目标】 药品宣传，拓客引流，抢占市场份额 **三、活动时间** ××××年××月××日—××××年××月××日 **四、活动地点** 【组织本次促销活动的地点，可以是具体的，也可以是某个范围】 ×××市××区的药店

续表

五、活动对象 【活动面向的目标客户群体，要具体针对性】 广大消费者 六、活动内容 【具体的活动内容】 1.满488元送价值89元花茶一份（限30份，送完为止） 2.满888元送价值166元单支参一支（限10支，送完为止） 3.满1888元送价值360元××高丽参膏450g一盒（限6盒，送完为止） 4.满2888元送价值510元××红胶膏450g一盒（限3盒，送完为止） 七、费用预算 【活动开展可能花费的各种费用开销，费用明细清楚、具体、合理】 活动盈利测算：盈利=总盈利-进货成本-赠品-物料-广告 八、人员安排 【本次活动的参与人员，任务分工明确、具体、合理】 1.物料准备：负责人为周× 2.货物运输：负责人为张× 3.后勤保障：负责人为高× 九、其他 【根据促销活动的具体情况，其他重要的事项】 1.活动的宣传 （1）户外广告宣传（海报、展架等） （2）店内广告宣传 （3）社群宣传 （4）朋友圈宣传 2.任务制定分解 ×××店POS目标：×万 3.奖励设定：比如团队奖、个人奖、挑战奖等

4.营销方案设计原则

（1）根据企业自身情况制定促销活动。结合自身优势和特点，设计适合自己企业的促销活动方案，不要盲目照搬照抄。

（2）预算合理，尽量增加促销活动带来的收益，充分利用和发挥现有的人力资源、礼品资源、商品资源、服务资源等，制定出合理的、经济的、有效的促销活动方案。

（3）促销活动方案内容要简单、简洁、明了，具有可操作性。

（4）方案中的促销活动执行部分设计要详细、具体。

四、能力训练

（一）操作条件

1.背景：某制药企业生产的活血化瘀类中成药已在市场销售，覆盖本城市主要的零售连锁药店，因产品市场竞争激烈，制药企业拟在本城市主要的零售连锁药店开展一次主题促销活动，请设计一份主题促销活动营销方案。

2.背景资料中某制药企业详细信息及企业介绍以及该产品详细资料。

3.背景资料中某制药企业活血化瘀类中成药在背景中城市近一年在主要的零售连锁药店的销

售数据。

4.电脑、网络等。

（二）注意事项

1.某主题促销活动营销方案的设计要考虑周全，企业各个部门的分工明确，并能有效协调配合等。

2.某主题促销活动营销方案的设计需要有新意、各项活动安排具体并具有可操作性，效果好，能给企业带来一定效益。

（三）操作过程

序号	实施步骤	操作流程 / 话术举例	注意事项 / 操作标准
1	前期准备	收集与本次促销活动有关的各种资料，大致明确促销活动的目标、活动时间范围、针对哪些客户等，为促销方案合理设计提供基础	收集到的资料信息准确、真实、有价值
2	策划设计	召开促销活动营销方案设计研讨会，明确本次促销活动方案的目的、时间、活动内容、形式、对象、费用、人员安排等大致内容	（1）促销活动营销方案设计研讨会议记录详细、真实 （2）方案设计有关人员，尤其是执笔人对促销活动目的、时间、内容、形式、费用、人员安排等各项事宜已经明确可以结合企业实际情况设计完成本次促销活动具体方案
3	完成方案	执笔人根据研讨会讨论的结果，按照方案基本格式，撰写完成本次促销活动营销方案	促销活动营销方案格式规范、完整、切合实际、活动目标明确、主题新颖、活动内容具体、操作性强、活动预算及人员安排合理
4	成果汇报	在会议上，方案设计人员以PPT形式汇报展示整个促销活动营销方案具体内容，其他组人员进行点评	PPT图文并茂，逻辑清楚地展示设计思路与方案具体内容；汇报人表达流利、准确

【问题情境一】

在某企业连锁店的某主题促销活动中，促销效果不是很理想，没有达到预期效果。对促销效果不好进行原因分析，并采取相应的策略。

（1）如果店长到店员对活动内容和方案不太了解，可以在促销活动前给门店开会、培训、强调促销信息。

（2）如果店长到店员对促销药品不太深入了解，可以在促销活动前加强对店员产品知识和销售技巧的培训。

（3）如果气氛和宣传力度不够，可以加强促销活动前期准备过程中的气氛烘托，通过扩大范围发放宣传单，让更多消费者了解活动内容。

【问题情境二】

设计的促销活动营销方案非常合理，有创新意识，特色突出，但预算费用远远高出原来预期费用，作为营销部决策者如何解决此问题?

（1）首先召集团队成员进行方案再优化，合理调整预算费用，尽量降低预算。

（2）再向上级决策者汇报该情况，并提出自己的决策建议，请领导批示。

（四）学习结果评价

序号	评价内容	评价标准	评价结果（是 / 否）
1	促销活动营销方案设计	能具体合理地设计出促销活动的目的、主题、内容、时间、地点、对象、形式、预算及人员安排等内容	
2		能合理设计可行的营销活动方案	
3	促销活动营销方案汇报	能有理有据、数据详实地报告方案	
4		能逻辑清晰、准确流利地进行PPT汇报	

五、课后作业

1. 请简述促销活动营销方案中包含的内容。

2. 通过调研当地区域市场的情况，进行市场分析，结合某零售连锁药店的实力，尝试设计一份零售连锁药店有关“元旦迎新”促销活动营销方案。

任务 G-3

营销的实施

能力点 G-3-1　能进行客户拜访

一、核心概念

1.人员推销

人员推销是一种最古老的推销方式，即企业派专职或兼职的推销人员直接向可能的购买者进行的推销活动。人员推销与非人员推销方式不同，除了推广产品之外，更需要结合企业的整体营销战略向客户传递产品或企业的信息。推销人员在与客户面对面的交流过程中，通过眼神、肢体等沟通，更能全面具体地了解客户的需要，客户也能从推销人员的言谈举止中看到企业的品牌形象。

2.销售拜访

销售拜访是指推销人员利用各种方法，向目标客户发出推销信息，进行推销联系和沟通推销关系的过程。

二、学习目标

1.能根据拜访目的拟定拜访计划。

2.能够按照程序进行客户拜访。

三、基本知识

1.客户拜访目的

（1）商务性拜访　在商务活动中，为了更好地洽谈业务、联络感情，发展新客户、巩固老客户，就不可避免地要在各种不同的场合进行各种各样的拜访，广泛地开展业务联系。

（2）社交性拜访　人们在日常生活中，为了开阔视野、互通信息，扩大横向联系，也同样需要进行各种社交性拜访，通过拜访可以巩固老朋友、结交新朋友。

2.拜访对象

医药商品销售人员的主要拜访对象有药店经理、医院的主管业务副院长、药剂科主任、医药公司、批发站采购部经理等。

3. 拜访礼节

拜访客户前对拜访对象的概况、特点、喜好以及对方的信用都要有所了解，以免交谈时无话可说而陷入尴尬境地。

（1）事先预约，不做不速之客　无论是商务性拜访，还是社交性拜访，都要事先预约，尽量不做不速之客。以不造成对方因措手不及而难堪或影响工作和情绪为前提，这样对以后的谈判或谈话展开有利。

（2）预约方式　一般有打电话、发信息、上门联系等，以方便沟通为准。

（3）预约时间和地点　应与对方商量并以对方的决定为准。一旦约定，就要按时前往。既不要太早，以免对方来不及准备；也不要迟到，让对方等得着急。如有事情不能按时前往，应及时地沟通信息，说明理由并表示歉意，商量更改拜访的时间。

拜访时间一般安排在下午或晚上。商务性拜访可安排在工作日的上午9:00以后或下午；社交性拜访，特别是到宾馆或对方家中拜访，应选择在节假日、双休日或晚饭后，或对方认为方便的时间。总之，应尽量避开就餐时间或对方休息时间。

上门拜访地点一般选择以对方工作单位为妥。

主管人员拜访客户，其会晤礼节如下。

（1）进入客户的机构，应向接待人员主动介绍自己公司的名称和自己的姓名、职务等，同时说明访问对象的姓名和工作部门，即使是事先约定也要说清楚。

（2）被引到会客室时，应向引路者表示感谢。

（3）就座时要注意，上司坐上座，自己则居下座。

（4）向访问对象致意。

（5）向访问对象介绍公司的负责人。

（6）介绍过后，上司与对方寒暄并交换名片。

随从人员在会晤时不要担任主角，由上司负责主要的交涉。如果上司早已认识客户，而下属是初见客户，就应由上司先将下属介绍给对方，再将对方介绍给下属。

4. 推销人员拜访中提问方式

（1）开放式提问　通常可以使你更为全面地了解客户的内心想法，这种提问问句不能以“是”或“否”等简单字句来答复。因此，在探询客户需要时，医药商品销售代表应尽可能多用开放式提问方式，以鼓励客户主动介绍需求，诱发客户进行详细说明。

① 开放式提问句型（5W,2H）：WHO（谁）；HOW MANY（多少）；WHAT（什么）；HOW（怎么样）；WHERE（什么地方）；WHEN（什么时候）；WHY（什么原因）。

② 开放式提问时机：希望客户畅所欲言时，希望客户提供有用信息时，想改变话题时。

例如：“陈经理，下次我什么时间拜访您最方便？”

好处：在客户不察觉时主导会谈，客户相信自己是会谈的主角，气氛和谐。

坏处：需要较多的时间，要求客户多说话，有偏离主题的可能。

（2）封闭式提问通常将问题问得比较具体、单纯，范围限定很严格，对方一般需要作较为直接、明确的回答。提问的答案通常可以在提供的问题中选择，或者直接用“有”“没有”“是”“不是”等回答。

① 封闭式提问句型：是不是？您的意思是×××对不对？如果×××好不好？可否？

② 封闭式提问时机：客户不愿意提供有用的信息时，你不想改变话题时。

例如：“陈经理，您是不是认为我们的价格定得过高了？”

好处：很快取得明确要点，确定对方的想法，“锁定”客户。

坏处：较少资料，需要更多问题，“负面”气氛，方便了不合作的客户。

5.合理安排拜访频率

医药商品销售人员在拜访药店经理时，需要掌握一定的频率，既不能跑得过勤，以致经理厌烦；也不能跑得过少，让经理把你忘到九霄云外；而应掌握一个适当的度，这个“度”如何掌握，值得医药商品销售人员好好研究。一般来说，隔1～2周拜访同一位经理比较合适，重点客户的拜访频率可以高一点。当然，如果与客户约好时间则另当别论。

6.选择合理的拜访时机

拜访客户必须讲究时机，并不是每个经理都会随时随地有空来接待拜访。如果拜访的时机选择不当，轻则无法完成本次拜访工作，重则影响了经理的工作，给客户留下不好的印象，给下一次的拜访工作造成障碍。

选择拜访时机的原则是以不妨碍所拜访的客户工作为前提，对于不同的客户选择不同的拜访时机。当医药商品销售人员去拜访门店经理时，即使是事先预约的，也可能出现门店繁忙的情况。若门店繁忙，经理没空接待，则应先打个招呼，然后先去拜访其他一些不忙的客户，或在门口等候，等经理不忙时再与其详谈，具体拜访时机需要根据情况作具体分析。

四、能力训练

（一）操作条件

1.背景：经过努力，Y制药厂的补锌口服液终于进入了Z零售连锁大药房。业务人员姜某开始将工作重点由连锁总部转移至连锁门店，通过拜访门店经理推销产品。为了提升拜访质量，同时满足公司的拜访要求，请协助姜某某进行客户拜访。

2.门店拜访前的物质准备，包括与企业、产品、拜访者个人有关的物质准备，如企业证件复印件、产品资料、名片、小礼品等。

3.背景资料中Y制药厂的发展历史和目前的情况，了解补锌口服液功能、特点和产品形象，Z零售连锁大药房各门店的基本信息，包括门店名称、门店级别、详细地址、门店人员信息情况等。

（二）注意事项

1.根据拜访计划实施，确保每一个终端药店都拜访到，从而为整个拜访做好充分的准备，同时可以衡量访问的效果。

2.尽可能在拜访过程中合理合法地了解竞争产品的相关陈列与宣传、促销活动等情况。

（三）操作过程

序号	实施步骤	操作流程/话术举例	注意事项/操作标准
1	确定拜访目标和计划	（1）确定拜访目标 （2）拟定拜访计划，例如表G-3-1	（1）在销售过程的不同阶段，需要明确不同的具体目标 （2）在制定拜访计划时分清重点与非重点客户，以便有效地进行经营指导
2	拜访过程：称呼、感谢对方	销售代表敲开客户的门见到经过预约即将拜访的对象时，马上称呼对方，进行自我介绍并立即表示感谢	第一次拜访时，要注意给客户留下客气、礼貌的形象，增进好感

续表

序号	实施步骤	操作流程/话术举例	注意事项/操作标准
3	拜访过程：寒暄、表明拜访来意	发放名片、产品目录及其他宣传资料，营造融洽的会谈氛围，表明来意，进入会谈主题	（1）名片印有“经营品种”，多次发放，便于客户识记 （2）在产品目录等资料中突出显示个人姓名和联系方式 （3）适当通过寒暄营造轻松的会谈氛围 （4）初次与客户见面时，在对方没有接待其他拜访者的情况下，可用简短的话语直接将此次拜访的目的向对方说明
4	拜访过程：访谈、介绍、询问、倾听	通过双向式沟通，介绍公司、产品和服务，通过询问和倾听了解和把握客户的真正需求	（1）注意介绍时间不宜过长，针对产品或服务的优势，不可过多渲染，介绍可以以封闭式的问题结束 （2）事先思考和掌握询问内容，向客户询问，并积极地倾听，以发现客户现状中隐含的问题和不满，把握客户真正需求，选择合适的推销方式，以达到后期销售的目的
5	拜访过程：总结、达到拜访目的	主动对这次拜访成果进行总结并与客户确认	总结主要是针对客户的情况介绍和潜在需求进行，通过总结进一步使客户明确其目前存在的问题或不满，并使销售代表自然导入到下阶段的销售工作
6	拜访过程：道别、进行下次约见	向客户表示感谢，与客户道别，约定进一步销售的时间	在进行下次预约时，要避免模糊的时间约定，而是要约定具体的时间，以真正获得向客户进一步销售的承诺
7	拜访结束	（1）控制拜访时间，适时地结束拜访，感谢客户的接待 （2）整理当日工作，汇总信息并填写客户拜访信息汇总表，例如表G-3-2	（1）在结束拜访时，要检查一下相关记录情况，是否有遗漏，是否详细，然后和客户告别 （2）拜访结束后，及时填写并上交客户拜访表，定期与上司沟通市场与客户现状

表G-3-1 客户拜访计划

____年____月____片区客户拜访计划

片区销售经理：　　　　　　销售代表：

序号	客户名称	类别	拜访对象	拜访目的	预期达到目标	参加人员
1						
2						
3						
4						
5						

日程安排

出发		离开		交通工具	拜访对象	类别	时间统计		
地点	时间	地点	时间				路途时间	拜访时间	休息时间
拜访时间/有效工作时间=______% 关键客户拜访时间/有效工作时间=______%						合计			

表G-3-2　客户拜访信息汇总

销售人员：　　　　　　　　　　　　　　　　　　　　　　　　　　　　　　　时间：

客户名称		客户编号	
初访目的			
初访达成的效果			
初访主要议程	初访主要内容	重点	分析
关键评估元素情况	我们的成功	我们的失败	改进计划
初访中对客户的承诺	反馈时间	责任人	任务行动计划
下次拜访时间			
下次拜访目的			
下次拜访主要计划			
以何种形式反馈客户			
对此客户下一步拟采取的行动计划			
重大事项提示			
备注			
主管意见			

【问题情境一】

拜访的首要规则是准时，无法准时赴约的处理方法。

如有紧急的事情而不得不迟到，必须通知你要见的人；如果打不了电话，请别人为你打电话通知一下；如果遇到交通堵塞，应通知对方要晚一点到。如果是对方要晚点到，你将要先到，要充分利用提前的时间，例如，坐在汽车里仔细想一想，整理一下文件，或问一问接待员是否以在接待室里先休息一下。

【问题情境二】

小李是J药品公司的销售人员，向Z药店销售公司产品××胶囊，小李刚进药店，只见店长不耐烦、不热情地说："我现在没空，我正忙着呢！你下次再来吧。"假如你是小李，会怎么做。

对方说这些话时，一般有几种情形：一是他确实正在忙其他工作或接待其他顾客，他们谈判的内容、返利的点数、出售的价格可能不便于让你知晓；二是他正在与其他的同事或客户开展娱乐活动或是聊某一门话题；三是他当时什么事也没有，只是因为某种原因心情不好而已。在第一种情况下，我们必须耐心等待，主动避开，或找准时机帮对方做点什么，比如，我们的拜访对象是一位终端药店的店长，当某一个消费者为是否购买某药品而举棋不定、犹豫不决时，我们可以在一旁帮助店长推介，义务地充当一回对方的销售“帮手”，以坚定顾客购买的决心。在第二种情况下，我们可以加入他们的谈话行列，以独到的见解引发对方讨论以免遭受冷遇，或者是将随身携带的小礼品（如纪念册）送给他们，这时，我们要有能与之融为一体、打成一片的姿态，要有无所不知、知无不尽的见识。在第三种情况下，我们最好是改日再去拜访了，不要自找没趣。

（四）学习结果评价

序号	评价内容	评价标准	评价结果（是/否）
1	确定拜访目标和计划	能准确地说明拜访目标	
2		能全面地准备拜访所需的工具	
3		能根据拜访目标，预想可能出现的问题和解决方案	
4		能制定结构完整且内容全面的拜访计划	
5	客户拜访过程	能客气、礼貌地称呼、感谢对方	
6		能提出寒暄的话题营造融洽氛围，并自然地结束寒暄进入会谈主题	
7		能通过访谈、介绍宣传公司、产品和服务，能通过询问、倾听了解和把握客户的真正需求，达到预期拜访目的	
8		能主动总结拜访成果，并与客户确认	
9		能与客户道别并约定下次访谈的具体时间	
10	拜访结束工作	能适时结束拜访，完成客户拜访表，并做好汇总整理工作	

五、课后作业

1.客户拜访的准备工作包括哪些内容？

2.当你第一次与客户接触时遇到困难，你将如何化解？请列举三个不同形式的开场白和三个不同类型的提问。

能力点G-3-2　能组织会议

一、核心概念

1.会议

会议指有组织、有领导、有目的的议事活动，它是在限定的时间和地点，按照一定的程序进行的。

2.组织营销会议

组织营销会议是指通过前期数据的收集筛选出特定的参会人员，为了解决某个共同的问题或出于不同的目的聚集在一起进行讨论、交流的活动，它往往伴随着一定规模的人员流动和消费。营销会议在传递产品信息、提升企业形象、创造经济效益等方面具有特殊的作用。营销会议可以开发客户，增加渠道的影响力。

二、学习目标

1.能够根据主题制定会议流程。
2.能熟悉会议前的准备工作。
3.能解决会议中的突发情况。
4.能在会议后对参会者进行回访追踪。

三、基本知识

组织营销会议的三步骤：会议前、会议中和会议后。成功的营销会议，70%取决于会前的准备工作，20%取决于会中的操作水平，10%取决于会后的追踪力度，见图G-3-1。

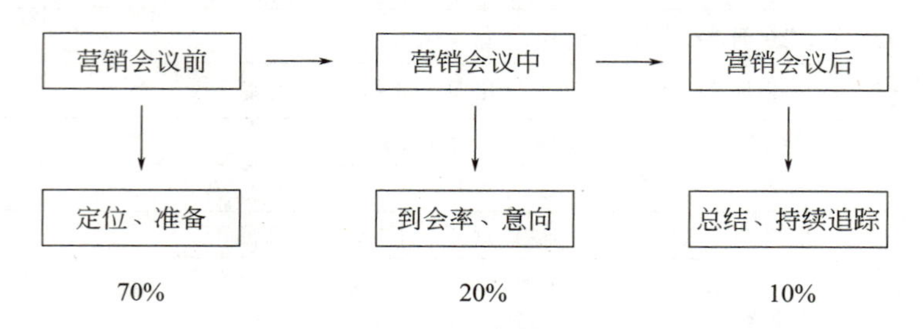

图 G-3-1　营销会议的流程

1.营销会议前

（1）明确会议主题　明确制定怎样的主题，确定会议目标，了解组织者要传递怎样的信息，会议要达到怎样的结果。

（2）确定邀请对象　邀请对象定位要精准，确定参加人员是药品经销商、药品销售人员还是药品的使用者，对邀请的客户进行基本的摸底。

（3）会议内容的确定　根据不同的参会人员，在确定会议主题的前提下，会议内容应该根据参会人员量身定制，尽量引起参会人员的兴趣，以达到事半功倍的作用。

（4）确定会议地点、时间　根据参会人员数量、身份确定场地大小、等级。在选择开会的时间时，应当确保绝大多数参与者能出席。尽量选择一个所有参会者都方便的时间。在发出会议通知时，发给大家一些可供选择的时间。

（5）会议通知　通知的形式通常有邮件、电话、短信、微信等，在内容上应注明时间、地点，交通图，会议流程等。对会议或者专家可以进行适度包装，以引起参会者的兴趣，增加到会率。在通知时间节点上有提前规划。

（6）会议的统筹　根据会议的大小、要求，统筹分工，确定每个环节的负责人，必要时可以对工作人员进行内部培训。通常可以分为4个小组进行。

① 沟通组：负责租赁会场的联系、桌椅摆放、座位安排、停车的相关事宜。

② 物料组：准备样品、宣传册、奖品、茶水，对会场进行布置，打造氛围。

③ 礼仪组：邀请专家到场，主持人的确定、主持定稿，会场入口引导人员。

④ 场控组：负责活动现场投影仪、摄像/照相设备、麦克风、灯光。

（7）预防措施　会议的突发情况会对组织者造成被动，如组织者不能及时从容应对，势必造成慌乱和差错，影响会议效果。会前可按流程进行排练，把会议各个环节可能出现的情况逐一分析，制定每个可能出现情况的应对预案。

2. 营销会议中

（1）会议的签到　会议签到工作是准确统计到会人数的重要手段，会议签到的作用是准确地统计到会人数，更好地安排会议工作。

（2）会前提醒　正式开场前注意提醒参会人员手机开到静音模式，再次确认麦克风、音响是否正常，开场时间一般不宜超过规定的时间15min。

（3）专家以及产品介绍　对专家包装要得当，突出专家的专业性。可以通过专家的专业知识来解决参会者的疑问，突出产品的科技性和专业性。

（4）现场互动，观察参会人员的反应　互动环节可以是对产品的体验试用，也可以安排一些游戏，来缓解参会人员因听讲座而带来的困倦感，拉近距离，促进销售。

（5）有奖问答　针对参会人员关注的问题和希望参会人员记住的问题，提出一些简单明了的问题，以加深参会者的印象。

（6）会议节奏的把控　会议节奏的快慢能直接影响会议效果，过慢延长会议时间，浪费人力物力，节奏过快达不到效果。组织者根据现场情况，及时与主持人沟通，掌握会议节奏。

3. 营销会议后

（1）跟踪回访服务　会议结束并不等于营销工作的结束，通过对参会人员回访服务，听取参会人员的意见和建议。

（2）营销会议的总结　对会议进行复盘，交流成功与失败的原因，找出经验教训，在下次会议中不要出现类似错误。

4. 营销会议的形式

（1）传统会议　即面对面的会议，所有参会者在规定时间内到同一地点才可以进行会议。优点在于人与人之间的沟通更轻松，距离感更近，参与度高、互动性强。缺点在于成本费用高，如会场租赁费用、参会者的餐饮、住宿费等；同时天气情况、交通情况也影响到会率。

（2）线上会议　即云端会议，包括电话会议、视频会议、网络会议。受疫情常态化影响，很多组织者将会议从线下搬到线上。优点在于不受距离的约束，便利且高效，节约了大量资源，免去参会者的舟车劳顿，同时能够顺应国家政策，保障人们的生命安全。缺点在于互动效果差，沉浸感不足，不能直观感受产品。

四、能力训练

（一）操作条件

1. 背景：即将到中秋节，F药品生产企业邀请某连锁零售企业的各连锁店店长参加破壁灵芝孢子粉营销会议，针对即将到来的销售旺季，对品牌和产品进行宣传。现由于某些原因，外地店长无法到达现场，请根据以上情况组织一场营销会议。

2. 背景资料生产企业介绍、产品资料介绍。

3. 会场、电脑、投影、网络等。

（二）注意事项

1. 场地、参会人员的安全把控。

2. 突发情况的应急预案。

（三）操作过程

序号	实施步骤	操作流程/话术举例	注意事项/操作标准
1	确定会议主题、内容	按照背景时间、产品特点、参会人员身份背景制定主题和内容	（1）会议主题明确 （2）参会人员大都为专业人士，可以从专业角度制定产品内容
2	确定邀请对象、时间、场地、形式	（1）确定邀请对象 （2）明确时间、场地、形式	（1）与各店长提前沟通，确保大多数店长能到会。确定是否由替代人员参加 （2）场地应安排在交通便捷的会场 （3）不能到会的人员采用现场直播的方式 （4）提前了解参会人员关注的问题
3	确定通知内容和方式	（1）可先电话或短信通知参会人员，掌握初步的到会率 （2）会议前7天、3天、当日再一次通知	（1）对营销会议适度包装，引起受邀人兴趣 （2）把握发送通知节点，过早或过晚都不宜
4	确定要统筹安排	制作统筹计划书	（1）确定各环节负责人 （2）每个环节都要注意细节，细节决定成败 （3）必要时可对工作人员进行培训
5	确定应急预案	对各环节可能出现突发情况有紧急预案	按流程进行排练，把会议各个环节可能出现的情况逐一分析，制定每个可能出现情况的应对预案
6	确定会议进行中流程	注意会议节奏，观察参会人员反应，及时与主持人沟通	会议节奏的快慢能直接影响会议效果，过慢延长会议时间，浪费人力物力，节奏过快达不到效果
7	确定会后追踪、汇总	（1）对参会人员跟踪回访 （2）对会议全过程进行讨论	（1）听取参会人员的意见和建议 （2）交流成功与失败的原因，找出经验教训

【问题情境一】

某公司举办某次产品营销会议时，发现有很多空位置，如何解决到会率？

从给客人打第一个电话或者发短信到会议，在整个过程中，有很多细节会影响到会率。可以从几个方面去解决，一是传递会议的价值，让客人知道参加会议会得到怎样的资源或者收获；二是对会议进行适当的包装，比如邀请嘉宾的特殊身份；三是时时跟进，可以在会议前7天、前3天在适当的时候进行提醒，在会议前一天还可以有些温馨提示，比如第二日天气情况。

【问题情境二】

在发放纪念品时，发现准备的数量不足，应该怎么办？

首先表示道歉，留下参会人的联系方式。在会后汇总时，寻找失误产生的原因，避免下次会议出现同样的错误。

（四）学习结果评价

序号	评价内容	评价标准	评价结果（是/否）
1	确定会议主题、内容	能按照背景时间、产品特点、参会人员身份背景制定主题和内容	
2	确定邀请对象、时间、场地、形式	能确定邀请对象，明确时间、场地、形式	
3	确定通知内容	能确定通知内容，邀请方式	
4	确定要统筹安排	能制作统筹计划书	
5	确定应急预案	能对各环节可能出现突发情况制作紧急预案	

续表

序号	评价内容	评价标准	评价结果（是/否）
6	确定会议进行中流程	能注意会议节奏，观察参会人员反应，及时与主持人沟通	
7	确定会后追踪、汇总	能对参会人员跟踪回访，找出经验教训	

五、课后作业

1. 营销会议前需要做哪些准备工作？
2. Y药品经营企业欲对新开发的产品举办营销会议，邀请经销商到会，请制定一份会议流程。

能力点 G-3-3 能完成门店营销主题活动

一、核心概念

1. 营销活动

营销活动是指企业发现或者挖掘消费者需求，让消费者了解该产品而购买产品的过程。

2. 营销主题活动

营销主题活动是指门店有意识地发掘、利用或创造某种特定主题，并将主题与经营相结合从而实现门店营销目标的一种营销形式。

二、学习目标

1. 能够创造并制定营销主题。
2. 能够根据主题制定活动方案。

三、基本知识

1. 营销主题活动的目的

（1）主题活动不是单纯促销战，隐藏在背后的是品牌的宣传。成功的主题活动可以在顾客心中树立良好的品牌形象，增加门店知名度。

（2）稳定现有客户群，并扩大外缘和深度，开发潜在的客户群体。

（3）让商品动起来，增大商品动销机会，从而促进销售。

2. 营销主题活动的要求

（1）主题要鲜明，符合活动想表达的内容，同时要有创意能吸引眼球。

（2）正确分析和把握消费者的心理和行为，最终完成销售。

3. 主题活动产品的制定

（1）季节性主题营销　季节性产品是药店最容易拿来做主题活动的商品。例如春季万物生长，身体也不例外，针对特定人群进行适当的健康普及和消费引导，开展促生长类产品的活动。对夏季可主推凉茶类、治疗中暑的常用药。秋季养肝可主推枸杞子、菊花等具有养肝明目的产品。冬天可宣传高血压的防治，同时进行一些健康宣传等主题活动。活动产品应与当地顾客的用药习惯密切联系，让这些产品作为主打产品，抓住顾客的切实需求。

（2）按目标客户群分类　根据门店客户群的年龄、收入、性别定制活动产品。见表G-3-3。

表G-3-3　不同客户群的产品要求

分类标准		制定活动产品要求
年龄	老人	需要有专业的指导。可主推钙片、治疗慢性病常用药等
收入	高	对价格不敏感，需要门店有专业的指导，要求门店有好的品牌形象，对推荐产品知名度要求较高
	低	应增加低价产品
性别	男性	由于工作节奏的加快，可增加治疗亚健康产品的推荐
	女性	具有美容养颜作用产品，如燕窝、维生素E

（3）按主题宣传日分类　一年中的很多日子，被命名为“爱眼日”“爱耳日”“睡眠日”“肠道健康日”“国际骨质疏松日”等宣传日，每年的这一天，媒体上都会展开宣传，引起人们对健康的重视。药店可有效地利用这些日子，进行一些相关主题营销活动，引导特定的消费人群到店内购买。

（4）按传统节日分类　中国节假日众多，商家充分利用起来，会带来意想不到的营销效果。要理解每个节日特定的含义，如重阳节、母亲节、父亲节这些特定的日子根据特定人群制定活动方案。每年春节、中秋节，应在节假日立足健康做文章，突出药店专业优势，如在春节应突出“送礼送健康”的理念。

（5）主题品牌营销　主题品牌营销其重点是主题产品的品牌，它不再仅注重产品的销售，而是注重对主题品牌的建立和发展。通过对品牌的塑造，可以提高企业声誉，提高企业产品的顾客忠诚度。比如老字号胡庆余堂每年冬季都会举办“胡庆余堂中医药文化”主题的活动，活动目的不再是短期的销售，而是通过主题活动宣传品牌，收获持续性的关注。

4. 主题活动方案的执行

（1）明确活动目的，进行前期宣传　俗话说“台上一分钟，台下十年功”，充分说明了前期宣传必要性和重要性。前期宣传有广泛宣传和指定宣传，广泛宣传通常用报纸、传单、宣传手册、广告牌等方式，指定宣传通常是针对门店周边人群或是特定人群，根据周边人群可在门店显著位置以拉横幅或播放电子屏的方式进行宣传。特定人群通常用公众号、微信、短信的方式向消费者推送，活动内容是定向推送，精准度更高。

（2）门店氛围的布置　门店氛围布置核心理念是围绕着“顾客消费感”展开，它属于消费者服务质量提升范畴。随着消费者对健康意识的提升，消费者不再单纯地专注于价格的高低，更在乎品牌的知名度、门店的舒适环境，合理营造氛围能唤醒潜在消费意识。门店可利用中岛、橱窗、收银台等重点区域，体现主题活动特色，同时对一些重点产品进行展示。

（3）引流产品的选择　引流产品可以吸引客流，让利顾客的同时能够带动其他高利润商品的销售，给门店带来商机。产品可以根据季节性、目标人群来选择。同时可以与生产厂家联系，取得厂家在赠品、返利上的支持。

（4）提供增值服务　增值服务是药店给消费者提供售药以外的项目，目的是给消费者提供更多更好的服务以满足消费者需求。不仅让消费者接受度高，也能给门店带来稳定的客流。门店可开展过期药回收服务，提供专业健康养生知识讲座，提供免费切片、量血压、测血糖等服务，夏季可开展凉茶赠饮活动，带动该类品种销售。

（5）增加互动环节　让顾客记住门店、积极参与门店活动，必须从营销的趣味性与参与性入手。互动环节必须要有针对性。例如按照不同季节、不同群体、不同年龄段划分，如在元宵节促销，药店可借鉴元宵节猜灯谜的形式，谜语可以是中药知识。

四、能力训练

（一）操作条件

1.背景：某门店为一家百年老字号药店，主营参茸滋补品，在冬至即将到来时，将开展一场关于“野山参”的主题活动。

2.背景资料中有该门店的历史资料。

3.背景资料中有该门店历年冬季畅销品种销售数据。

4.电脑、网络等。

（二）注意事项

1.严格遵守国家、行业相关规定及与药品相关的法律法规。

2.营销方案的可操作性。

3.根据方案协调各相关部门。

（三）操作过程

序号	实施步骤	操作流程/话术举例	注意事项/操作标准
1	确定活动目的	树立品牌形象，宣传养身文化，带动野山参的销售	主题鲜明
2	确定活动主题	利用药店历史文化，宣传冬令养身概念，开展以野山参为主题的促销，确定活动时间	根据季节特点，制定产品营销方案
3	前期宣传	利用报纸、宣传手册、公众号等方式对企业文化、产品作用进行宣传	符合相关法律法规
4	确定促销产品内容	在销售野山参的同时，根据历年消费习惯，对头部产品进行促销	营业员应熟悉产品知识
5	确定门店布置情况	制作KT版、易拉宝、POP，在门店形成冬令进补的氛围	文字内容的审核
6	确定互动环节	野山参专题讲座，提供真伪鉴别、现场切片等服务	邀请专业人士及专业检验机构

【问题情境一】

很多门店营销活动，主打方式为低价促销，甚至不惜长期“赔钱赚吆喝”吸引客流，这样的操作是否可行？

价格战是最原始最落后的竞争方式，价格战永远是双刃剑，在争夺消费者的同时，也损失了自己的利益。长久的价格战，很可能会是一场难有赢家的败局。门店应该更加注重专业和服务的提升以及差异化、精细化的管理。

【问题情境二】

在开展营销活动时，药店大多会使用展示牌或者POP来突出氛围，在设计上需要注意哪些细节？

药品是特殊的商品，它关系人类的健康。它从生产到最终的销售都受到相关法律、法规及制度的限制。在内容展示上可根据说明书提炼产品卖点，但不能夸大效果，否则可能会变成虚假宣传，违反《反不正当竞争法》。

（四）学习结果评价

序号	评价内容	评价标准	评价结果（是/否）
1	活动目的明确	能达到宣传企业的效果，产品销量有显著提升	
2	活动主题明确	能根据季节、目标人群制定适宜的主题	
3	前期宣传	能通过宣传，带来客流量	
4	确定促销品品种	能让筛选的促销品种与历年同期相比有较大提升	
5	门店布置	能合理地布置氛围，对门店品牌和销售都起到了正面影响	
6	互动环节	能利用专业知识，建立忠诚度	

五、课后作业

1. Y门店周边以写字楼白领为主，年龄在25～40岁，请根据周边消费人群情况，制定主题活动方案。

2. 每年的10月20日为国际骨质疏松日，请根据这个主题日设定一个活动方案。

能力点 G-3-4　能完成主题教育活动

一、核心概念

1. 医药市场营销

医药市场营销是市场营销理论在医药行业的一个特定分支，它是个人和医药组织通过研究医药市场的发展变化，在国家有关法律法规的指导下，创造并同他人交换医药产品和价值以满足需求和欲望的一种社会和管理过程。

2. 教育活动

教育活动有广义与狭义之分。教育本身就是一种活动。广义的教育活动泛指影响人的身心发展的各种教育活动，狭义的教育活动主要指学校教育活动。不论广义与狭义，其宗旨都是进行人的培养和训练。

二、学习目标

1. 能根据活动内容定位消费群体。
2. 能撰写主题教育活动方案。
3. 能组织实施主题教育活动。

三、基本知识

1. 主题教育活动目的

（1）药店了解和掌握顾客健康　开展健康信息收集，个人信息包括个人一般情况（性别、年龄等）、目前健康状况和疾病家族史、生活方式（膳食、身体活动、吸烟、饮酒等）、体格检查（身高、体重、血压等）和血、尿实验室检查结果等（血脂、血糖等）。

（2）协助顾客关心和评价健康　开展健康风险评价和健康评估。根据顾客的个人健康信息，对个人的健康状况及未来患病或死亡的危险性进行评估。其主要目的是帮助个体综合认识健康风险，鼓励和帮助人们纠正不健康的行为和习惯，制订健康干预措施并对其效果进行评估。在健康风险评估的基础上，为个体或群体制订健康计划，融入患者教育记录表和听课反馈调查表中。以那些可改变或可控制的指标为重点，提出健康改善的目标，提供行动指南以及相关的健康改善模块。

（3）干预和促进健康　在前两步的基础上，以多种形式来帮助个人采取行动、纠正不良的生活方式和习惯，控制健康危险因素，实现个人健康管理计划的目标。如健康体重管理、糖尿病管理等，药店通过个人健康信息常态化登记、参加健康维护教育活动及跟踪随访措施来达到改善顾客健康的效果。一位糖尿病高危个体，除血糖偏高外，还有超重和吸烟等危险因素，因此除控制血糖外，教育活动对个体的指导还应包括减轻体重（膳食、身体活动）和戒烟等内容。

2.主题教育活动形式

主题教育活动的形式多种多样，如常用药品知识宣传主题教育活动，可通过过期药品回收换取小礼品，提高顾客参与度，在活动过程中渗透药品知识，促进药品的合理使用；如参茸真伪鉴别主题教育活动，线上可通过微信公众号宣传知识，分享活动组织通讯稿促进顾客对参茸的认识，线下通过实地展示真伪参茸讲解要点，促进顾客对参茸产品健康促进需求认知；又如邀请医院专家开展常见慢性病健康管理知识宣讲，开展慢性病患者疾病控制追踪服务等。

3.通过主题活动开展健康教育

疾病一级预防指在控制健康危险因素，将疾病控制在尚未发生之时。二级预防指通过早发现、早诊断、早治疗而防止或减缓疾病发展。三级预防指防止伤残，促进功能恢复，提高生存质量，延长寿命，降低病死率。药店可通过主题教育活动促进顾客健康，健康干预和改善方向主要有疾病教育和生活方式教育。

疾病教育强调患者自我保健的重要性，用循证医学和增强个人能力的策略来预防疾病的恶化。疾病教育的目标人群是患有特定疾病的个体，如糖尿病项目的教育对象为已诊断患有1型或2型糖尿病患者。在患者教育记录表中，不以其单次就诊事件或单个病例为中心，而是关注个体或群体连续性的健康状况与生活质量。

生活方式与人们的健康和疾病息息相关。国内外关于生活方式影响或改变人们健康状况的研究已有很多，研究发现即使对那些正在服用降压和降胆固醇药物的男性来说，健康的生活方式都能明显降低他们患心脏疾病的风险。通过主题活动教育，强调个人选择行为方式的重要性，来保护人们远离不良行为，减少危险因素对健康的损害，预防疾病，改善健康。其中，膳食、身体活动、吸烟、适度饮酒、精神压力等是目前对国人进行生活方式调整的重点。主题教育活动可以提供条件供大家进行健康生活方式的体验，指导人们掌握改善生活方式的技巧，但这一切都不能替代个人做出选择何种生活方式的决策。

四、能力训练

（一）操作条件

1.背景：据统计，我国是全球糖尿病患者第一大国，糖尿病的发病率逐年递增。对于广大糖尿病患者而言，能够正确、安全、合理地使用药物，就显得尤为重要。世界卫生组织将每年的11月14日定为“世界糖尿病日”。为了提高患者对糖尿病的治疗认识，改善患者的生活质量，某连锁药店将于当天对会员开展一次糖尿病患者教育活动。

2. 背景资料中某连锁药店糖尿病健康知识宣传资料、产品资料和糖尿病会员基本资料等。

3. 电脑、网络等。

（二）注意事项

1. 严格秉持良好的职业道德，向患者宣传疾病相关知识，不要只以销售药品为目的，禁止带有诱导性的宣传。

2. 活动过程中注意表达和沟通技巧，尽量不要使用专业化术语，以免患者不理解，达不到宣教的目的。

（三）操作过程

序号	实施步骤	操作流程/话术举例	注意事项/操作标准
1	消费群体定位	根据会员购药记录筛选出主题教育对象	核对会员购销记录和基本信息登记，确认会员为糖尿病患者，并根据患者糖尿病的类型和防治目标的不同对教育对象进行分组分类
2		利用各种通信手段通知主题教育对象参加教育活动	通信手段可以是微信公众号、短信、张贴海报等方式，活动内容要有吸引力，贴合受教育对象的需求
3	活动策划	撰写主题教育活动的策划方案	策划方案主要包括：活动主题、活动目的、活动地点、活动时间、活动流程、活动预期目标等
4	活动实施	依据教育活动的策划方案实施活动	活动围绕公益服务，以改善主题教育对象对疾病的认知和防治为宗旨，避免通过活动促销非适应证的产品
5		填写主题教育对象的教育记录表	根据前期分组，协助教育对象填写记录表，内容参考表G-3-4
6		设计听课反馈调查表	设计的问题包含患教活动的效果，内容参考表G-3-5

表G-3-4　患者教育记录

<table>
<tr><td>姓名</td><td></td><td>年龄</td><td></td><td>性别</td><td></td><td>家族史</td><td>□有　□无</td></tr>
<tr><td>身高</td><td></td><td>体重</td><td></td><td colspan="2">随机血糖测试值</td><td colspan="2"></td></tr>
<tr><td>住址</td><td></td><td>电话</td><td></td><td colspan="2">活动日期</td><td colspan="2"></td></tr>
<tr><td colspan="8">糖尿病类型：□1型糖尿病　□2型糖尿病　□妊娠糖尿病　□特殊类型糖尿病</td></tr>
<tr><td colspan="8">有无并发症：□糖尿病视网膜病变　□糖尿病肾病　□糖尿病足　□其他　□无</td></tr>
<tr><td colspan="8">日能量和营养素摄入：□超标　□基本满足　□缺乏　备注：</td></tr>
<tr><td colspan="8">药物使用情况反馈：□遵医嘱　□偶尔不吃　□经常不吃　备注：</td></tr>
<tr><td colspan="8">目前使用的治疗药：</td></tr>
<tr><td colspan="8">拟参与活动过程和预防目标：</td></tr>
</table>

表G-3-5　听课反馈调查

姓名		年龄		性别		电话	
您的听课满意度：□非常满意　□满意　□一般　□不满意							
您认为本次课内容如何：□非常好　□良好　□尚可　□劣							
您对疾病知识的理解程度：□掌握并应用　□理解并掌握　□基本理解　□基本不理解							
您对专家授课水平的评价：□非常满意　□满意　□一般　□不满意							
您对活动组织安排的评价：□非常满意　□满意　□一般　□不满意							
活动感兴趣的模块：							
自身健康计划：							
对活动的疑问和建议：							

【问题情境一】

王某，60岁，不会使用智能手机，为2型糖尿病患者，请通知其参加本次主题教育活动。

根据会员购药记录查找出王某的个人信息，拨打家庭电话告知活动内容和地址，邀请王某参与糖尿病主题教育活动；通过第一联系人电话联系家属，简短告知活动目的、时间和地点，邀请王某及其家属一起参与；如果王某来药店，也可当面和王某沟通，赠送活动邀请函，告知活动的时间地点和活动的重要性。

【问题情境二】

小李，身高170cm，体重80kg，是一家计算机软件公司的程序员，工作压力大，长期久坐不动，喜吃炸鸡、汉堡等，空腹血糖测试为8mmol/L，口服葡糖糖耐量试验2h血糖浓度>11.1mmol/L，无家族史和胰腺疾病，尚未发现并发症，开展主题教育活动时请根据糖尿病类型和预防目标对小李进行分组。

糖尿病分为1型糖尿病、2型糖尿病和妊娠糖尿病，2型糖尿病的一级预防的目标是预防2型糖尿病的发生，二级预防的目标是在已诊断的2型糖尿病患者中预防糖尿病并发症的发生，三级预防的目标是减少已发生的糖尿病并发症的进展、降低致残率和死亡率，并改善患者的生存质量。小李属于2型糖尿病，应开展二级预防目标，应与2型糖尿病患者一组。

（四）学习结果评价

序号	评价内容	评价标准	评价结果（是/否）
1	消费群体定位	能根据相关记录分析判断出主题教育对象	
2		能根据信息联系主题教育对象参加活动	
3		能充分利用现代网络技术，与主题教育对象完成良好的沟通	
4	活动策划	能明确活动策划主题	
5		能完整地制定符合法律法规、可行性强的方案	
6		能将创新元素融入方案，使方案与时俱进	

续表

序号	评价内容	评价标准	评价结果（是/否）
7	活动实施	能正确填写主题教育记录表	
8		能在活动过程中与主题教育对象进行良好的互动	
9		能合理设计听课反馈调查表的问题	

五、课后作业

1. 世界卫生组织和国际心脏病学会联合决定将每年的5月17日定为“世界高血压日”，旨在引起人们对防治高血压的重视。为了提高患者对高血压的治疗认识，改善患者的生活质量，某连锁药店将于当天对会员开展一次高血压患者教育活动，请为活动策划方案。

2. Y连锁药店将于5月17日开展高血压主题教育活动，届时邀请X医院心血管内科Z医生为高血压患者开展知识科普，请为本次活动设计听课反馈调查表。